南京大学汉译韩国学术名著丛书2

This work was supported by the Academy of Korean Studies (KSPS)
Grant funded by the Korean Government (MOE) (AKS-2008-MB-2002)

南京大学汉译韩国学术名著丛书

朝思录

"槿花世界"与知识人的思想探寻

한국근대지성사연구

〔韩〕慎镛厦 著 徐黎明 译

南京大学出版社

序言

近代韩国，一群先驱性的知识人直面将韩国殖民地化的外来侵略压力，为拯救自己的国家与民族，奉献了自身全部的智慧与生命。韩国近代思想史，不单纯是知识人学习、思考、研究的累积，也是先驱知识人一路走来，对外与凶猛的外来侵略势力，对内与陈腐、不合理的重压相抗衡，投入生命进行思想探索与斗争的历史。我想，通过对先驱知识人的研究进入韩国近代思想史，恐怕不只有其局限，也有能体验"活着的思想史"的莫大长处。

本书是从我关于韩国近代先驱知识人的论文中选出九篇，按一定次序编辑而成的。本书中考察的，是危机时代的九位韩国知识人——吴庆锡、崔济愚、金玉均、池锡永、徐载弼、李商在、黄玹、朴殷植和申采浩——的思想与活动。

在这本书中，我们会发现，韩国近代先驱性的思想潮流是敏锐而锋利的，由令人由衷感动的、灿烂的爱国知识人与献身于民主、民权的势不可挡的启蒙知识人汇聚而成。这既源于近代韩国所处的国际与国内形势，也构成了韩国近代思想史的重要特征。

无需赘言，近代韩国的先驱知识人所完成的伟大开拓与诸多业绩，正是当今韩国知识世界的源流。

感谢支持本书出版的首尔大学校长、出版社理事长郑云灿教授,感谢出版社社长李纯宗教授,感谢出版社各位理事、运营委员。向在书稿校对中倾注了莫大心力的编辑部郑承娥女士表示深深的感谢。

殷切希望这本书对于理解危机时代、黑暗时代的近代韩国先驱知识人,对于理解韩国的近代思想史能起到一点作用。他们不屈的斗志,是国家与民族的先导,是明亮的光。

慎镛厦
2004 年 11 月

第一章　吴庆锡与韩国开化思想的形成

吴庆锡

一

吴庆锡开化思想的形成背景

    19世纪中叶,欧美列强入侵东亚,利用武力与不平等条约胁迫中国和日本开放门户。这让朝鲜王朝的一部分先觉者有了危机意识。中国在与英国的鸦片战争(1840—1842)中战败,签订了屈辱的《南京条约》(1842),不仅开放了5个港口,还支付了近乎天文数字的赔款,甚至认可了英国人的治外法权。这一事实不但让中国先进的知识分子陷入危机意识之中,也逐渐为朝鲜先进的知识分子所知晓,他们开始忧虑地关注着中国所遭遇的事态。作为一种回应,洪秀全在中国南方发动太平天国农民革命运动,掀起了意图推翻清王朝的叛乱。这一消息也逐渐被朝鲜王朝觉醒的知识分子得知。

    不但如此,1856年10月又发生了"亚罗(Arrow)号事件"。英法两国的东方舰队联合入侵中国,占领广州,进攻天津。中国屈服于西洋的武力,签订了《天津条约》(1858),向西方列强开放天津等10个港口和长江一带。在发现清朝廷意图延缓批准和施行条约后,英法联军再次发动武力进攻,于1860年7月占领天津,8月甚至占领了中国的首都北京。皇帝避难热河,清王朝再次屈服于西方列强的武装侵略,于 1860 年 9 月签订《北京条约》,终于使英法联军撤离了北京。北京条约的主要内容有:① 开放天津门户;② 割让九龙半岛;③ 支付 1 600 万美元的赔款;④ 赋予西方人传播天主教和建立教堂的全部自由;⑤ 允许西方神父对土地、房屋的租借和建造;⑥ 允许西方人募集中国劳工并运往海外等。这是战败者极为屈辱的讲和条约。

与此同时,沙皇俄国借机威胁中国的北方,中国不得不屈服于其要求,在 1858 年与俄罗斯签订《瑷珲条约》,割让黑龙江以北的西伯利亚领土,并在 1860 年与俄罗斯签订另外的《北京条约》,割让乌苏里江以东沿海地区给俄罗斯。这导致朝鲜王国从 1860 年起,与此前不甚知晓的俄罗斯有了国境接壤。

此外,日本自进入 19 世纪以来,一直拒绝西方列强缔结通商条约和开放门户的要求,但在 1853 年 7 月屈服于美国人佩里四艘军舰的舰炮威胁,1854 年 3 月与美国签署第一次友好条约,开放了两个港口。随后,1858 年 7 月和美国签署了具有不平等条约内容的《日美友好通商条约》,再次开放 6 个港口,进入全面开放门户的阶段。1854—1856 年间,日本在与西方各国的通商贸易中累积了大规模的贸易赤字,以吉田松阴为首的部分武士开始提出"征韩论",要"用征服朝鲜,取得朝鲜的金银物产来平衡西洋贸易中的损失",并开始付诸教育。

当时朝鲜王朝的知识分子和官员们把朝鲜与中国的近邻关系视为牙齿与嘴唇的关系。作为嘴唇的中国没落或者灭亡,作为牙齿的朝鲜也会觉得寒冷。被朝鲜政府和部分官员视为天下最强帝国的中国,在区区两个国家的东方舰队——并非全部的西方力量——的攻击下就被攻占了首都北京,皇帝逃亡热河,这让朝鲜朝廷大为惊愕,在 1861

年1月向清廷派出了慰问使团。①

中国无力地屈服于西方的武力,首都北京被占领,预示着西方的武力即将触及朝鲜并展开攻势,随后就会为了获取利益,强迫朝鲜签订不平等条约。这同样意味着,如果朝鲜王朝和朝鲜民族未能妥善应对,这个国家就会因为列强的武力侵略而沦为殖民地或半殖民地,迎来民族危机。

而且,此时朝鲜王朝前近代社会体系的内部也正面临着严重的危机。两班官僚们已不再遵守自己制定的国家法律和制度,不断加强对农民的横征暴敛,"三政紊乱"达到极致。与之相应,农民和良人、贱民等下层身份阶层对于废除两班身份制度和横征暴敛的强烈要求,在进入19世纪以后达到了不断发动"民乱"的程度。自从1811年"洪景来之乱"发生后,每年都会不断爆发大小规模的"民乱",朝鲜王朝在北部地区的统治基础开始动摇。此外,1862年以"晋州民乱"为导火索,全国30多个郡爆发"民乱",朝鲜王朝对南部地区的统治也从根本上开始动摇。因此,19世纪甚至可以称为"民乱的世纪"②。"民乱"蜂起,要求改革两班社会身份体制。

如果朝鲜王朝和朝鲜民族无法接受其内部自下而上出现的改革两班身份社会的要求并付诸实际,民族共同体在西方列强的挑战面前就会有分裂的危险。朝鲜王朝因为前近代社会的体制问题而产生的这一危机,可以称之为韩国在19世纪中期遭遇的"体制性危机"。

尤其要注意的是,19世纪中期韩国遭遇的这一"民族危机"和前近

---

① 《哲宗实录》,哲宗十二年正月丁未。

② 慎镛厦,《1894年社会身份制的废除》,《韩国近代社会史研究》,一志社,1987,p. 99。

代社会的"体制性危机"是重叠出现的。韩国要想守卫独立自主,并能与世界上其他国家的人民平等共存,就要同时解决"民族危机"和"体制危机"。

19世纪中叶韩国社会中一部分先觉醒的知识分子开始认识到这种民族危机和体制危机的严重性。为了在西方列强的渗透压力下冲破双重危机,解决随之而来的挑战,新的思想开始形成。其中最具代表性的,就是广为人知的开化思想、东学思想和卫正斥邪思想。

二

吴庆锡开化思想的形成

韩国的开化思想[①]继承了朝鲜王朝后期的实学思想,并得益于购自中国的新书,是在1853年到1860年代,以中人和两班身份的先觉知识分子为中心形成的。韩国开化思想的先驱是吴庆锡(1831—1879)、刘鸿基(1831—1884?)、朴珪寿(1807—1877)等人[②]。其中吴庆锡是最早形成开化思想的先觉者。

吴庆锡(亦梅)1831年出生在一个八代皆为译官的中人译官家庭。

---

① 《皇城新闻》1898年9月23日的《论说》中写道,"开化"一词取自"开物成务,化民成俗",意为穷究事物之理,使其极便于应用,以使国事进于极顺应时势之道。作为一种历史概念,此处的开化思想指的是在朝鲜王朝末期(1853—1860)形成的变革、进步、自主探索近代化的思想。

② 参见李光麟,《开化思想研究》,《韩国开化史研究》,一潮阁,1969,pp. 19 - 45;李光麟,《开化思想的形成与发展》,《韩国史市民讲座》4,1989;姜在彦,《朝鲜の開化思想》,日本:岩波书店,1980。

宪宗十二年(1846)他以汉学(汉语)考取译科式年试①,从十六岁起便成为汉语译官,在司译院中以实习译官的身份开始了社会活动。②

吴庆锡在家塾中读书时,作为家学攻读的是朴齐家(贞蕤)的实学。他不仅攻读了实学,还学习了朴齐家的诗文和书画。现存吴庆锡的部分藏书中,便有朴齐家文集《贞蕤稿略》(写本 1 册、清版 1 册)、《贞蕤诗抄》(写本 1 册)、《楚亭小稿》(写本 1 册)等。其中的写本,全部是吴庆锡亲笔精心抄写并专心学习的朴齐家著作。《贞蕤稿略》写本更是把中国活字刊印的书籍重新亲笔抄写而成。这一方面证实了他的后人所谓"吴家的家学是朴齐家之学"的说法,另一方面展现出吴庆锡学习朴齐家的用功程度。在吴庆锡遗留的藏书中,如此精心抄写的,只有朴齐家和李尚迪(藕船)的文集。

吴庆锡在其《天竹斋札录》中曾提及朴齐家。

> 朴楚亭齐家很早就得到正祖的认可,成为别赍官,到过三次燕京,与当时的名士,无不有交游。往来唱和的诗文,收录在陈云伯的《画林新咏》。所谓他较为极端的说法,属于误传。他很早就已不为任何事物所点染。③

---

① 式年试:朝鲜时代每三年举行一次的定期科举考试,在干支中有子、卯、午、酉等的年份举行。译科属科举考试中的杂科,分为汉学、蒙学、女真学、倭学等,为朝廷选拔翻译人才。——译注

② 参见慎镛厦,《吴庆锡的开化思想与开化活动》,《历史学报》107,pp. 107 - 187,1985;慎镛厦,《韩国近代社会史研究》,一志社,1987。

③ 吴庆锡,《天竹斋简录》,收吴世昌,《槿域书画微》,启明俱乐部,1928,p. 201。原文:"朴楚亭齐家,尝受知于正庙。以别赍官三入燕京,与当时名士莫不证交。唱酬载于陈云伯《画林新咏》,故致有误传也。楚亭未曾窥点染是何物。"(原著韩文译读有误,此处"点染",当指绘画。——译注)

吴庆锡很自信地反驳了世间关于朴齐家的诗文与学术好走极端的议论，并指出这是以讹传讹，朴齐家从未受任何事物的诱惑而身陷其中。这也说明吴庆锡对朴齐家的学术有过深入的钻研。

此外，吴庆锡还着力钻研了金秋史（正喜）实事求是的金石学（金石考据学），并深受其影响。吴庆锡著作《三韩金石录》中，最后收录的《高句丽故城刻子二种》之《真兴王狩猎碑》就是由金正喜发现并解读的。在经实地考察确认后，吴庆锡收录了这份

吴庆锡 42 岁时照片
（1872 年在北京由
驻华法国公使馆职员拍摄）

碑文。吴庆锡在金石学和"实事求是"的方法论上，是金正喜的传承人，可以说，吴庆锡的《三韩金石录》是对金正喜《金石过眼录》的进一步发扬。吴庆锡还对金正喜的书体和书法盛赞有加，他曾在北京将金正喜的书法条幅借阅给中国的金石学者和书画家们，并给予了很高的评价。[①]

此外，被吴庆锡直接奉为恩师并在门下从学的，是李藕船（尚迪）的学术。中人出身、译官身份的李尚迪是吴庆锡父亲的好友，直接教授过吴庆锡，是吴庆锡的老师。李尚迪虽然是"译官庶子"出身，但才

---

① 参见《燕京书简帖·五月十七日周棠致亦梅吴庆锡书简》。《燕京书简帖》原为吴氏后裔吴一六所藏，慎镛厦研究吴庆锡时首次得睹。吴一六生前将家藏捐献，《燕京书简帖》现藏韩国艺术的殿堂首尔书艺博物馆，新题名《中士简牍帖》。——译注。

华出众,曾在1825年译官式年试中高中榜首。[①] 李尚迪生前先后往来中国12次,在国内师从秋史金正喜,在中国与翁方纲、吴崇梁、刘喜海等金石书画大家交游,卓然自成一家。他不仅在书法和金石学方面独树一帜,也精于诗文。因为朝鲜国王宪宗喜欢吟诵他的诗,故而他的文集题为《恩诵堂集》。这一文集曾于李尚迪在北京交游的好友之间传诵。[②] 李尚迪与他的老师金正喜关系亲厚,金正喜的名画《岁寒图》便是在流配济州岛时为李尚迪创作的。[③]

吴庆锡奉李尚迪为师,不仅向他学习汉语,还学到了金石学、书画和诗文。所以吴庆锡在李尚迪的指导下,自幼便对金石书画打开了眼界,形成和发展了自己的学问。此外,吴庆锡在1853年第一次前往北京时便能与中国的金石、书画大家交游,也得益于老师李尚迪的介绍和此前积累的友谊。

由此我们可以看出在吴庆锡的学问与思想形成过程中,产生决定性影响的两股国内思想潮流。第一是北学派实学者朴齐家之学的影响,第二是金正喜和李尚迪实事求是的金石学和书画学的影响。这两股思想潮流都是广义上的"实学"。可以说,吴庆锡直接学习并继承了朝鲜的实学,形成了自己的思想。

1853年4月,时年23岁,敏感多思的青年吴庆锡作为中文翻译官第一次前往中国的首都北京。直至第二年三月回国,他用近一年的时间直接观察到了正深处在危机之中的中国。在与胸怀新知识的中国东南地区青年才俊的交游过程中,他进一步打开了眼界,思想上也开

---

① 参见《译科榜目》第2册,道光乙酉式年,p. 26。

② 参见《燕京书简帖·初六日吴鸿恩致亦梅书简》及《二月三日李士棻致亦梅书简》。

③ 吴庆锡之子吴世昌在发现《岁寒图》后,为之题跋,阐明此画是金正喜赠予李尚迪之作,并证明了二人情谊之深厚。

始出现重大的变化。吴庆锡有如下记录。①

从癸丑年到甲寅年，终于得以远游燕京，与东南博雅之
士交游，更得以拓展见闻。陆续购得元明以来书画百十品，
三代秦汉的金石、晋唐的碑版超过数百种。……我为了购入
这些，花费了几十年漫长的时间。千万里外之物，不大费心
神，实在不易得到。②

表 1-1　吴庆锡北京之行一览表③

次数	期间	正使	副使
1	1853 年 4 月—1854 年 3 月	姜时永	李谦在
2	1855 年 10 月—1856 年 3 月	赵得林	俞章焕
3	1856 年 10 月—1857 年 3 月	徐载淳	任百经
4	1857 年 10 月—1858 年 3 月	庆平君李晧	任百秀
5	1860 年 10 月—1861 年 3 月	申赐愚	徐衡淳
6	1862 年 10 月—1863 年 4 月	李宜翼	朴永辅
7	1863 年 10 月—1864 年 3 月	赵然昌	闵泳纬

---

① 此处虽着重于介绍书画，但其对时务的见闻自然也得到了拓展。

② 吴庆锡，《天竹斋箚录》，吴世昌，《槿域书画徵》，pp. 251-252。原文："自癸丑甲
寅，始游燕，获交东南博雅之士，见闻益广。稍稍购得元明以来书画百十品，三代秦汉金
石晋唐碑版，亦不下数百种。……余之得此，皆于数十年之久，千万里之外，大费心神，
殆可谓不易得矣。"

③ 原文有误漏之处，据慎镛厦稿本及杨雨蕾著《燕行与中朝文化关系》（上海辞书出
版社，2011）所附《燕行年表（1637—1881）》做了补充修正。另据林基中《燕行录全集》（东国
大学出版部，2001）所附年表、杨雨蕾著《燕行与中朝文化关系》（上海辞书出版社，2011）、金
贤权著《吴庆锡与清代文人的绘画交流及其性质》（载《讲座美术史》第 37 号，2011）等查知，
1868 年闰 4 月 16 日，朝鲜派"赍咨行"来华，内容为"报洋舶情形"，负责人为司译院正吴庆
锡。同日，有赍奏行来奏洋夷情形，负责人为刑曹佐郎李建升。——译注

次数	期间	正使	副使
8	1866 年 5 月—1866 年 10 月	柳厚祚	徐堂辅
9	1868 年闰 4 月—1868 年 8 月		
10	1869 年 8—1869 年 12 月	李承辅	赵宁夏
11	1872 年 7 月—1872 年 12 月	朴珪寿	成彝镐
12	1873 年 10 月—1873 年 3 月	郑健朝	洪远植
13	1874 年 10 月—1875 年 3 月	李会正	沈履泽

从 1853 年第一次到北京后,吴庆锡便开始在购买金石书画的过程中与来京会试的东南地区青年士子交游。仅在 1859 年前,吴庆锡便连续到北京四次,一生之中,共出使中国十三次之多。早期与吴庆锡来往的中国青年士子,仅在其现存的书简中出现的便有 60 余人。其中,在吴庆锡开化思想形成的时间段里,成为中国洋务派改革论者的,便有程祖庆、阿秋涛、张之洞、潘曾绶、潘祖荫、吴鸿恩、孔宪彝、王轩、万青藜、顾肇熙、温忠翰、周寿昌、谢维藩、王懿荣、吴大澂等众多人物。

在和他们的讨论中,吴庆锡很快理解到中国所面临问题的严重性,并认识到这同时也是朝鲜即将遭遇的危机。于是,他在北京大量购买了出身于东南地区的中国学者们介绍、解说西方列强国情,讨论中国对策的"新书",并带入国内研究,从而在 1853—1859 年间形成了朝鲜王朝最初的"开化思想"。

吴庆锡的儿子吴世昌有如下回忆。

先父吴庆锡是韩国的译官,经常作为派往中国的冬至使或其他使节的翻译前往中国。在中国期间,他目睹世界各国的角逐,大有感慨。此后研究列国历史与各国兴亡史,醒悟到本国政治的腐败,以及正在被世界大势所遗弃的形势。于是大为慨叹,认为本国终将发生重大悲剧。为此,从中国返回朝鲜时,先父带回了各种各样的新书。

先父吴庆锡从中国学到新思想回国后,平时关系最为亲密的友人中,有一位大致刘鸿基先生。他无论学识还是人品都高迈卓越,是一位有深厚教养的人。吴庆锡把从中国带回来的各种新书分给同人,劝他阅读。此后,两人成为思想上的同志,每次会面,都感慨叹息于本国形势如风前灯火,商议在将来总要掀起一大革新。

某日,刘大致向吴庆锡问道:我们国家的改革要如何才能实现。吴庆锡答道,首先要在北村(北村指的是当时首尔北部上流阶层居住的地区)的两班子弟中寻找同志,培养革新之气。①

为了更清楚地分析问题,可以细分为几个时期来思考。① 吴庆锡旅居中国期间目睹世界各国竞相角逐,大有感触的时期;② 研究世界历史和列国兴亡史,醒悟到朝鲜政治腐败、落后于世界大势,将来必会发生国家悲剧,因而形成开化思想的时期;③ 从中国回国时购买各种新书,带回朝鲜的时期;④ 吴庆锡将自己买回的新书给自己最亲密的朋友刘鸿基,劝其研究的时期;⑤ 刘鸿基在研究新书后亦得以形成开化思想的时期;⑥ 吴庆锡和刘鸿基成为开化思想同志的时期;⑦ 两人认为朝鲜的形势如风前残灯,十分危急,必须掀起一大革新的时期;⑧ 共同决意,为完成朝鲜的改革,要在北村的两班子弟中求得人才,教之以开化思想,培养革新之气的时期;⑨ 于是吴庆锡、刘鸿基与北村的两班子弟金玉均、朴泳孝等开始接触的时期。

---

① 古筠纪念会编,《金玉均传》上卷,东京:庆应出版社,1944,pp. 48–49。

很明显，吴庆锡开化思想形成的时期，即①—③，是在 1853—1859 年期间。在现存吴庆锡与中国人往来的 200 余封信件中，有中国人程祖庆在吴庆锡第一次前往北京期间（1853—1854）给吴庆锡的书简。这封信中提及，吴庆锡写了一份书目，向程祖庆购买《潜研堂全书》等诸多书籍和金石文，并正在描摹两幅地图。也就是说，吴庆锡在 1853 年第一次前往北京期间就开始买书、借图绘制，开始了他购买新书的活动。而且，吴庆锡在第一次前往北京的 1853 年起，便开始在北京的寓所里阅读所购新书，开始形成他的开化思想。

　　吴庆锡第一次寓居北京的 1853 年，中国的形势是危机四伏的。因为英国的侵略，鸦片战争于 1840 年爆发。虽有过两年的奋战，但中国最终战败，于 1842 年 8 月签订《南京条约》。不但向英国支付了巨额的战争赔款，而且向英国割让了香港，并开放了广州、厦门、福州、宁波、上海 5 个通商口岸。英国的资本主义商品如潮水般涌入中国，西方列强在中国展开角逐，侵略正式开始了。而与之相应的，洪秀全于 1850 年在南方发动武装起义，1851 年宣布建立太平天国。清廷为镇压起义，向英国借来了军队。吴庆锡出使北京的 1853 年，中国南方激战正酣。因此，在中国的先觉者和敏锐的青年中间，危机意识高涨，正在阅读为把中国从西方列强的侵略中拯救出来而刊行的各种"新书"。

　　吴庆锡在 1853—1858 年期间 4 次往返北京，每次都购买了新书。吴庆锡到 1858 年为止购买的新书中，已知的有《海国图志》等著作。《海国图志》是为了应对西方列强的入侵，对以英国为首的世界各国的地理、历史、国防、海筹、兵器和战术等进行说明的著作，同时还介绍了以英国为主的西洋各国的科学技术与选举制度、政治制度等。《海国图志》的版本有 1844 年 50 卷本、1849 年 60 卷本及 1852 年 100 卷本。①

此外,姚涤山著《粤匪纪略》刊行于 1855 年,是一部关于太平天国运动的史书,记载了自 1850 年洪秀全起义到运动被镇压为止的历史。该书是吴庆锡在北京购买所得,现在依然保存完好。这说明,吴庆锡对当时中国所处的危机非常敏感并关注和研究过。

吴庆锡通过继承朴齐家、金正喜、李尚迪等的实学加上他在北京期间的见闻,以及对前述新书的研究,在 1853—1859 年形成了韩国最早的"开化思想"。吴庆锡将这些新书借给自己最亲密的好友刘鸿基,劝其研读,最终刘鸿基也在 1860—1866 年间形成了开化思想。

吴庆锡在 1860 年 10 月作为冬至使申锡愚一行的翻译官第五次前往北京,第二年(1861 年)3 月回国。就在不久之前的 1860 年 8 月,英法联军占领北京,清朝皇帝前往热河避难。毋庸置言,在目睹英法联军侵占北京的悲惨情形并获知北京条约的内容后,吴庆锡必然大受震惊。也不难推测,吴庆锡是在这次前往北京之前或在回国之后的 1860—1866 年,把自己此前从中国购买的新书交给刘鸿基,劝其研读的。

表 1 - 2 吴庆锡从中国购入的部分新书目录

书名	著(编)者	刊行年度	备注
海国图志	魏源	1844	刊本有三种,1844 年版有 50 卷(古微堂活字印本),1849 年版有 60 卷(同重订刊本),1852 年版有 100 卷,此 100 卷本为重刊定本。以防备洋夷入侵为目的,内容有对世界各国的地理、历史、国防、海筹、兵器战术的介绍,同时还介绍了以英国为主的西方科学技术和选举制度等。

① 李光麟,《〈海国图志〉的韩国传来及其影响》,《韩国开化史研究》,一潮阁,pp. 2 - 18。

书 名	著(编)者	刊行年度	备注
瀛环志略	徐继畬	1850	10 卷本,世界各国地理介绍。按六大洲分类,以地图说明世界地理,以国家为单位详细解说西方列强的地图与地志。也是防备外夷入侵,为洋务目的而编纂的新书。
博物新编	（英）合信著中国人译	1855	上海墨海书馆刊行的西方科学技术介绍书籍,共三集。第一集中有地气论、热论(包括热气机关图、火轮船图及其说明)、水质论、光论(包括显微镜图和说明)、电气论(包括各种电气机器图及其说明),第二、三集里收录了按门类对西方自然科学的说明。
粤匪纪略	姚涤山	1855	一部关于太平天国运动的历史书,自 1850 年洪秀全在广西省桂平县金田村发动农民起义成立太平天国至起义被镇压止。北京琉璃厂刊本,现仍收藏于苇沧文库。
北徼汇编	何秋涛	1858—1860	吴庆锡的好友何秋涛于 1858 年左右著述的关于中俄关系的地理和历史书,最初由六卷组成。何秋涛在此基础上增补资料,编成 80 卷上呈清帝,得到《朔方备乘》的书名。而此书的活字刊行直至 1881 年才因其子的请求和李鸿章的资助得以实现。
扬水机制造法	不详		介绍利用风力在江边扬水的机器的制造法,书中有图解。吴庆锡在北京亲笔抄录带回。
地理问答	西方人著作的编译	1865	以 83 次问答来介绍世界地理的书籍。分为地球、亚细亚各国志、中国各省图说、欧罗巴各国志、亚非利加各国志、北亚美利驾各国志、南亚美利驾各国志、阿西亚尼西洲群海岛志等。
海国胜游草	斌椿	1868	记录斌椿历时五个月游览欧洲各国所见所闻的见闻纪行书,是其游历法国、英国、荷兰、瑞典、丹麦、德国等地的游记。

书名	著(编)者	刊行年度	备注
天外归帆草	斌椿	1868	以诗和纪行文的形式记录了斌椿结束为期五个月的欧洲旅行后，在历时三个月的回国途中的所见所闻。
中西见闻录		1872—1874	受聘于北京京都施医院的美国传教医师向中国介绍西方自然科学、技术、历史、政治、经济、文化等的月刊。英文名为 *The Peking Magazine*。苇沧文库藏有截至 1874 年度的刊物。

吴庆锡不只向刘鸿基一人坦诚了自己的开化思想并劝其研读新书。他的好友田琦(古篮)、刘鸿基(大致)、金景遂(成安)、金奭準(小棠)、丁学教(梦人)、安畐(桐斋)、卞元圭(吉云)、李荣肃(菊人)、高颖闻(南舟)、金景林(箫山)等都受到了吴庆锡很大的影响。其中有很多人后来形成了开化思想，成为开化派人物。[1] 而刘鸿基是在开化思想方面与吴庆锡最为亲近的同志。

刘鸿基身份为中人，和吴庆锡同岁。[2] 他原为译官家族，但刘鸿基并未成为译官，而以医药为业。当时韩医学也被看作中人从事的职业。

> 大致先生原来出生于译官家庭，但以医为业。笃信佛教，道德高尚，品性清白。学术上于史学有深厚的造诣，通晓朝鲜古今历史。为人词辩流畅，身材高大、红脸、白发，常常充溢着活力。[3]

---

① 慎镛厦，《吴庆锡的开化思想与开化活动》，《历史学报》107，1985，pp. 107 - 187。
② 李光麟，《隐秘的开化思想家刘大致》，《开化党研究》，一潮阁，1973，pp. 67 - 92。
③ 《金玉均传》上卷，p. 52。

刘大致在吴世昌的回忆中也是"学识与人格高迈卓越,修养甚为奥远的人物"①,品性、言谈、身体等各方面都很出色。刘大致曾应邀在吴庆锡为儿子吴世昌所设的家塾中担任教师,可见二人关系之密切。②

刘大致在听到吴庆锡讲述自己的见闻并阅读了《海国图志》《瀛寰志略》等新书之后,开始具有开化思想,和吴庆锡成为思想上的同志。

朴珪寿(瓛斋)是朝鲜后期实学家朴趾源(燕岩)的嫡孙,虽然出生于高层两班贵族家庭,却继承了祖父朴趾源的实学学统,很早就形成了开化思想。③ 朴珪寿产生开化思想的契机是1860年英法联军占领北京后,深为震惊的朝鲜朝廷于1861年1月向中国派出的慰问使团。朴珪寿作为慰问使团的副使在往返中国的过程中,形成了开化思想。

朴珪寿的大弟子金允植(云养)指出,作为慰问使节团的副使,朴珪寿此行身怀五项使命。④

1. 从朝鲜与清国长期的友好关系来看,在清国衰落时要表达共同患难的慰问之意。

2. 朝鲜与中国是唇齿相依之国,中国陷入不幸之中,对于朝鲜来说,也绝非幸事。要准确了解中国的实际情况。

3. 中国在洋夷的侵略中已经战败,这种侵略必将波及朝鲜。为了及早制订备御之策,要趁此机会探听西方列强的实

---

① 《金玉均传》上卷,p.49。

② 参考慎镛厦采访记录《吴一龙和吴一六访谈记录》(1985年4月2日、13日采访录音)。

③ 金泳镐,《实学与开化思想的关系问题》,《韩国史研究》8,1972;李完宰,《朴珪寿的生平与思想》,《史学论志》,1975;原田环,《朴珪寿的政治思想》,《朝鲜学报》86,1978;原田环,《朴珪寿的对日开国论》,《人文学报》46,1979。

④ 金允植,《奉送瓛斋朴先生珪寿赴热河序》,《云养续集》卷二,pp.3-12摘要。

力虚实。

4. 在清国遇到困难和危乱之时,朝鲜遵守信义,表现出自己深厚的情谊,清国在恢复之后,也会向朝鲜表现自己的厚谊。

5. 清国在西洋侵略面前衰败,值得深刻警惕,要让朝鲜上下所有官僚引以为戒。

此外金允植还指出,朴趾源的嫡孙朴珪寿继承了祖父的传统,最适合圆满地完成这一使命。

朴珪寿开化思想的形成,是其出使中国亲身经历、见闻,并阅读了从中国购入的《海国图志》《瀛寰志略》《中西见闻录》等新书之后。

只是根据吾辈后学小子的推测,瓛斋虽然是近代名相、先觉醒者无疑,但其通晓宇内大势的路径,相当大一部分是依靠早年奉命出使燕京时所获得的见闻,以及从燕京买来的泰西译书,此点应不容置疑。

他从书籍中获得新知识,具体是在什么时期,已难以推断。但他亲身前往燕京,根据所见所闻获得了对外知识,倒不难推测。[1]

这里值得注意的是,朴珪寿出使北京有两次。即"英法联军占领北京"之后的 1861 年和"辛未洋扰"之后的 1871 年。所以,对于朴珪寿在北京亲身见闻并购入新书,形成开化思想的契机,存在两种观

---

[1] 文一平,《瓛斋朴珪寿》,《湖岩全集》第 3 卷,1946,p. 82。

点——是 1861 年的北京使行还是 1871 年？有学者认为是在 1871 年的北京使行期间。①

但是，1861 年朴珪寿前往北京的目的并不仅仅是对清国进行慰问。更大的使命在于探听清国在遭遇西方列强侵略后的实际情况，为筹划"备御之道"搜集资料。所以毫无疑问，新书应是在这个时候买回国的。因而，把朴珪寿开化思想形成的时期定为 1861 年北京使行之后，是比较恰当的。

对此点的论证，后文还会做详细说明。此后在担任平安道观察使不久，发生舍门将军号（General Sherman）事件时，朴珪寿将沉入大同江底的舍门将军号的船体和引擎打捞后送往首尔，并建议大院君按《海国图志》的说明，进行蒸汽船试验。这可以证明，他在 1866 年前便读过了《海国图志》。

而且，朴珪寿在 1860 年代便与吴庆锡有密切交往。朴珪寿出生于世代与北京使行有关联的北学派实学家家庭，吴庆锡出身于一个八代人皆为中文译官的中国通译官家庭。当然，因为年龄关系，而且在当时的身份制社会中，出身于最高层两班贵族的朴珪寿和出身于中人译官家族的吴庆锡肯定无法进行平等地交往。但作为当时首尔并不多的"燕行通"，两个家族之间存在有区别的世交是很自然的事情。不仅子孙的回忆可以证明两家有世交，现存朴珪寿致吴庆锡的一封书简也是明证。② 这份信中，朴珪寿把写信的日期仅记为"六日"，把吴庆锡称为"惠人"这一对正三品堂下官以下人物的尊称，致以非常亲切的问候并询问了与中国人的关系。但是吴庆锡在 1869 年 7 月已升为正三

① 文一平，《瓛斋朴珪寿》，p. 82。
② 参见《朴珪寿致吴庆锡惠人书简》（吴一六家藏）。

品堂上译官,所以朴珪寿致吴庆锡的这封信肯定是在 1869 年 7 月之前。也就很明确地证明,在 1860 年代,朴珪寿和吴庆锡便已有密切的交往。

吴庆锡曾作为例行的冬至使译官于 1860 年 10 月从首尔出发前往北京,1861 年 3 月回国。朴珪寿比他晚三个月,于 1861 年 1 月作为慰问使副使从首尔出发前往北京,6 月回国。开化思想的两位先驱虽然没有同行,但在有交集的 3 个月中,两人在北京相遇的可能性很大。

朴珪寿很早就能产生开化思想,其学术背景是祖父朴趾源的实学。申采浩曾经这样说明过开化思想和朴趾源实学思想的关系——当然,这算是后来的资料。

> 金玉均早年拜访右议政朴珪寿时,朴珪寿从壁橱中取出一只地球仪让金玉均观赏。这个地球仪就是朴珪寿的祖父燕岩先生在中国游览时购买回来的。[1]

初期开化派代表人物朴泳孝也曾经对开化思想的形成有过类似的回忆。

> 这种新思想发源于我的同宗朴珪寿家的客厅。金玉均、洪英植、徐光范,以及我的堂兄(朴泳教)在朴珪寿斋洞[2]家中的客厅里相聚了。[3]

---

① 申采浩,《地动说的效力》,《丹斋申采浩全集(改订版)》下卷,丹斋申采浩先生纪念事业会,1977,p. 384.

② 斋洞,首尔地名,现位于钟路区。——译注

③ 李光洙,《甲申政变回顾谈,朴泳孝拜访记》,《东光》,1931 年 3 月号。

从《燕岩集》中攻击贵族的文章中,获得了平等思想。①

由此可以清晰地看到,韩国的开化思想最早在 1853—1859 年因吴庆锡而产生,此后在 1860—1866 年依托刘鸿基和朴珪寿而形成。所以,可以说,韩国的开化思想是一种依托吴庆锡、刘鸿基、朴珪寿三位先驱而形成的新的救国思想。

三

1866 年开化思想先驱的活动

1866 年是一个多事之秋。7 月发生了舍门将军号事件,9 月发生了丙寅洋扰。为应对这两件大事,开化思想的先驱朴珪寿和吴庆锡各自开展了重要的活动。

朴珪寿于 1866 年阴历 2 月 4 日被任命为平安道观察使②,3 月 22 日从首尔出发前往赴任③,7 月 23 日与平壤官民一起,用火攻击沉入侵的美国商船舍门将军号。④ 击沉舍门将军号的策划者和总指挥正是开化派先驱朴珪寿。

尤其值得注意的是,朴珪寿在将非法入侵的舍门将军号在大同江

---

① 李光洙,《甲申政变回顾谈,朴泳孝拜访记》,《东光》,1931 年 3 月号。
② 参见《高宗实录》,高宗三年二月四日;《承政院日记》,高宗三年二月四日。
③ 参见《日省录》,高宗三年三月二十二日;《高宗实录》,高宗三年三月二十二日。
④ 参见《承政院日记》,高宗三年七月二十二日;《高宗实录》,高宗三年七月二十二日、二十七日,《平安监司朴珪寿状启》。

击沉后,打捞出其机械送往首尔,进行了西洋蒸汽船试验。朴珪寿将舍门将军号上的机械、钢铁,以及蒸汽装置和武器一一搜罗打捞后放到平壤监营(观察使官衙)的武器库。其详单中包括大炮2门、小炮2门、大炮弹丸3个、铁锭2个、铁连环链162把、西洋铁1 300斤、长铁1 250斤、杂铁2 145斤等。①

　　朴齐炯的《近世朝鲜政鉴》简单记录了朴珪寿将舍门将军号的残骸零件打捞后送到了首尔汉江。大院君收到物品后命令一位名叫金箕斗的技术人员按照《海国图志》的记载,仿照西洋蒸汽船的原理制造铁船,使用木炭发动蒸汽装置,带动机轮运转,完成了军舰试验。②《高宗实录》中也有在这段时期(1866—1867)制造新战船的记录,可见确实进行过这种试验。③《海国图志》的《仿造战船议》中提到了制造西洋式战船的必要和方法,《火轮船图说》中有詹姆斯·瓦特(James Watt)蒸汽机的图解,并说明了蒸汽船的制作方法。④

　　朴珪寿将舍门将军号的蒸汽机和机械送往首尔,建议制造西洋式战舰,大院君命金箕斗按照《海国图志》制造蒸汽船,并进行试验。这些事实表明,朴珪寿至少在此之前便已形成了开化思想。而且,我们由此可知,《海国图志》不仅很早就传入朝鲜,而且早在1866年就有了

---

① 参见《高宗实录》,高宗三年八月八日。
② 参见朴齐炯,《近世朝鲜政鉴》,探求堂,1975,pp. 26 - 27。
③ 参见《高宗实录》,高宗四年十月二十五日。
④ 《海国图志》(1847年刊,60卷24册本)第21册53卷中收录有《请造战船疏》(pp. 1 - 4)、《覆奏仿造夷式兵船疏》(pp. 5 - 8)、《造炮工价难符例价疏》(pp. 9 - 11)、《水勇小舟攻击情形疏》(pp. 12 - 13)、《制造出洋战船疏》(pp. 14 - 19)、《战船解说》(pp. 20 - 26)、《安南战船说》(pp. 27 - 29);第22册54卷收录有《火轮船图说》(pp. 1 - 9);55卷有《铸炮铁模图说》(pp. 10 - 14)、《铸造洋炮图说》(pp. 15 - 26)、《枢机炮架新式图说》(pp. 27 - 31)、《大炮顺用滑车纹架图说》(pp. 32 - 34)、《举重大滑车纹架图说》(pp. 35 - 37)、《旋转活动炮架图说》(pp. 38 - 45),共收录了6幅火轮船的图解。

将其付诸实践的尝试。

1866 年 9 月,舍门将军号事件才过去两个月,丙寅洋扰事件发生,卫正斥邪论甚嚣尘上之际,朴珪寿不但没有同流,依照金允植的记录,甚至还发出了这样的叹息。

> 当年在遭遇丙寅洋扰,人们都担忧西学侵染的时候,瓛斋先生反而说道:"怎么知道我们的道不会浸润到西洋去呢?我的这番话将来总会得到证明。"①

而且,金允植还这样记录了老师朴珪寿的话。

> 从前瓛斋相公曾经说过:"人们都说西法东来,则不免夷狄禽兽。我以为东教有往西去的兆头,夷狄与禽兽将来都会转化为人。"②

这就是 1866 年面对丙寅洋扰,全国上下卫正斥邪论调高涨为主流思潮时,朴珪寿表现出的反应。1866 年 9 月法国东方舰队入侵,占领江华岛,丙寅洋扰发生后,华西李恒老(1792—1868)主倡卫正斥邪论,被大院君任命为同副承旨。而且,以被任命为副护军的芦沙奇正镇(1798—1876)为首的全国知名儒学者和儒生全都主张"卫正斥邪"。

---

① 参见金允植,《续阴晴史》下卷,韩国史料丛书 11 - 2,国史编纂委员会,1960,p. 125,高宗二十七年七月十五日。原文:"昔朴瓛斋(珪寿)当丙寅洋扰之时,人皆忧西学之染。瓛斋独曰:安知非吾道西被之渐耶? 此言殆将验乎"。
② 金允植,《续阴晴史》,p. 157,高宗二十八年二月十七日。原文:"昔瓛斋相公尝曰:人言西法东来,不免为夷狄禽兽。吾以为东教西被之兆,夷狄禽兽将悉化为人。"

他们认为,倭和西洋都是"夷狄",西洋更是全然不知三纲五常的伦理和朱子学之道理的"禽兽"。他们警告说,如果朝鲜与这些倭寇或者洋人通商交好的话,朝鲜就会沦落为夷狄禽兽之国。卫正斥邪派正是从这种观点出发,激烈反对与日本和西洋进行任何通商和交涉的。

在1866年的这种思想气氛中,朴珪寿却能批判卫正斥邪论,向弟子们说(如果开国门通商的话)东方的道就能够进入西洋,教化西洋人。这表明,在这一时期,他已经摆脱了卫正斥邪思想,具有了新的思想(早期开化思想)。

1866年丙寅洋扰之时,朴珪寿作为在职的高层官员并不能自由地批判卫正斥邪论,但他依然在这个时期批评卫正斥邪论,展现新的思想。这说明他在1861年从中国回来后,形成了自己的开化思想,并在具备开化思想的状态下,正视和处理了1866年的舍门将军号事件与丙寅洋扰。

朴珪寿在新思想形成的这一阶段,为了国家的防卫,向大院君进呈了"关西海防策",主张在西海岸的战略要地多构筑防御基地,稳固国防。

与此同时,吴庆锡也直接介入1866年的丙寅洋扰,开展了重要的活动。1866年5月,吴庆锡作为翻译官,跟随大院君派往北京的朝鲜奏请使团,再次前往北京。大院君在这一年的正月初开始弹压天主教徒,不但针对朝鲜信徒,甚至逮捕了潜入国内的12位法国神父中的9位,并处以极刑。逃脱的法国神父向驻扎在天津的法国东方舰队司令皮埃尔·古斯塔夫·罗兹(Pierre Gustave Roze)请求救援和报复。于是驻华法国公使和法国东方舰队司令试图趁此机会侵略朝鲜,征讨大院君政府,如果可能的话,希望将此作为使朝鲜王国臣服于法兰西的机会。

在得到法国准备入侵朝鲜的消息后,朝鲜政府为向清政府解释事情的经过,探听清廷政治动态,任命柳厚祚为正使、徐堂辅为副使、洪淳学为书状官,向中国派出了名为"奏请使"的使节团。① 吴庆锡作为使团赍咨官兼翻译官被派往北京。②

使团一行到达北京后,正使、副使、书状官等不仅语言不通,且与中国高官素无交往,几乎难以开展外交活动。只有吴庆锡依靠此前积累的外交基础和自己与中国高官的交情,开展了非常活跃的外交活动,搜集了大量情报和政策资料。吴庆锡先后与十二位具有应对西方列强侵略、制定相关政策经验的中国政治家会面,搜集了关于东方舰队的资料和朝鲜遭受攻击时应有的应对之策,向大院君汇报。③ 吴庆锡亲自会见后传给本国的中国政治家建言,可以摘要如下。

张丙炎(翰林院编修)

西方人所谓的传教之类,都是为了与谍子互相勾结,侦查他国政情。所以如果没有奸细的引导,不敢随意侵入他国境地。他们的性格是遇到躲避就凶狠入侵,遇到防备反而会溜走。所以御洋之策以固守国境,严禁间谍,不与其相战为上策。如此,则自会退去。④

---

① 《日省录》,高宗三年四月九日;《高宗实录》,高宗三年四月九日。

② 参见《吴庆锡·吴世昌年谱》(吴世昌作),丙寅条。

③ 参见吴庆锡,《洋扰记录》,pp. 39 - 44。

④ 吴庆锡,《洋扰记录》,pp. 1 - 2。(书中所引部分是作者对《洋扰日记》原文择要整理翻译后的内容,原文兹从略。现存《洋扰记录》为写本,藏韩国国立中央图书馆苇沧文库。苇沧文库藏书为吴庆锡之子吴世昌捐赠。——译注)

王轩（兵部郎中）

首先禁止自己国家的奸细，他们不能侦查我们的虚实，则可以无忧。如果已经有奸细，就会有困难。但是他们的大船无法在水浅的岸边停泊，最好能阻断其他的去路，善于利用地形，集合众智以谋之。[1]

吴茂林（以军功候选）

西洋人的野心不在土地，而是想把世界全部变成商业，从中取利。……

他们的长技不在于陆战。但也不能轻易接战。他们在海上的大炮悬于船竹之间，除非射击极为巧妙，否则无法命中。他们如果想击破高处的城郭，就架起炮发射。但是听说贵国都是山城，山城则不易被洋人攻破。[2]

刘培莱（以军功当差福建通判）

六月初八日，我在登州乘船时，见有西洋兵船十余艘。于是叫来在西洋船上的广东人问询，说正要构兵于高丽云云。问兵之多少，说一船有五六百名。问军粮之多少，说可支撑一月有余。没看到发船，我就回来了。大约西洋的长技在于火轮船，一天可以行一千四五百里。兵船小而烟筒短，一望可知。水深一丈可浮，水深两丈则行，水深不及，则搁浅。

---

① 吴庆锡，《洋扰记录》，p.2。
② 吴庆锡，《洋扰记录》，pp.2-3。

贵国海岸有石角(暗礁)隐藏,西洋人深为担忧。如果他们有贵国乡人为向导,则可以行。但如果海岸逶迤曲折,则火轮船不能进入,必须换乘小船。贵国可以用兵船应之。西洋炮火药甚为猛烈,所以发弹要迅速,不可近战。贵国山川险扼,火轮车不能驰骋。他们虽然在船上载有马匹,但数量不足。所以,要根据地形的险扼予以防御,防御持续时间长了,他们的军粮不足,自会无法支撑、自行撤去。

他们的炮有飞天火炮,炮丸大如盆,其中可以装千百个小丸,发射到阵中落地后,大丸破裂,小丸四散发射,使人受伤。这是甚为可畏的。如果望见其炮丸,预先躲避,也可免受其害。……

贵国久不用兵,不熟悉战事,要坚守不战,见到必胜之时再战。要谨慎,不要轻进。

他们见到对方弱则进击,看到敌人强则后退。所以不要被对方看到弱点。大致借粮借兵之徒,不能支撑良久,这一点明若观火,不仅是此次而已。他们在数年前向富商借贷八百万金,在尚未能偿还的状态下出兵,时机对洋人不利。这次只以十数艘船向东国而去,是军粮少的缘故。①

吴庆锡通过他的老朋友获得诸多对策咨询和建言,得到很大帮助。其中吴庆锡尤为重视刘培棻的建言,并做了汇报。

当时法国东方舰队司令罗兹和驻北京法国公使亨利·德·伯洛内(Henri de Bellonet)在进攻朝鲜之前,向清朝政府强烈谴责了大院君

_____

① 吴庆锡,《洋扰记录》,pp. 4 - 7。

的朝鲜朝廷,要求允许在朝鲜王国进行天主教传教。他们在通告清朝准备入侵朝鲜的同时,表现得似乎是在得到清朝的书面许可后出兵朝鲜的。而且当时有传言说,法国入侵朝鲜的兵力中包括一部分中国云南省的军队。如果这些都是事实的话,对于朝鲜来说当然是严重的威胁。

吴庆锡为了甄别其中真伪,做出了各种努力。时任清朝礼部尚书是吴庆锡在 1850 年代开始便有所交往的万青藜。[①] 吴庆锡通过刘培棻得到了万青藜的回答和建言,得知并无此事。吴庆锡还亲自与万青藜会面,再次确认了上述传言并非事实。吴庆锡分两次向本国报告的内容可摘要如下。

吴庆锡通过刘培棻得到的万青藜的答复:

> 对于有传言说万尚书提及移中国云南的军队随法国海军同往之事,经询问后得知,这是西洋人的谎话。这只是因为惧怕中国而虚张声势的计策。又问了关于施行宗教的公文是何意。回答说其他国家出兵,本来就不关中国之事,并没有请公文之理。……而按照西洋风俗,起兵之时,要向本国君主书面奏请,事成则授爵号,不成则领罚。如今为了兴起无名分之兵,需要以中国的公文为籍口。中国节制,并不与法国的行动相关。
>
> 他们如果以十几艘兵船前往,必然会驱使海上的渔船与商船,以壮声威。其实兵船只有十二艘而已。……

---

① 参见《燕京书简帖·万青藜致亦梅吴庆锡书简》。该书简帖中收录了 1850 年代万青藜致吴庆锡的三封书信。

问此次所去的西洋人是法国人还是英国人，回答说是法国人，不是英国人。但因为互相借兵，也不能断言完全没有英国人。

他们每每担心军粮少，或战或和，希望速成。所以制洋之术，在于迟和缓。①

吴庆锡直接面见万青藜后得到的答复：

西洋人所谓的公帖，不过是他们自己主管（编造）的，非中国所能知道。……

西洋人专门崇尚财利。英夷主通商，法夷主行教（传播宗教）。法国人执拗而凶悍，凡举事，不成则不罢休。

俄罗斯尤其不可测，贪婪无厌，所要的是土地。②

完全可以预想，接到吴庆锡的报告后，大院君会是多么安心，并生出自信来。

吴庆锡不仅向本国（大院君）转交了丰富的情报和资料，还加入自己的意见，重新进行了整理、概括。③

第一，如果不得已进行通商，要用我们的物品和他们的金银进行贸易，不能用我们的金银和他们的物品进行贸易。

---

① 吴庆锡，《洋扰记录》，pp. 7 - 10。
② 吴庆锡，《洋扰记录》，p. 10。
③ 参见吴庆锡，《洋扰记录》，pp. 45 - 46。

中国经济的枯竭,已经充分证明了此点。

第二,有人说抵御法国入侵时,如果一味躲避,他们就会凶猛地冲过来,如果严阵以待,则会自行退去。

第三,他们的传教,并非只是传教,也包含着获得他国人心,培养内应潜通势力的谋略。

第四,法国要求中国的公文,不是针对朝鲜,而是为了制造向自己国家君主展示的口实。中国与法国入侵朝鲜绝无关联。

第五,法国东方舰队财政紧张,向商人借贷百万金以资补给,故而军粮不足,无法大举发兵。

第六,有人说如果法军入侵,则可以利用地形坚守,尽可能不出战,时间久了他们自会退去。

第七,有人说法军军粮不足,无论战或和,每每急于求成,我们的战术要点是要有自信,缓缓待之,则法军自会退去。

毫无疑问,吴庆锡的这些积极活动和报告对此次朝鲜击退法国的侵略帮助极大。此时朝鲜使团的正使、副使、书状官等多位高层贵族官员虽然同在北京,但他们只是身份和职位高贵,并没有进行这种外交活动的能力。只有吴庆锡凭借此前往返北京时积累的友情基础和他的开化思想,开展了积极的外交活动,成功地完成了具有决定性意义的重要情报搜集活动。

吴庆锡不仅搜集到了法国东方舰队入侵的应对战略,还通过其中国友人抄录了清国总理衙门与法国公使馆间的往来外交公文,报告给了本国。①

从开化思想的先驱朴珪寿和吴庆锡在1866年的上述活动可以看出,他们形成并具备了开化思想,切实感觉到了积极开放港口打开国门的必要性——那是在有了充分的准备,为了国家的改革和发展而进行的开放,并不是屈服于武装威胁和武力侵略的开放。在朴珪寿和吴庆锡1866年间的活动中可以看到,在由外国的侵略威胁和武力进攻导致的开放面前,他们主动走在了反对的前列,为阻止外国侵略展开了积极的活动。

丙寅洋扰以后,吴庆锡尤为真切地认识到,在充分的准备后,要找准机会实现自主性的开放,实行自主的开化政策,把国家变成一个近代的国家。吴庆锡认为,在具有强烈自主性的大院君执政期间,开放港口、打开国门是安全的。所以在1871年美国带着"总统国书"前来要求签订友好通商条约、开放港口时,吴庆锡认为港口开放继续拖延下去并不会有更好的机会,状况只会进一步恶化,于是大胆地向大院君建议与美国建立外交关系,开放港口。吴庆锡对此有如下回顾。

> 辛未年(1871)美国舰船前来时,大院君正处在权力的顶点。我向大院君解释了为什么不能不开放外交。这时美国船只受到了一些炮击,被迫退缩。从那之后,我就被指认为"开港家",无论提出什么建议,都不再被采纳了。②

---

① 吴庆锡,《洋扰记录》,pp. 20 - 26。
② 《日本外交文书》卷9,文书号6,1876年1月30日,《黑田辨理大臣一行,江華府前往二關スル件》,p. 33。

但是,对于美国军舰使用舰炮攻击,行使武力的行为,吴庆锡是强烈反对并主张反击的。1872年,以朴珪寿为正使的使团为处理辛未洋扰的善后事宜前往中国时,吴庆锡被任命为首席翻译官,再次前往北京,开始了为辛未洋扰善后的外交活动。

四
最早的开化思想

那么,吴庆锡、刘鸿基、朴珪寿等开化思想的先驱们在当时形成的开化思想,其内容是怎样的呢? 开化思想的三先驱都没有留下关于开化思想的充分文献,故而在整理其内容时颇多困难。其中刘鸿基虽然在此后参加了诸多开化活动,却没有留下著述。朴珪寿虽然留下了多篇文字,但大多数都是此前关于国政的文章,并不关乎开化。相对留有较多关于开化之文章的吴庆锡,实际上也都是零散的文字。在充分考虑到这些难点的前提下,大致可以以吴庆锡的开化思想为中心,对初期三先驱的开化思想之内容特征进行如下概括。

第一,开化思想的三先驱都具有危机意识,认为朝鲜王国和民族正面临着深重的危机。他们认为,这种危机首先是由西方列强对东方的侵略而引发的。他们觉察到中国受到西方列强的侵略,成为列强的角逐场,正在走向崩溃;而这随后就会成为与中国唇齿相依的朝鲜的危机。他们将此视为莫大的民族危机,"在将来某个时刻,必会产生悲剧"①,认为"本国之形势,危如风前灯火"②。

第二,开化思想的三先驱认为,在这种民族大危机下,朝鲜的政治还处于腐败之中,朝鲜的社会和经济严重落后于世界大势。这表现为他们对"本国政治之腐败及脱离于世界大势"③的醒悟。所以他们判断,依靠当时腐败而严重落后于世界大势的朝鲜王朝的政治和社会制度,是无法克服这种民族大危机,守护国家和百姓的。

第三,开化思想的三位先驱拥有一种不进行"一大革新"就不能冲破这种巨大民族危机的思想。④ 所谓"一大革新"不是朝鲜王朝部分性的小改革,而是涉及国家全部政治、法令的"大改革",也就意味着对所有社会制度的大改革大更张。因此,他们的开化思想和希望依靠清政府来解决民族危机的思想,以及试图通过维系朝鲜王朝既有的前近代体制来克服危机的卫正斥邪思想是正面冲突、尖锐对立的。⑤

第四,在开化思想三先驱的思想中,挽救国家的"一大改革"一定要自主完成。朝鲜必须要自主地完全依靠朝鲜人自己的力量建成富强的近代国家。他们发现在西方列强的侵略下日益崩坏的清政府丝毫不值得依靠,而朝鲜高层官僚试图依赖清朝廷的思想让他们甚为愤慨。在亲见亲闻了西方列强争先恐后地侵略和掠夺中国的情景之后,他们醒悟到哪怕对外国稍有依赖,也等于把国家的命运送入具有侵略意图的人手中,是极为危险的。唯有自主独立,通过自己的力量,决绝地施行大改革,建设富强的国家。

---

① 《金玉均传》上卷,p. 49。
② 《金玉均传》上卷,p. 49。
③ 《金玉均传》上卷,p. 49。
④ 《金玉均传》上卷,p. 49。
⑤ 参见金允植,《续阴晴史》下卷,p. 157,高宗二十八年二月十七日。

第五，开化思想三先驱具有"想要掀起国家的一大改革，就要先形成革新的政治势力"的思想。他们所说的这一革新的政治势力，意味着开化派或开化党的形成。他们认为，不腐败、能救国、了解世界大势的开化革新势力形成并掌权之后，才能掀起全国上下的革新风潮。①

第六，在开化思想三先驱的思想中，朝鲜一定要成为与世界大势步调一致的国家。他们对本国"落后于世界大势"的慨叹，指的是落后于机械技术文明和资本主义世界，认为朝鲜要和世界大势步调一致，预示着朝鲜也要走向建立近代国家、发展科技文明和资本主义市民社会的道路。

第七，开化思想三先驱认为，朝鲜只有和西洋一样引入使用铁和煤的工厂制度、使用机器的生产方式，振兴工业和生产，才能建设成富强的国家。这种思想在吴庆锡那里尤为明显。吴庆锡在江华岛条约时期，曾作为问情官登上日本军舰，他向日本外交官说道："我国如果也能学会铁和煤的开采方法，国家就一定能够富强。"②他们已经知道西方列强是使用铁和煤炭进行了工业革命，使用蒸汽机和工厂制度进行生产才变得富强的。那么，如果朝鲜也能像西方一样开采铁矿和煤矿，并以此为基础建成使用机器生产的工厂，振兴工业和生产，就一定能变得富强。

第八，开化思想的三先驱全面认可西方科学技术的先进性，认识到朝鲜只有积极引进并采用这些技术，才能使国家变得富强。他们

---

① 《金玉均传》上卷，p. 49。

② 《日本外交文书》第 9 卷，文书号 6，1876 年 1 月 30 日，《黑田辨理大臣一行，江華府前往二關スル件》，p. 38。

惊叹于西方的科学技术,对此有了敏锐的反应。吴庆锡在北京繁忙的日程中特意抄录了西方科技书籍《扬水机制造法》,以及上述他对铁和煤矿的强调,都证明了他对西方科学技术的引进和使用具有极大的热情。① 而且,后来他在与日本外交官的交谈中问及日本的电信情况,听说日本已经形成纵横全国的电信网后说道,"这才是适合人生活的世界啊"②,显示出他一直以来对科学技术的看法。此外,朴珪寿在 1866 年击沉舍门将军号后,将其蒸汽机和机械送往首尔汉江,促成了蒸汽船的制造试验,也体现了他对使用西方科技的热情。③

第九,开化思想三先驱认为,应该废除朝鲜的两班身份制度,向国内各阶层一切有能力的人授以官职。吴庆锡和刘鸿基出身中人阶层,长期受到来自无能两班阶层的身份歧视,最清楚两班身份制度的弊病与不合理性,属于对此有亲身感受的先觉者。同时,他们也清楚两班身份制度的废除并非易事,在当时仍然困难重重。所以他们认为,为了快速培养开化革新势力,实行开化政策,当前的权宜之计是选拔北村的两班子弟,对他们进行开化思想的教育。但是从根本上说,他们的思想中废除弊病繁多最终导致亡国的两班身份制度的部分,是很牢固的,这在他们所有的行动中都表现得十分明确。

此外,朴珪寿的身份虽然是高层两班官僚,并非中人出身,却依然继承了其祖父燕岩朴趾源的实学,批判两班身份制度,倡导平等思想

---

① 吴庆锡主张购买利用铁和煤炭的火轮船和蒸汽船,表明他认为只有学习和采用西方的先进科学技术,才能使国家富强。

② 《日本外交文书》第 9 卷,文书号 6,1876 年 1 月 30 日,《黑田辨理大臣一行,江華府前往二關スル件》,p. 37。

③ 参见朴齐炯,《近世朝鲜政鉴》,pp. 26 - 27。

并付诸教育实践。①

第十，开化思想三先驱认为，朝鲜也应该装备军舰，对国防进行近代化改革，筑牢国门，用自己的力量守卫国家。朴珪寿在舍门将军号事件时便认为，朝鲜也应该制造装有蒸汽机的军舰来巩固国防，他提议进行蒸汽军舰试验，并提出了"关西海防策"。② 吴庆锡在丙寅洋扰时到中国开展外交活动，缜密调查了法国东方舰队的武装力量后报告给本国。③ 此后在江华岛条约签订前登上日本的军舰，向日本外交官说："我国想要装备火轮船，尚需一些时日。何时才能得见啊！"④表现出对军舰的渴望——此处的火轮船指的正是军舰。从这段话中可以看出吴庆锡对于装备军舰、构筑近代国防体系，用自己的力量守卫国家的期望。⑤

第十一，开化思想三先驱认为，朝鲜应该丢弃一直以来的锁国政策，自主性地开放港口，打开国门。他们认为，从根本上说，大院君和卫正斥邪派的锁国政策是无法挽救国家的。朝鲜只有自主性地打开国门，与世界各国通商，交流文明，吸取西方先进文明中的必要部分，使国家富强，才能从根本上挽救国家。朴珪寿批评了那些认为朝鲜打开国门与西方通商后，西方文明传入朝鲜会把朝鲜变成禽兽之域的看法。他指出，与西方交流也可以把东方的宗教和文化输入西方，教化西方人。

---

① 参见李光洙，《甲申政变回顾谈，朴泳孝拜访记》，《东光》，1931 年 3 月号。

② 参见原田环，《朴珪壽と洋擾》，《旗田教授古稀纪念朝鲜史论集》，1979。

③ 参见吴庆锡，《洋扰记录》，pp. 4-10。

④ 《日本外交文书》第 9 卷，文书号 6，1876 年 1 月 30 日，《黑田辨理大臣一行，江華府前往二關スル件》，p. 37。

⑤ 吴庆锡对置办军舰实现近代国防的期望，在他编写的《洋扰记录》中随处可见。

但是,开化思想三先驱坚决反对在外国威胁与侵略下实现的港口开放和国家开放。所以,朴珪寿1866年7月将美国商船舍门将军号击沉于大同江,吴庆锡在丙寅洋扰时为阻止法国东方舰队的入侵,全身心地开展外交活动。① 此后,吴庆锡在1871年美国军舰携带总统国书前来要求建交时,向大院君建议借此机会开放港口,被诋为"开港家"。② 但是,在美国没有正常返回,而是行使武力挑起辛未洋扰时,他又坚决与之斗争,为保卫国家开展了积极的外交活动。

开化思想三先驱所设想的开放港口和国家开放,是朝鲜有准备、有实力后,从朝鲜的需要出发的自主性开放。③

第十二,开化思想三先驱虽然提倡与外国通商,但所主张的是朝鲜不会受到损害的通商。尤其是吴庆锡目睹了中国与外国通商不慎,导致经济日趋贫弱后,强调要进行商品均衡的贸易。他认为,如果用朝鲜的金银换取外国的物品,导致朝鲜的金银流往国外,或者因朝鲜的进口大于出口,产生贸易赤字而把金银输往国外,那么国家的经济就会枯竭。④ 在开化思想先驱们的思想中,对外贸易必须在实行中被看作使朝鲜富强的方法,贸易才能真正带领国家走向富强。

虽然因为资料的缺乏,无法对开化思想三先驱尚处于形成期的开化思想做更为详细的说明,留下诸多遗憾。但仅凭现在的分析即可看出,作为一种克服19世纪中期的民族危机和体制危机的思想,开化思

---

① 参见吴庆锡,《洋扰记录》,pp. 38 - 44。

② 《日本外交文书》第9卷,文书号6,1876年1月30日,《黑田辨理大臣一行,江華府前往ニ關スル件》,p. 37。

③ 虽然吴庆锡继承、发展了朴齐家的思想,是一名"开国论者",但他所指的"开国"是使朝鲜拥有独立的主导权,能够维护朝鲜的利益、实现国家富强的手段,是独立自主的"开国"。

④ 吴庆锡,《洋扰记录》,p. 45。

想和同时期的东学思想、卫正斥邪思想是确然不同的。

当然,开化思想三先驱持有的仍是处于形成阶段的开化思想,依然是初期的第一次出现的开化思想,没有像1880年代的开化思想一样已经得到发展;从今天的立场看来,或许都是些常识性的观点。但在1860年代,在试图以强化前近代的旧体制来应对问题的顽固的斥邪卫正思想作为"国论"统治着全国思想界的情况下,上述开化思想确乎是具有划时代意义的新思想。

可以看出,受到1866年9月丙寅洋扰的冲击后,吴庆锡和刘鸿基合议,为了培养开化革新势力,要选拔首尔北村聪颖的两班子弟,教之以开化思想,兴起革新之气运。但是,仅凭开化思想三先驱中吴庆锡和刘鸿基的努力,尚难以聚集北村聪颖的两班弟子们。出身于中人的两位先觉者,从最开始就无法召集出身于上层两班的聪颖子弟并教育之。对于吴庆锡和刘鸿基来说,迫切需要朴珪寿的帮助。但在1866年,朴珪寿正作为平安道观察使宦居平壤,无法和他们共事。

朴珪寿被重新任命为艺文阁提学是在三年后的1869年4月3日(阳历5月14日)。① 朴珪寿回京后,随即于4月23日(阳历6月3日)被改任为汉城判尹②,随后于6月15日(阳历7月22日)被命兼任刑曹判书③。朴珪寿的家位于首尔北村的斋洞。④ 而吴庆锡作为朝鲜政府派出的使团(正使李承辅)的翻译官,于1869年8月出发前往北京,

---

① 参见《日省录》,高宗六年四月三日;《高宗实录》,高宗六年四月三日。

② 参见《承政院日记》,高宗六年四月二十三日;《高宗实录》,高宗六年四月二十三日。

③ 参见《日省录》,高宗六年六月十五日;《高宗实录》,高宗六年六月十五日。

④ 参见《高宗实录》,高宗十一年三月五日;文一平,《名相朴珪寿故居》,《湖岩全集》第3卷,pp. 266-268。

同年 12 月回国。① 所以朴珪寿结束平安道观察使的任职回京后与吴庆锡、刘鸿基合作共事，是在 1869 年 4—8 月间或在 12 月。吴庆锡、刘鸿基、朴珪寿这开化思想的三位先驱终于在 1869 年的首尔走到了一起。

朴珪寿按照吴庆锡和刘鸿基已经商讨过的方法，挑选了北村两班子弟中最聪颖的青年，从 1869 年下半年或 1870 年初开始，在朴珪寿的客厅里拉开了开化思想教育的序幕。金允植、朴泳教、金玉均、洪英植、朴泳孝、徐光范、俞吉浚、金弘集等是青年中的代表人物。金允植有如下记载：

> 初，古愚就学于瓛斋先生门下，得悟域内大势，遂与同志忧心国事。②

朴泳孝也回忆说，是在朴珪寿家的客厅里与亲友一起学习了这种叫作开化思想的新思想。

> 这种新思想发端于我的同宗朴珪寿的客厅里。金玉均、洪英植、徐光范，以及我的堂兄（朴泳孝）都聚集在了斋洞朴珪寿家的客厅里。③

于是，1853—1860 年由吴庆锡、刘鸿基、朴珪寿三位先驱建构的韩

---

① 参见《高宗实录》，高宗六年七月二十九日。
② 参见金允植，《续阴晴史》下卷，p. 577。
③ 李光洙，《甲申政变回顾谈，朴泳孝拜访记》，《东光》，1931 年 3 月号。

国开化思想终于从 1869 年下半年到 1870 年初开始,通过选拔聪颖的两班子弟,在朴珪寿的客厅里对第二代人进行开化思想教育,开始了救国的准备。①

---

① 参见慎镛厦,《金玉均的开化思想》,《东方学志》第 46、47、48 辑,1985;慎镛厦,《韩国近代社会思想史研究》,一志社,1987。

第二章 崔济愚与东学思想的形成

崔济愚

一

绪 言

东学是由崔济愚（字水云，1824—1864）在 1860 年创建的韩国民族宗教与民族思想。从社会思想史的观点来看，东学是韩国人为解决 19 世纪中叶的民族课题而创造的极为独特的新宗教、新思想。虽然韩国人在历史上创造过诸多宗教和思想，但在独创性上，东学自有其特殊的位置，而且作为一种独特的新宗教、新思想，其独创性在世界史意义上也有研究的必要。

不仅如此，东学还与 1894 年的农民革命运动相结合，为韩国近代史提供了瓦解旧制度建立新的近代体制的动力。在这方面，东学可谓韩国近代社会思想史和近代史研究的一个重要主题。

本文准备从实证的角度考察从准备阶段到 1860 年崔济愚正式创立为止，东学的形成过程。

二

崔济愚的出身背景与求学时期

　　创立东学的崔济愚于 1824 年(纯祖二十四年)阴历 10 月 28 日(阳历 12 月 18 日)出生于庆尚道庆州的稼亭里。[①] 他的本贯是庆州,本名福述,官名济宣。济愚是他在 35 岁为救济苍生而修道时新取的名字,有救济愚昧众生之意。

　　考崔济愚家族的家系可知,其家族在新罗时代本为六头品,新罗亡后沦为当地的乡吏阶层,并持续至朝鲜前期。但在当地一直是具有影响力的地方势力。把这个家族带入两班身份阶层的卓越人物是崔济愚的七世祖崔震立(1568—1636)。这位高度爱国的人物在 1592 年壬辰倭乱开始时,便与他的弟弟一起加入义军进行了英勇的战斗。崔震立在壬辰倭乱进入缓和期的 1594 年武科及第,1597 年丁酉再乱时作为将领大败日军立下战功,壬辰倭乱后朝鲜王朝论功行赏时得到"宣武从勋"的表彰,官授京畿水使、工曹参判。1636 年丙子胡乱起,身为公州营将的崔震立听闻国王被围困在南汉山城,以 69 岁高龄率军队北上营救国王和朝廷,在京畿道龙仁的险川与清军相遇,力战而死。丙子胡乱后论功行赏时,国王和朝廷为纪念崔震立的忠诚,追授其为兵曹判书,赐谥号"贞武公"。其子孙及崔氏一门于 1699 年(肃宗二十五年)在月城郡龙山为崔震立建起了祠堂,国王肃宗赐名为崇烈祠。由此,崔震立的家门进入"武班"行列,确立了两班贵族的身份。

---

　　① 参见《崔先生文集道源记书》,《东学思想数据集》第 1 卷(亚细亚文化社版),p. 159。

但是当时朝鲜王朝的官僚界文武差别严重,崔震立的子孙试图通过文科科举来建立文班的社会地位,但没有成功。崔震立的子孙中最出色的文人是崔济愚的父亲崔鋈(号近庵,1762—1840)。他才气非凡,能力出色,广泛学习了诸子百家,于国内的先儒中涉猎了李彦迪和李滉(退溪)的学问。他曾连续五六次参加科举,却次次名落孙山。在当时腐败的科举考试管理之下,崔鋈无论怎样有才能,也是无法仅凭实力及第的。即便如此,传世的崔鋈文集《近庵集》,已经足以证明他是一位出色的文人。

崔鋈和第一任夫人崔氏曾有一子,但不久便因疾病母子双亡。后来又娶徐氏为妻,但仅育有两个女儿,没有儿子。不得已之下,崔鋈把侄子(弟弟崔珪之子)过继来作为养子传宗接代。但是他始终无法放弃生子的念头,在年过花甲之后又迎娶了邻居寡妇韩氏,在63岁时生下一子。这个孩子便是崔济愚了。①

所以,崔济愚出生时的身份是武班家庭中三娶女的庶子。当时武班的贵族身份已基本褪色,沦为普通乡班。崔济愚作为乡班的庶子出生,在当时的社会身份制度下,只能被当作下层的"中人"身份对待。

崔济愚从小独自享受到了父亲的宠爱,从8岁开始跟随父亲学习文章。他才能非凡,凡所教几乎无所不通。

八岁入学,万卷诗书无所不通,仿佛是生而知之。十岁
之后,有师旷之聪明,智局非凡兮才器过人。平生忧愁——

---

① 参见《庆州崔氏大同谱》卷1及卷4,李敦化编,《天道教创建史》,天道教中央总部,1993;吴知泳,《东学史》,1940;崔东熙,《水云的基本思想和状况》,《韩国思想》第12辑,1973。

世界淆薄啊，君不君，臣不臣，父不父，子不子。昼夜叹息啊，胸怀抑郁。满腔抱负啊，无人知之。①

崔济愚从8岁开始学业，以其聪明才智，阅读了大量书籍，显露出其天资的卓绝。但到10岁以后，便开始醒悟自己的悲惨处境和社会制度的矛盾——对于在朝鲜王朝中永远无法作为人才登用的"庶子"身份，他开始有了自觉和郁愤。

崔济愚是崔鋈第三任妻子的儿子，是妾生的儿子。崔鋈在第一任妻子去世之后，再娶徐氏为妻，徐氏的孩子可以成为嫡子，但崔鋈的第三任妻子韩氏是在第二任妻子徐氏在世时为生男孩而"三娶"的妾，所以韩氏生养的崔济愚很明显是一位"庶子"。② 当时的庶子在家里甚至都不能称自己的父亲为父亲，无论才干如何非凡都无法取得科举考试的资格。这种"庶孽差别制度"让庶子们不得不忍受强烈的歧视。在朝鲜王朝社会中，庶子是一种一出生就遭到遗弃的身份。完全可以猜测得出，崔济愚在10岁之后明白了这一现实时，那份不为人知的绝望、叹息和愤怒会有多么深重。

崔济愚在13岁时听从父亲的安排，迎娶了蔚山的朴氏为妻。这是当时已经75岁的父亲崔鋈，希望在自己生前能亲眼见到可怜的儿子完成婚姻大事，而仓促做出的决定。父亲崔鋈在79岁时去世，当时崔济愚的年龄是17岁。他就这样失去了唯一一个爱他的社会性的权威存在——父亲。祸不单行，在他三年守孝期间，家中发生火灾，房屋

---

① 《龙潭遗词·梦中老少问答歌》。(《龙潭遗词》原文采用了易于传播的韩文歌辞形式，本章中依其体裁格式酌情译为四言为主的唱词。——译注)

② 朝鲜王朝社会中，庶系与三娶女性的子女无法参加科举考试。

与父亲的书籍全部毁于一旦。

> 可怜复可怜，我父实可怜。龟尾龙潭，胜地一片，道德文章，切磋琢磨。山荫水荫，尽皆自知，立身扬名，终究未成。龟尾山下，建一亭阁，龙潭二字，以为亭名。一介布衣，山林处士，以传后世，尚为可乎？可怜复可怜，家运实可怜。我之出世，亦可称为，累及父母。不孝不孝，不孝难免，难免称作，积世怨郁。不遇时之，一个男儿，虚度岁月，岁月虚度。

> 岁月如水，不可阻挡，父亲一日，静静离世，我在身旁，悲伤啜泣。孑然一身的我啊，当时只有一十六岁，又能懂得了什么啊？和小孩子，实无差别。父亲平生积蓄，惨遇大火，消失无迹。子孙的余恨啊，实在无心，世上存活。怎能不冤屈啊，如何不痛惜。

> 虽然有心，照顾家庭，怎奈我不会耕作，又未能专心笃志，发奋攻读。遂失去了青云之志，眼看着家产日益倾颓，不知将来如何收拾。年岁日长，只有叹息着今后的身世更加寒酸。①

在失去父亲之后，崔济愚清楚地认识到自己的身份缺陷，在这段时间陷入了黯淡的未来所带来的挫折之中。

---

① 《龙潭遗词·龙潭歌》。

三

崔济愚的全国游历求道时期

崔济愚在 20 岁那年（1843 年）结束了为父亲的三年守孝，把妻子送回娘家，独身一人为了生计离家外出。从此时起到 31 岁回到妻子身边定居，他的足迹遍及全国各地，从事了形形色色的工作和学习，到处寻求生计。对于这一时期的行踪，崔济愚只是在下面的记叙里简单地说从事了千百万种事业，但最终一事无成。因而，我们无法详细得知这一时期他的作为。

> 大抵人间，百千万事，试过都觉，不过如此，经历过后，只有艰辛。所为事业，无一成功，胸中抱负，一扫而空。回望人生，转眼四十，回首思量，世间风俗，如此如此，不过如此。[①]

细查崔济愚离家流浪在外的 11 年间所做之事，起初是熟习武艺。为了参加武科科举，他曾经熟习骑马与射箭[②]，这似乎是因为有时庶子也会有武科应试的机会。此后曾涉足商业[③]，据传曾做过布料商人。也曾学习过医术和针灸，还涉猎过占卜等杂术。为了求道，一度学习过仙教（道教），寻访过全国各地知名的道士。[④] 还曾周游全国各地的知名寺庙，拜晤高僧，希图参透佛教。甚至因为听说西学中有奥妙的

---

① 《龙潭遗词·教训歌》。

② 参见李敦化，《天道教创建史》第 1 篇，p. 4。

③ 参见吴知泳，《东学史》，p. 1。

④ 参见《崔先生文集道源记书》，p. 160。

真理,对西学(天主教)也有涉猎。① 但崔济愚只是辛苦劳顿,最终一事无成,哪里都找不到他的生计和寄托。离开妻子儿女十年之后,他终于陷入了失意和绝望之中,在 31 岁这年(1854 年)回到了寄居在娘家的妻子身边。

但是,崔济愚历时 11 年在全国各地的流浪,虽然未能"得道",但也并非虚度。他在 11 年的流浪中全面体验了时代与社会,有了自己新的观点。他对自己的流浪经历做了如下记叙。

> 如非曾经,踏遍江山,人心风俗,如何能知;历尽人间,百千万事,遗憾之意,自此再无。②

崔济愚 11 年来浪迹全国各地,通过自己的切身体验,认识到朝鲜王朝的秩序正在经历根本性的崩溃,百姓们在精神上、伦理上彷徨无助,热切地盼望着新时代、新世界、新道德、新宗教的到来。

崔济愚当时观察到的前近代统治秩序的崩溃,是伴随着前近代社会的制度框架——社会身份制度的急速崩溃而发生的。拥有两班身份的贵族虽然依然垄断官职和财富,对下层身份阶层进行残酷的压榨和迫害,但一部分不能进入"阀阅"、垄断官职的没落两班已经丧失了统治身份的尊贵性,甚至买卖两班身份的行为已经开始盛行。而且,作为下层身份阶层的平民阶层和贱民阶层也已经不再敬畏两班阶层,蔑视侮辱两班的事情也时有发生。他们还通过"冒称幼学"(通过纳捐、行贿等手段在户籍上登记为象征两班身份,有科举资格的"幼学",

---

① 参见《东学史》,p. 2。
② 《龙潭遗词·劝学歌》。

以免除兵役）、纳粟、逃亡、买入等方法，实现向两班身份的上升。这使得社会身份制的支柱——身份壁垒明显坍塌。这一时期，即使奴婢逃到遥远的地方以两班身份招摇撞骗，中央的两班官僚也失去了将其捉拿回原籍的能力。

在这种社会状态下，两班阶层建立起来的前近代的道德伦理不仅在下等身份阶层中形同虚设，在两班身份阶层中也不再得到良好的遵守，道德的沦丧触目皆是。此外，19世纪初期霍乱的流行，也成为加深朝鲜王朝体制化危机的重要原因。

对于朝鲜王朝的体制性危机，崔济愚认为，朝鲜王朝经历了四百多年后，已经耗尽了时运，现正处在谢幕的末世时期，民众深陷涂炭之中，急需解救。

> 三角山，汉阳都邑，四百年后，下元甲子，再无子嗣，留存此世。①
>
> 我国恶疾充满于世，百姓四时四节没有安宁之时，也是伤害之运数。②
>
> 天下之人，涂炭之中。③

对于朝鲜王朝的统治阶层——两班们一边压迫人民、剥削百姓，一边把"道德""君子"挂在嘴边的行径，崔济愚十分不满。他认为，朝

---

① 《龙潭遗词·梦中老少问答歌》。

② 《东经大全·布德文》。原文："我国恶疾满世，民无四时之安，是亦伤害之数也。"（本章脚注中的汉文原文，写明"原文"者为译者据韩国天道教中央会刊布的天道教典籍所补；未写原文二字，直接于书名后引用者，是原注所引汉文。——译注）

③ 《龙潭遗词·劝学歌》。

鲜王朝社会在整体上已经处于末世，人们道德败坏、各怀异心，无法顺天理，听天命，社会一片污浊混乱。

> 可笑啊，他地位门阀是哪般，敢自比君子？文笔才华又怎样，能妄论道德？[①]

> 近来天下之人各怀异心，天理不顺，天命不听。我也常常心怀忧思，不知如何是好。[②]

当时的朝鲜社会，腐败、堕落、混乱。崔济愚认为，"呜呼！此种世道，尧舜之治不足兴，孔孟之德不足醒"。[③] 这种状态下的朝鲜王朝，遇到西方武力和西学的入侵，任其发展，只会等来国家灭亡，人民沦为奴隶。对于崔济愚来说，如何在西方的侵略面前保全国家，使百姓安居（辅国安民），如何把深陷涂炭的百姓从两班官僚的压迫和剥削下解救出来（广济苍生），就成了最为紧急而迫切的事情。

这一时期下等身份阶层对于改革的要求，已经不是在既有的前近代社会体制内进行细小的改良，而是要求废除前近代的社会身份制度，将既有的社会结构从根本上转变为新的近代的社会结构。所以，在要求新社会、新思想的下等身份阶层和既有的统治身份阶层之间，必然存在严重的社会矛盾。

而且，崔济愚以其敏锐的洞察力发现，在宗教和思想的层面，百姓们依然信奉的旧宗教儒教和佛教已经陈腐，丧失了生动性和生命力，

---

① 《龙潭遗词·道德歌》。

② 《东经大全·布德文》。原文："又此挽近以来，一世之人各自为心，不顺天理，不顾天命。心常悚然，莫知所向矣。"

③ 《龙潭遗词·梦中老少问答歌》。

无法呼应百姓们新的要求。

> 天下之人各怀异心，天理不顺，天命不听。①
>
> 儒道佛道，历经千年，其运已尽。②
>
> 呜呼！此种世道，尧舜之治不足兴，孔孟之德不足醒。③

　　崔济愚认为，面对百姓的这些新要求，西学不但无法给予回应，其本身就是危险之物。这是因为崔济愚把西学看作引导西方势力入侵的宗教力量和先头部队，是"西势"的力量源泉。所以他认为，部分民众丧失了精神上的支柱，迷信西学，是十分危险的。他将其视为朝鲜王朝在精神上的危机状态，对此十分担忧。

　　通过11年间在全国各地的流浪，崔济愚根据自己的观察，迫切地感觉到，需要创造一种能够辅国安民、广济苍生的新宗教和新思想。崔济愚将此视为自己的使命，决心创立东学。

　　除此之外，还有从中国传来的消息，说西方列强以西学西教为前驱进入中国，随后继之以西方的军队、军舰和枪炮，中国正在急速地衰亡。这些消息，让崔济愚更加焦急于创立新的思想、道德和宗教。

---

① 《东经大全·布德文》。原文："一世之人各自为心，不顺天理，不顾天命。"

② 《龙潭遗词·教训歌》。

③ 《龙潭遗词·梦中老少问答歌》。

四

崔济愚返家后的求道与研究

在经过了 11 年离家求道,流浪各地的生活之后,崔济愚在 1854 年拖着疲惫的身躯回到妻儿身旁,在蔚山的裕谷洞搭起一间茅屋,重新回到家庭的怀抱,休养身体并继续研究。但是他的心依然牵挂着求道,对于无法挽救在西势和西学的入侵面前毫无防备的国家和身处涂炭之中的百姓,他忧虑重重。

为了寻求辅国安民、广济苍生的新的"道",回家之后的崔济愚依然热衷于研究。《道源记书》中记载,崔济愚从一位老僧那里得到了传授祝祷之法的天书,并参透了其中的道理。[①] 他在回家两年后的 1856 年(33 岁)夏天,前往当地的名山——梁山郡千圣山的内院庵中,进行闭关 49 天的求道参悟。但是在第 47 天时,他的叔父去世了。他不得不走下山,回了一趟故乡庆州。叔父的丧礼结束后,崔济愚前往千圣山的寂灭窟,重新开始 49 天的闭关求道。他在窟内几乎只靠饮水延续生命,终于完成了 49 天的闭关求道,却并没有参悟到新的道。

崔济愚回到蔚山的家中,决定在家中闭关,仍然未能得道。此时,崔济愚已经得道的传闻却广泛流传起来。有人说崔济愚在千圣山上运用神通,预先得知叔父在庆州去世,有人说崔济愚救活了一位已经死去的老妪,有人说他得到了神力可以造化通神,种种虚假传闻在当地流传。有人对此深信不疑,开始找上门来。

1859 年(36 岁)10 月,崔济愚在为得道付出的种种努力全部失败

---

① 参见《崔先生文集道源记书》,p. 161。

之后，于一片绝望之中带着妻儿从妻子的娘家蔚山回到了自己的家乡庆州。① 但是，祖屋早已出售，在他的出生地见谷面稼亭里，已经没有他的庇身之所了。他找到了父亲崔鋈当年在稼亭里龟尾山的溪谷里读书的亭子"龙潭亭"，把那里当成了自己的住处。② 把父母的遗产荡尽之后，求道又未能成功，失魂落魄地回到父母留下的亭子里庇身，崔济愚觉得黑色的喜鹊似乎都在嘲弄自己这个不孝之人。他这样写道：

> 年近四十，仅止于此？无可奈何，无可奈何。龟尾龙潭，重回故里，流水淙淙，山势高耸。环顾左右山川兮，山水依旧，草木含情。此身不孝，此心伤悲。乌鹊飞来，出言戏弄，松柏郁郁，固守清节，此身不孝，悲感怀心。③

崔济愚在父亲留下的龟尾山龙潭亭中下定决心，如果不能参悟到解救苍生的大道，就不再重回世间。他把自己的名字从"济宣"改为解救愚昧苍生的"济愚"，取字为"性默"。④ 他在这里找到一处清净之所，设下祭坛，虔诚祈祷，每天几乎不眠不休地投入冥想和精神修炼之中。这种悲壮凄绝的求道努力让他的身体处在极度衰弱之中。不仅如此，还听人传来消息说，国家的形势更加混乱，西方势力重新侵略中国，迫使中国屈服，在北京建起高耸的天主教堂，大肆开展传教活动。可以

---

① 《东经大全·布德文》。（此处应为《修德文》，所据资料应为"龙潭古舍，家严之丈席；东都新府，惟我之故乡。率妻子还捿之日，己未之十月；乘其运道受之节，庚申之四月"。——译注）

② 参见《崔先生文集道源记书》，p. 165。

③ 《龙潭遗词·龙潭歌》。

④ 参见《龙潭遗词·教训歌》。

推测,这会让崔济愚为得道倾注更多的心血。

除此之外,从中国传来的消息也使得保国(保卫国家)问题更加凸显。在英国因对华鸦片走私问题而挑起的鸦片战争(1840—1842)中,中国屈服于英国的近代化武装,于 1842 年签订了《南京条约》。其主要内容包括:① 割让香港;② 开放广州、上海、厦门、福州、宁波五口通商;③ 承认协定关税制;④ 赔偿 2 100 万元;⑤ 承认相当于治外法权的领事裁判权;⑥ 给予英国单方面最惠国待遇等。这是极为不平等的侵略条约。英国以此条约为依据,开始了对中国的渗透。随后,1844年法国和美国也与中国签署了同等类型的通商条约,西方各国对中国的渗透全面开始。随着西方势力无可遏制地进入中国,1850 年广东省的洪秀全宣称救国,开始了"太平天国"革命运动,大清国随后陷入战乱。雪上加霜的是,1856 年 10 月发生了亚罗号事件,英法两国组成联合军进攻中国,占领广州,攻打天津。中国再次屈服于西方的武力,于1858 年签订《天津条约》,再次约定开放天津等 10 个港口,并开放扬子江的商船航运。因清廷拖延条约的批准和实行,英法联军再次开始武装进攻,于 1860 年 7 月占领天津,8 月占领北京。皇帝逃往热河,大清国在西方的武装侵略面前屈服,1860 年 9 月签订《北京条约》。《北京条约》的主要内容有:① 开放天津口岸;② 割让九龙半岛;③ 支付赔偿金 1 600 万元;④ 给予西方人传播天主教的全部自由和设立教堂的自由,赋予西方神父使用土地、建筑或租赁的自由;⑤ 允许西方人在中国招募劳工运往海外。

一直被视为东方最强大国家的大清在西洋的侵略下极度屈辱地屈服了。西方列强在中国的侵略全面开始了。这样的消息使朝鲜的知识分子与朝鲜朝廷受到了巨大的冲击。

崔济愚自己承认他的东学得道及开始布教与西方列强对东亚、中国的侵略引发的危机意识相关。

> 到庚申（1860）年，听说西洋人宣称天主的意志，不取富
> 贵，攻取天下（中国——著者），建立（西学的）教堂，使其（西
> 学）道通行。因此我有了"怎能这样呢？怎么会这样呢？"的
> 疑问。

> 没想到就在庚申年的四月，突然觉得心跳加剧，身体颤
> 栗，不知道是得了什么恶疾。正在难受得无法言说之时，突
> 然听到有仙语传入耳中。[1]

这里很明确的事实是，崔济愚的得道与 1856 年的亚罗号事件等
西洋势力对中国的侵略，1860 年英法联军占领北京后《北京条约》的签
订，以及允许西学（天主教）在中国的自由传教有直接的关联。

从西方列强对中国北京的占领中，崔济愚不仅感知到了中国的沦
陷，还深切地预感到了朝鲜的严重危机。这可以说是他从自己的视角
对因西方势力的入侵而形成的新民族危机的认识。他这样记录了自
己的民族危机意识。

> 西洋战无不胜，攻无不克，无事不成。如果天下完全灭
> 亡，我国不能没有唇亡齿寒之叹。辅国安民的计策，又将如

---

① 《东经大全·布德文》。原文："至于庚申，转闻西洋之人，以为天主之意，不取富
贵，攻取天下，入其堂，行其道，故吾亦有其然岂其然之疑。不意四月，心寒身战，疾不得
执，症言不得难状之际，有何仙语，忽入耳中。"（本章所引汉文原文，皆据韩国天道教中
央会刊布的天道教典籍对原注中错别字、漏落字做了订正，并新加标点。正文中译文，
据著者韩文译文如实译出，间或有与汉文原文龃龉之处，一仍其旧。——译注）

何想出来呢?①

　　崔济愚在这里借用唇亡齿寒的东方式表达,将中国比为唇,韩国喻为齿,指出西洋在和中国的战争中连战连胜,以强大的力量长驱直入,如果中国灭亡的话,朝鲜就会陷入深刻的危机之中的,强调了制定辅国安民对策的必要性和紧迫性。

　　崔济愚在《论学文》中也反复强调了西洋势力东渐所带来的民族危机意识。

　　　　到了庚申年四月间,天下混乱,人心浇薄,不知何去何从之际,又有妖言盛行于世:"西洋人得道立德,其造化无所不至,西洋人以武器进攻,无人可以抵挡。"中国如果灭亡,我国又怎能免于唇亡齿寒之忧?

　　　　这并不是有其他的缘故,是因为这些人(西洋人)的道称为西道,学称作天主,教称为圣教,所以有人说,这难道不是知天时,受天命吗?

　　　　这种言论如果一一听来的话,无穷无尽。我正在感叹来到人世之迟,忽然身体开始战栗,有灵气与身体相接,中有(上帝)训示下达,看却无法看到,听又无法听见。②

————————————————

　　① 《东经大全·布德文》。原文:"西洋战胜攻取,无事不成,而天下尽灭,亦不无唇亡齿寒之叹。辅国安民计将安出?"

　　② 《东经大全·论学文》。原文:"庚申之年,建巳之月,天下纷乱,民心淆薄。莫知所向之地,又有怪违之说崩腾于世间。西洋之人道成德立,及其造化,无事不成。功斗干戈,无人在前。中国消灭,岂可无唇亡之患耶? 都缘无他,斯人道称西道,学称天主,教则圣教。此非知天时而受天命耶? 举此一一不已故,吾亦悚然。只有恨生晚之际,身多战寒,外有接灵之气,内有降话之教,视之不见,听之不闻。"(原注为"《布德文》",误,应为《论学文》。原文为译者据补。——译注)

上述崔济愚的三段文章中有几点值得注意。首先崔济愚对于陷中国于灭亡危机的西洋,认为其力量有两个层面:西道、学(天主学)、教(圣教)等"西学"的力量,与武器、战争中表现出来的武力。在这两方面的力量中,崔济愚认为西学的力量是更为本质的力量。

崔济愚认为,西学是西洋力量的根本源泉,西洋的武力最终也是以此为基础引发出来的。他认为,西学的力量以西洋的武力为媒介手段,吞灭中国之后,就会侵入朝鲜,消灭已经失去嘴唇保护的朝鲜。崔济愚对此十分担忧,产生了切身而深刻的危机意识。

因为担心西学是因为知天时、受天命才拥有了这种强大的力量,崔济愚处于和西学强烈的对抗意识之中,正在为自己比西学的创始人晚来人世而感叹时,有了重大的醒悟,亲自开创了东学。与所有的宗教创立者一样,崔济愚对于得道过程也有仙人(上帝)教诲、灵气接触之类神秘体验式的说明。笔者认为,这种说明只是附属性的,并非本质性的。

崔济愚判断,西学以武力为媒介吞灭中国之后,就会前来吞灭朝鲜,朝鲜正面临着民族的危机。他在感叹比西学的教祖晚出生,产生强烈的与西学对抗的意识时,领悟到了他所说的保国安民的方案,创立了东学。

五

崔济愚的得道与东学的形成

1860 年阴历 4 月 5 日(阳历 5 月 25 日),历史性的得道之日终于来临。崔济愚沐浴斋戒正在修道冥想,住在五里外芝洞的侄子派人带着马来接他参加生日宴会。他难以拒绝要求参加了生日宴会，但感觉身体开始颤抖。感到身心异常后，他立刻返回了龙潭。为了战胜身心的异常，崔济愚立刻收敛心意，诚心祈祷，凝聚精神。但是身体颤抖得更厉害了，心跳不已，精神进入了无我之境，突然听到空中传来像天地震动般的巨大声音。① 崔济愚猛然站起来询问，那个声音回答不要担忧，不要害怕，世人称我为上帝，选你生于人世，向世人传授上帝之道。随后，向崔济愚传授了东学的基本原理。

> 四月之中，初五之日，恍如梦中，天地沉寂，心神恍惚，天地震动，空中有声。②

> 意料之外的是，庚申年四月，突然心跳不已，浑身战栗，像是得病又没法知道病的症状，正在无法用言语形容的难忍之际，忽然从哪里传来仙语。我大吃一惊，起身询问。上帝回答道："不要担忧，不要害怕。世人称我为上帝，你不知道上帝吗？"我问道："您为何如此？"上帝回答说："我迄今没有功绩，于是让你出生于世间，向世人传授我的道法。不要疑心，不要疑心。"我问道："那么要用西道来传授世人吗？"上帝答道："并不如此。"③

---

① 参见《崔先生文集道源记书》，pp. 165 - 168。
② 《龙潭遗词·安心歌》。
③ 《东经大全·布德文》。原文："至于庚申……不意四月，心寒身战，疾不得执，症言不得难状之际，有何仙语，忽入耳中。惊起探问，则曰：勿惧勿恐。世人谓我上帝，汝不知上帝耶？问其所然。曰：余亦无功，故生汝世间，教人此法，勿疑勿疑。曰：然则西道以教人乎？曰：不然。"

对于崔济愚来说，上帝的这些话像惊天动地的声音一般传来，但询问家人后发现，其他人并没有听到任何声音。他的妻子和儿子反而以为崔济愚过分沉浸于求道之中，身体衰弱，精神也出现了问题。漆黑的夜晚之中，又无法求医问药，于是都惊慌失措，大哭起来。看到这个场景，崔济愚更加确信这些话是只有自己能听到的"上帝的教诲"。

> 家中亲人，见此情景，惊慌失措，哭喊连连。呜呼呜呼，为何如此，呜呼呜呼，漆漆深夜，谁人谁人，求医问药？角落之中，子女哭泣，冀乱钗横，妻子惊慌。当此慌乱，忽闻空中，仙音传来：切勿惊惧，切勿慌恐。[①]

如上所述，崔济愚把自己的得道解释为上帝的选择，以及上帝对自己的教诲。

对此，笔者认为，可以把崔济愚的得道看作他自己的思想创造。崔济愚为了保全国家，拯救陷入涂炭中的百姓，不断寻找新的道，几年之间，夜以继日，潜心钻研，以极度的诚意祈祷，诚心正意后冥想、深思，终于在突然间获得了灵感，发现了崭新的道的原理。他所听到的惊天动地的巨响，所谓上帝的声音，难道不是他在身体极度虚弱的状态下忽然产生灵感，领悟到新的道之后陷入巨大的欣喜中时听到的，他自己内心的声音吗？

崔济愚在自己悟得新道后大概一年的时间内，开始了将这种道"理论化"的工作。写作了"祝文"和 21 字"咒文"，确定了修道的方法和顺序，构建了新的道和宗教的理论及基本框架。

---

① 《龙潭遗词·安心歌》。

我用了近一年的时间熟习上帝的教示，推想之后发现其中不无自然之理。于是写下了咒文、降灵的方法和不忘之词，最终将修道的顺序与方法压缩为二十一字。①

　　我们在这里需要注意的是，崔济愚解决问题的方案是极偏于宗教式的、精神主义层面的。他相信西洋势力强大的侵略力量虽然以军事武力为媒介，但最终是从西学中生长出来的力量。所以，他在提出辅国安民的计策时，也深受对抗西学的意识影响。而且，对于当时以民族危机和封建危机为主的危急形势，崔济愚也认为其本质上是精神的、道德的、宗教的危机。所以，他在提出广济苍生的方法时，也主要注重在精神、道德、宗教层面的努力。

　　崔济愚的这种精神主义倾向与他的关注点、知识背景直接相关。他在离家寻求出路，四处流浪的过程中，如前所述，主要是在寻找解救自身与世界的"道"。在此过程中，他对当时朝鲜王朝存在的所有宗教与信仰均有所涉猎。崔济愚虽然未能在这些已有的宗教与信仰中找到出路，但对宗教与信仰的涉猎成为他创立新的宗教与信仰——"东学"——的重要知识背景。

　　既有宗教与思想中，成为崔济愚创立东学时最重要思想资源的，是广为人知的儒教、佛教、仙（道）教。他以儒佛仙为思想资源，对其加以扬弃，创造了新的宗教与思想。崔济愚对弟子崔时亨说过这样的话：

　　吾道本来非儒、非佛、非仙。吾道乃儒佛仙合一。天道

---

　　① 《东经大全·论学文》。

并非儒佛仙。儒佛仙乃天道之一部分。儒之伦理、佛之觉性、仙之养气乃人性之自然品赋，天道之固有部分，吾道得其无极大源。汝善加引导，勿使后来用道者误解。①

由此可知，儒教的伦理(三纲五伦)、佛教的觉性(修性觉心)、仙教的养气(养气养生)是崔济愚东学创立中非常重要的思想资源与知识背景。

这里需要注意的是，崔济愚所说的儒学，不仅包括孔孟的古典儒学和朱子的性理学，也包括陆象山、王阳明的阳明学。阳明学的影响之大，可以从崔济愚自称心学得知。

十三字至极，万卷诗书何用。因名心学，不忘其义。可为贤人君子，何愁道成道立。②

崔济愚极度强调阳明学"心"之灵明，积极地吸收这种强调心即理、致良知、知行合一的思想，将其作为思想资源用于东学立教之中。

此外，崔济愚吸收了阴阳五行说③、易学思想④，以及当时在农民阶层中广泛信仰的风水地理学说⑤、檀君信仰、鬼神信仰⑥、灵符信仰、

---

① 《天道教创建史》第1篇，p. 47。
② 《龙潭遗词·教训歌》。
③ 参见《东经大全·论学文》：阴阳相均，虽百千万物化出于其中，独惟人，最灵者也。故定三才之理，出五行之数。五行者何也？天为五行之纲，地为五行之质，人为五行之气。天地人三才之数，于斯可见矣。
④ 参见《东经大全》中《布德文》及《论学文》。
⑤ 参见《龙潭遗词·龙潭歌》。
⑥ 参见《龙潭遗词·龙潭歌》。

治病方术等多种民间信仰,将其融入自己的至气一元论、天人合一论等,作为其东学立教的资源。

融入崔济愚东学思想的这些民间信仰要素,虽然使东学在思想构造上受到民间信仰的制约,但另一方面,全盘吸收当时农民们广泛信仰的宗教要素,用自己创造的新宗教、思想加以说明,也提升了东学在内容和宗教传播方面的亲和力。

可以说,东学立教的知识思想背景与资源,是崔济愚所处的时代的朝鲜乃至东方的一切既有宗教与信仰。也就是说,崔济愚把他的时代中存在于东亚的一切宗教、思想和民间信仰都当作思想资源,加以活用,应对西方势力的入侵,创立了辅国安民、广济苍生的新的东方宗教思想。

这里还需要注意的是,崔济愚在创立东学时,将西学也作为反面教材予以积极利用。① 崔济愚在流浪时为求道曾经学过西学,在认识到西学是西方势力入侵的排头兵,产生完全的对抗意识时,就尽力将西学中受到民众欢迎的要素加入到了自己的新宗教思想中去。崔济愚的这些努力,甚至在用词上也体现出来。比如他将“天主”一词巧妙地借用过来,加以变形使用。他在“侍天主,造化定,永世不忘,万事知”的咒文中解释天主的主为“主者,称其尊而与父母同事者也”②,强调“主”仅仅是尊称,天主只是하나님(上天)的翻译而已。但是他把“하나”(hana,有天、唯一之意——译注)翻译为天,通过使用这一词语,把西学中喜欢使用的“天主”一词加入了自己的新宗教和思想之中,巧妙地照顾到民众对西学的倾倒,将其引导到东学之中。崔济愚

---

① 参见《东学史》,p. 2。
② 《东经大全·论学文》。

认为西学只知道有自己的灵魂,不认可父母的灵魂,甚至不给父母祭祀,只祈祷自己的灵魂上天堂,不照顾父母兄弟的灵魂,是一种个人主义的教理。

> 可笑啊,那些人! 自己父母,身死之后,强说无神,不事祭祀,背离五伦,惟愿赎死,不知所谓。魂灵魂魄,无父无母,唯知己身,言何上天?①

崔济愚批评这种个人主义、利己主义的祈祷,是"无实"的、虚妄的。

> 洋学像我们的学问却并不相同,像是在祈祷却是没有实在的。②
> 西洋人说话没有条理,书中没有是非的区分,丝毫没有为天主的端绪,只是谋求为自己。他们的身体里没有化气之神,学问里没有教诲。所以虽然有形式但是没有痕迹,像是在思考但是没有咒文,道近乎虚无,学问不是天主的教诲。③

崔济愚对于西学的这种批判意识,是他创立东学的重要思想背景之一。

----

① 《龙潭遗词·劝学歌》。
② 《东经大全·论学文》。原文:"洋学如斯而有异,如咒而无实。"
③ 《东经大全·论学文》。原文:"西人言无次第,书无皂白,而顿无为天主之端,只祝自为身之谋。身无气化之神,学无天主之教,有形无迹,如思无咒,道近虚无,学非天主。"

但此处需要注意的是,崔济愚虽然在创立东学时灵活使用了上述思想资源与知识背景。但无论如何,这些资源和背景都只是作为一种材料来使用的。东学是依据自身新的思想构建原理,对新的独特的宗教体系和思想体系的一种创造。

六

崔济愚东学的意义

崔济愚将所创立的新宗教思想命名为"东学""天道",并用问答的形式说明了它是在和西学的对抗意识中出现的。

问曰:那么此种道的名字是什么呢?

答曰:天道。

问曰:与西洋的道没有什么差别吗?

答曰:洋学好像是我们的学问却有不同,像是在祈祷其实是没有实在的。但是,运数相同,道是一种,理是不同的。

问曰:那怎么会如此呢?

答曰:我们的道无为而化。守心正气,率性受教,从自然中化来。西洋人说话没有条理,书中没有是非的区分,丝毫没有为天主的端绪,只是谋求为自己。他们的身体里没有化气之神,学问里没有教诲。所以虽然有形式但是没有痕迹,像是在思考但是没有咒文,道近乎虚无,学问不是天主的教诲。怎么能说相同呢?

问曰:您说道是相同的,那么给他起的名字是西学吗?

答曰:不是的。我在东方出生,东方得道,道虽然是天道,学却是"东学"。何况地分东西,如何能把西称为东,把东叫作西呢?孔子生于鲁而在邹传播道,邹鲁之风,传道于这个世界。我们的道,得之于斯,传之于斯,如何能称为西学呢?①

在崔济愚的这个说明中,我们尤其需要注意的是,他认为自己创造的东学与西洋的西学,其道作为"天道"是一样的,"时运"也是相同的,其不同在于"学"与"理"。他认为,在"理"的方面,他的东学是为了天主之端,优于只为自己祈愿的西学;在"学"的方面,他的东学学习天主的教诲,比只有形式并无实际内容的西学要优越。

崔济愚严格区分东学与西学的另一个标准是地域和文化。按照他的说法,虽然"道"是同一个天道,但世界分为东方与西方,作为得道者(创始者)的他在东方出生在东方得道,他的学问就成为"东学"。而且,正如孔子在鲁国出生,在邹国弘扬了儒学之道一样,崔济愚自己在这片土地(东国,即朝鲜)上从上帝那里得到了道,在这片土地上弘道,也就成了东学。

在这里我们可以知道,崔济愚东学中"东"的概念里包含着两个层次。其一是把地球分为东西方时使用的"东方的天道学",其二是强调自己得道和布教的土地与文化,即"东国(朝鲜)的天道学"。可见,东

---

① 《东经大全·论学文》。原文:"曰然则何道以名之? 曰天道也。曰与洋道无异者乎? 曰洋学如斯而有益,如呪而无实,然而运则一也。道则同也,理则非也。曰何为其然也? 曰吾道无为而化矣。守其心正其气,率其性,受其教化,出于自然之中也。西人言无次第,书无皂白,而顿无为天主之端,只祝自为身之谋。身无气化之神,学无天主之教,有形无迹,如思无呪,道近虚无,学非天主,岂可谓无异者乎? 曰同道言之,则名其西学也。曰不然,吾亦生于东,受于东,道虽天道,学则东学。况地分东西,西何谓东,东何谓西。孔子生于鲁风于邹,邹鲁之风,传遗于斯世。吾道受于斯布于斯,岂可谓以西名之者乎?"

学的"东"字把"东方"和"东国"的语义合而为一了。

崔济愚对于自己始创的东学很自负,他经常把自己的学问与孔子的学问进行类比阐释。① 他自称东学是"今不闻古不闻,今不比古不比"②的"万古所无的无极大道"③。他借用上帝的话说,这是开天辟地五万年来第一次出现的"道""学",并作了下面的歌诀予以说明。

上帝开谕:开辟之后,五万年来,你实乃是,第一人哉。我自开辟,劳而无功,如今遇你,乃得成功。我得成功,汝得意,实乃汝家之运气。听闻此言,我心独喜,心独喜啊,心自负。呜呼呜呼,世上之人,我逢无极之运,汝辈岂能得知。气壮河山啊,气壮河山,气运壮河山! 龟尾山水,佳胜之地,无极大道,修炼终成,五万年之运数也哉!④

就这样,崔济愚在 1860 年创立了东学。从 1861 年起,他开始着手为这一民族宗教的传播做积极的准备。

---

① 参见《东经大全·布德文》。
② 《东经大全·论学文》。
③ 《龙潭遗词·龙潭歌》。
④ 《龙潭遗词·龙潭歌》。

七

崔济愚的东学布道

进入1861年(辛酉年)后,崔济愚撰写了《布德文》,将他的道命名为"东学",开始了他的"布德传教"。[①] 崔济愚得道并开始传授东学的消息流传开后,许多士人和农民从四方云集而至。六个月的时间里,有三千多人来找崔济愚学习"东学",成为他的弟子。传教进行得十分成功,崔济愚似乎获得了空前的自信,把自己的传教比喻为孔子对弟子的教育。

> 我受天恩,天恩无极。无极大道,万古所无。如梦如觉,得受此道。龟尾龙潭,上好风景。安贫乐道,一年之后,远处近所,贤良士人,如风如云,群集而至。乐中又乐,此乐何极![②]

> 我本来没有布德之心,只是以至诚祈祷。但是过了很久以后,在又一个辛酉年的六月,时当夏日。良友前来,坐满了房间,首先请我讲述修道之法。又有贤良的读书人向我求教,并劝我布德。开门迎客,效果广大,开坛说法,其乐甚多。人来人往,其行列有三千人之多。童子们拱手行礼,六七名像是曾皙一样的弟子在吟诵诗歌。也有比我年长的弟子,这就像是比孔子年长的子贡在向孔子行礼。歌唱吟诵舞蹈,这

---

① 参见《崔先生文集道源记书》,pp. 170-171。
② 《龙潭遗词·道修词》。

如何不是孔子做过的事情啊?①

　　洞门重开,教诲来人。来人众多,不胜堪当。贤人君子,
聚集而来。明明其德,盛运盛德。②

　　1861年开始传教后,崔济愚获得了巨大的成功,教徒急剧增加。
渴望着新宗教的民众们听到崔济愚创立了新宗教"东学"的消息后,自
发来到龟尾山龙潭他的住处,在聆听他说法后加入他的宗教。

　　但是,在崔济愚东学传教开始获得成功的同时,编造无根之说对
他进行诽谤和中伤的情况,也同样增加起来。

　　无知世人,妒胜己者,无根之说,任意编造。未闻之言,
未见之语,怎能如此,肆意编造。乡人传闻,扬扬纷纷。③

　　对崔济愚的诽谤和中伤还出现在崔氏家族的内部。得道之后弟
子云集的崔济愚成了他们的仇敌。这种情绪在他的故乡一带扩散开
来,对崔济愚造成了巨大的打击。

　　乡中风俗,姑且不论。只说家门,着实可怜。凶言怪说,
数倍于人,六亲不论,视如仇敌。与你亦无,杀父之仇,如何

---

　　① 《东经大全·修德文》。原文:"不意布德之心,极念致诚之端。然而弥留,更逢
辛酉,时维六月,序属三夏。良朋满座,先定其法,贤士问我,又劝布德。胸藏不死之药,
弓乙其形;口诵长生之呪,三七其字。开门纳客,其数其然,肆筵设法,其味其如。冠子
进退,恍若有三千之班;童子拜拱,倚然有六七之咏。年高于我,是亦子贡之礼;歌咏而
舞,岂非仲尼之蹈。"
　　② 《龙潭遗词·教训歌》。
　　③ 《龙潭遗词·教训歌》。

能够，视若仇寇。无恩无怨，平常之人，混入其中，亦成寇仇，助纣为虐，非此为何？虽然如此，我身无罪，亦无所谓。①

对崔济愚和他的东学给予巨大打击的，是有人对他进行中伤，说他的东学实际上是西学。崔济愚创立的"东学"本来就是为了对抗西学和西势的入侵，这种中伤自然是无稽之谈。但是在不了解东学内容的非教徒之间，这种风闻传播迅速，给崔济愚带来重大的打击。

妖恶之人，无稽之谈。指为西学，诈妄周边。群称某人，西学深陷。无知世人，信以为真。谓有龙潭，新出名人。时化为龙，又化为虎。西学之中，谓之龙穴。如是之言，扰扰纷纷。②

无论怎样解释自己新创之道是"东学"，崔济愚都难以抵挡将其诬陷为"西学"的世道人心和官府压迫。为了减轻在故乡遭遇的各种压力，崔济愚于1861年末踏上了避难之路。辗转熊川（庆尚南道东莱郡铁马面）、宜宁（庆尚南道）、星州（庆尚北道）、武州（全罗北道），藏身于全罗道南原郡的隐寂庵，写下了《道修词》《东学论（论学文）》《劝学歌》等。③ 到1862年（壬戌年）3月，崔济愚一直寄身在南原隐寂庵。3月，崔济愚重新回到庆州，居住在一个名叫朴大汝的弟子家中。这时，庆尚道有一个叫崔庆翔（崔时亨）的人找过来入道，成了他的弟子。6月，

---

① 《龙潭遗词·教训歌》。
② 《龙潭遗词·安心歌》。
③ 参见《崔先生文集道源记书》，p. 172。

作《布德文》《梦中歌(梦中老少问答歌)》。① 崔济愚在庆州期间,庆州营以宣扬邪学、惑世诬民的罪名逮捕了崔济愚。因有数百名教徒集体抗议,很快就释放了他。

崔济愚的东学布道大获成功,入道的人数激增。因东学教徒在庆州、盈德、宁海、大邱、清道、清河、延日、安东、丹阳、英阳、新宁、固城、蔚山、长鬐等地的人数众多,崔济愚于 1862 年末在这些地区设置了"接所"。接所中设有"接主",东学开始推行"接主制"。②

崔济愚在 1862 年 12 月既朔,亲自任命了各处的接主。各地区接主名单如下:③

庆州府内:白世吉、姜元甫

盈德:吴命哲

宁海:朴夏善

大邱、清道、京畿道一带:金周瑞

清河:李民淳

延日:金而瑞

安东:李武中

丹阳:闵士叶

英阳:黄在民

永川:金先达

新宁:何致旭

---

① 参见《崔先生文集道源记书》,p. 173 - 174。
② 参见《天道教创建史》第 1 篇,p. 42。
③ 参见《崔先生文集道源记书》,p. 179 - 180。

高城：成汉瑞

蔚山：徐君孝

庆州本部：李乃谦

长馨：崔中义

　　从中可以看出，崔济愚的东学起初是以庆州为中心，在庆尚道一带开始推行接主制的组织化，从而不断发展起来的。

　　崔济愚在 1863 年 4 月接受姜洙的提问，将"道修"的顺序定为"诚·敬·信"。随后，崔济愚于 1863 年 6 月作《道歌（道德歌）》，8 月作《兴比歌》。[1]

　　此外，崔济愚还在 1863 年 7 月任命崔庆翔为"北道中主人"。[2] 这成为此后崔庆翔（崔时亨）继承崔济愚，担任第二代教主的组织根据。

　　1863 年 8 月 15 日中秋节这天，崔济愚在对弟子们的讲授中阐释了东学是兼儒佛仙三道而出的，又讲解了"守心正气"。[3] 1863 年 11 月，崔济愚作《不然其然》，作"八节"之章，分发各处。[4]

　　在崔济愚的努力下，东学的布德与布道进行得十分顺利，东学的入道者与日俱增。

---

[1]　参见《崔先生文集道源记书》，p. 182。

[2]　参见《崔先生文集道源记书》，p. 182。

[3]　参见《崔先生文集道源记书》，p. 184。

[4]　参见《崔先生文集道源记书》，p. 184。

八

崔济愚的殉道

朝鲜朝廷接到东学势力急剧增长的报告后,对于民众在东学这一新思想和宗教的影响下实现组织化,感觉到巨大的威胁。1863 年 12 月,朝廷派宣传官郑龟龙和捕卒们前往庆州逮捕崔济愚,将其押往首尔。

听到这一消息后,庆州府的东学道徒们拜见崔济愚,劝其避难。崔济愚没有听从劝告,而是说:"道从我而出,自然由我受之,诸君如何能受。"①

崔济愚和其他十余名教徒在 1863 年 12 月被宣传官郑龟龙逮捕,关押在庆州狱中。崔济愚被押往首尔的途中,于 12 月 7 日到达果川郡时,因哲宗驾崩,朝鲜施行国丧,被迫滞留在果川郡。

几天后,新国王高宗传下旨意,改在相关监营中审问崔济愚。崔济愚被带往庆尚监营所在的大邱。在接受了监察使徐宪淳的审问后,崔济愚于 1864 年 2 月 29 日以侍奉天主、传播邪学、惑世诬民的罪名被判处斩刑。

1864 年 3 月 10 日,庆尚监营在大邱将台对崔济愚实行了斩刑。崔济愚殉道于自己创立的东学。他没有一丝屈服,对庆尚监察使留下遗言:"我的所作所为,我的道并非我的私心,乃是天命。巡相幸知其义。今天巡相虽然杀了我,到巡相孙辈时,必将追随我的道。"②随后坦

---

① 参见《崔先生文集道源记书》,p. 191。

② 《东学史》,p. 18。

然接受了斩刑。由此可见,崔济愚对"东学"的信念是何等坚定。

除崔济愚之外,东学道人白士吉、姜元甫、李乃谦、崔秉哲、李景华、成一龟、赵常斌兄弟、朴命仲叔侄、新宁人丁氏(名不详)与朴明汝死于狱中,李民淳、朴春华被免罪释放。[①]

崔济愚就这样殉道于自己所创立的东学。崔济愚殉道后,崔庆翔(后改名为崔时亨)继任第二代教主,继续进行东学布教。

九
结　语

通过以上论述可知,崔济愚生而为庆州一位不得志乡班的庶子,为了克服这一被世界抛弃的身份限制,实现自己的愿望,他开始在全国各地游历,通过切身体会,准确地理解了国家、社会和百姓所处的危机。

崔济愚领悟到,西洋势力以西学和西教为前驱,侵入中国,使中国陷入了崩溃,而朝鲜很快也会陷入相同的民族危机。他认识到,如果中国被西洋侵占,朝鲜就会陷入唇亡齿寒的忧患状况,迫切希望找出"辅国安民之策"。

通过十一年间在朝鲜各地的游历,崔济愚认识到,朝鲜王朝的秩序已经从根本上崩溃,处于王朝灭亡的末期时代。他亲眼看到,两班官僚无视自己制定的法度,汲汲于对百姓的欺压与横征暴敛,根本无

---

① 参见《崔先生文集道源记书》,pp. 195 - 196。

暇他顾,完全谈不上"辅国安民"。

百姓深陷涂炭之中,即使仅从精神层面,也希望得到解救。但崔济愚认识到,儒、佛、仙三教都已失去生命力,时运已尽,无法成为在精神上解救百姓的思想和宗教。因此百姓走投无路,彷徨之后退而求其次,加入西学/西教,却又沦为西洋势力的开路先锋,让国家和百姓陷入了更大的危机。

崔济愚由此判断,对百姓殷切期盼的新世界、新社会、新学问、新宗教予以呼应,促成它们的出现,就是一条救国救民的道路。

崔济愚认为这个任务应该由自己来承担。于是,他以极度的精诚进行祈祷、研究之后,在1860年创立了辅国安民、广济苍生的新思想和新宗教——东学。崔济愚创立的东学,是全面吸收了东方和朝鲜的思想资源后创造的,同时具有高度独创性的新思想和新宗教。在人类宗教所创造的各种思想中,东学具有高度的人道主义和平等思想,有其划时代的意义。

百姓们开始云集于东学的旗帜之下。这让李氏朝鲜的王庭感受到了巨大的威胁,朝廷将"东学"定义为"西学""邪学",以惑世诬民的罪名将崔济愚逮捕并于1864年将其处死。至死不屈的崔济愚在宣称后世的百姓们必将皈依东学,通过解救国家并解救百姓自己,使东学成为下一个时代的新思想和新宗教后,凛然就义。

崔济愚殉道后,东学转为非法化,朝鲜朝廷对东学教徒进行了持续不断的残酷镇压。百姓们前仆后继,不断加入东学这一新的民族宗教,终于在1890年代初期,作为席卷全国的巨大力量登上了历史的舞台。

第三章 金玉均与甲申政变的改革思想

青年时期的金玉均

一

绪　言

金玉均(1851—1894)是近代早期韩国的先觉者,早期开化政策的主导者,1884 年甲申政变的领导人。如我们所知,在以金玉均为领袖的早期开化派开展自主的开化运动的过程中,恰逢清政府以 1882 年"壬午军乱"为契机,实行积极干预政策,希望实现对朝鲜的实际属邦化。开化派于是主张独立与开化,于 1884 年 12 月 4 日发动政变。开化派掌握政权之后,以非常手段果断处决了此前掌权的闵妃守旧派高官,成立新政府,曾有三天时间掌握朝鲜王国的统治权,但最终重新归于失败。以甲申政变为契机上台执政的初期开化派,只有过"三日天下"。

尽管如此,所有的研究者都对甲申政变和早期开化派极为重视。其原因在于,这一政变是韩国近代史上第一次意图建立近代国家的果断行动,早期开化派的新政府是韩国最早的具有近代性质的政府。

但是对于甲申政变的历史属性,并非所有研究者都取得了一致的意见。恰好相反,在研究者之间,甲申政变的历史属性是意见差异最大、最具争议性的主题。这种极大的见解偏差表现在,在一个极端上,认为甲申政变根本没有任何近代改革的意志,只不过是亲日派和亲清派的争权夺利;在另一个极端上,则高度称赞甲申政变是韩国历史上最早的近代性质的"市民(资产阶级)革命"。

在对甲申政变的阐释上,争论焦点一直是:一、如何看待甲申政变的整体结构和历史属性? 二、甲申政变的改革政策,真的是近代性、民族支柱性的吗? 三、甲申政变时,早期开化派借用了日本的武力,从民族的观点上这要如何看待? 在关注这些争议的同时,本文主要研究金玉均青年时期的开化思想和早期开化派的甲申政变改革构想。

二

金玉均开化思想的形成

1851 年 2 月 23 日(阴历 1 月 23 日),金玉均出生在韩国忠清道公州郡正安面一个叫作广亭里的村庄。父亲是出身于安东金氏的金炳台,母亲为恩津宋氏,金玉均是家中长子。当时虽然是安东金氏在首尔进行外戚统治的时期,但金玉均一家只是乡下贫寒的乡班家庭,与安东金氏的外戚并无关联。①

儿时的金玉均聪敏过人,面如白玉,长得十分俊秀。父亲金炳台因为儿子的脸庞白皙如玉,故在行辈均字前加了一个玉字,为其起名

---

① 金玉均的传记有:铃木省吾,《朝鲜名士金氏言行录》,东京:博文堂,1886;葛生东介,《金玉均》,东京,1916;闵泰瑗,《呜呼古筠居士》,1925;开辟社,《朝鲜之伟人》,1926;古筠纪念会编,《金玉均传》上卷,东京,1944;闵泰瑗,《甲申政变与金玉均》,1947;闵泰瑗,《金玉均传记》,乙酉文库,1969;古筠纪念会编,《古筠金玉均正传》,1984,等等。

为玉均。金玉均成年后字伯温，号古愚，又号古筠。

1853 年金玉均 4 岁那年，金炳台为了生计，从公州迁居到天安郡的远郊院岱里，办了一个学塾。金玉均从 5 岁起在父亲的学塾中学习汉文。开始学习后，金玉均立刻展现出他聪敏的才华。有一天客人们在学塾中雅集，父亲让他以月为题作诗，小玉均作了"月虽小，照天下"的诗句，令客人们大为惊讶。

1856 年金玉均 7 岁时，金玉均家的亲戚，属于掌权外戚的金炳基垂涎金玉均的聪敏，提出将其收为养子的请求。金玉均是金炳台的长子，本不该送给别人作养子。但金炳台作为家境贫寒的乡村两班，自知无力保障才华出众的儿子的未来，为孩子的将来着想，最终答应了这个请求。

1856 年秋天，7 岁（6 周岁）的金玉均跟随父亲和叔叔派出的仆人，去往养父家所在的首尔。养父金炳基早已经计划对才华出众的金玉均进行严格的教育，将其送入官场，光耀门楣，在收养金玉均后立即正式开始了严格的教育。养父十分满意地发现，金玉均学一而悟十，不仅文章与学问出众，在书画和音律方面也有杰出的才能。

金玉均 11 岁那年（1861 年），金炳基被任命为江陵府使，前往赴职。金玉均随养父前往江陵。这里需要注意的是，金玉均在江陵的六年中，读书之所是一处有栗谷祠堂的学塾。这个学塾自然会尊崇栗谷李珥的学术，传授李珥的学问，所以这六年间，金玉均是在中国典籍和栗谷学风的双重影响下，学习汉文和学术的。

笔者认为，对于学术与思想的塑造，11—16 岁是感性最为敏锐的时期，这一阶段金玉均在栗谷学风的影响下学习，对他的人生与思想形成具有重要的意义。正如星湖李瀷早就指出的那样，栗谷是韩国时务之学的巅峰，朝鲜后期的实学也是以作为变法之学的栗谷学术为渊源,从中发展出来的。① 金玉均早期的学术是可以远溯到栗谷的。后来他全面接受了实学的继承者吴庆锡、刘鸿基、朴珪寿的学术,并将之推进,永远站在改革的最前沿。推源溯流,也是和栗谷学风中的改革论一脉相承的。

当时的安东金氏一族,无论在思想上还是政策上都最为保守。在这种情况下,金玉均后来进入政界,虽然是一位被士大夫家族寄予厚望的少年不得已的行为,但他后来能成为开化思想家,成为革新的政治家,既有吴庆锡、刘鸿基、朴珪寿的影响,作为金玉均成长过程中的内在条件,他对栗谷的尊崇和栗谷学风的影响也可以说是重要的原因。

那么,金玉均是从什么时候开始具有开化思想的呢?

金玉均从江陵重回首尔,是在他16岁那年的1866年。因为他的养父金炳基卸任江陵府使,回到了京城。这一年也是发生舍门将军号事件和丙寅洋扰,民族危机日益严重的一年。

通过在江陵期间的学习,回到首尔后的金玉均不仅在学问上,在诗文、书法、绘画、音律等各方面,都远超同辈的北村两班子弟,在青年学子中名声高涨,经常有两班门阀家庭中的才华子弟聚集在金玉均周围。据说,金玉均的才能甚至为当时掌权的大院君和赵大妃所知。这一时期,金玉均的性格也恢复了本性中的明朗、外向和活跃。他广泛结交北村聪敏的两班子弟,成为青年的领袖,与朋友们一起游览首尔和周边地区,经常举行诗会,弹琴歌唱,饮酒作乐,度过了几年游乐岁月。因为金玉均回到首尔后的16—18岁期间主要过的是这种生活,

---

① 《星湖僿说》人事门《变法》中,李瀷写道:"国朝以来,屈指识务,惟李栗谷柳磻溪二公在,栗谷太半可行。"李瀷不仅将自己实学的渊源归结于李栗谷,还将李栗谷和柳磻溪二人的思想写入《变法》,在考察韩国变法思想的发展时,这是值得关注的部分。

所以对这一时期金玉均的开化思想是很难探讨的。金玉均开始接受开化思想，是在他 20 岁的时候。

据吴世昌转述，韩国开化思想的创始者吴庆锡和刘鸿基见到北村两班的聪敏子弟金玉均，是在金玉均 20 岁那年的 1870 年左右。

> 刘大致与金玉均相知，是在金玉均二十岁左右的时候。金玉均从刘大致那里学习了新的思想，另一方面又广泛交游，科举状元及第后步入官场，踏上新的仕途，为求同志之士而积极努力。①

金玉均在 1870 年见到刘鸿基，从他那里学到了新思想。刘鸿基是因为受吴庆锡的影响并自己攻读新书，在 1860 年代形成开化思想的。当时吴庆锡与刘鸿基成为思想上的同志，一致决定选取北村的两班子弟，教之以新思想，兴起革新的气象。他们与结束了平安道观察使任期、1869 年回到京城的朴珪寿协商，从 1870 年起在朴珪寿家的客厅里开始了开化思想教育。

最早被朴珪寿选中，在朴珪寿家的客厅里接触新思想的是金玉均、金允植、朴泳教等同辈青年。之后的一个阶段是洪英植、徐光范、朴泳孝等更为年轻的青少年。申采浩曾在文章中用一个具有象征意义的场面描述金玉均从朴珪寿那里接受的开化思想教育。

> 金玉均早年拜访右议政朴珪寿时，朴珪寿从壁橱中取出一只地球仪让金玉均观赏。这个地球仪就是朴珪寿的祖父

---

① 《金玉均传》上卷，p. 50。

燕岩先生在中国游历时购买回来的。朴珪寿转动了一下地球仪,看着金玉均笑道:

"如今哪里还有中国呢?转到这边,美国就成了中国,往那边转一下,朝鲜就成了中国,无论哪个国家,转到中央,就成了中国。如今哪里还有固定不变的中国呢?"

此时的金玉均虽然已经读过新书,主张开化,但依然被几百年来流传下来的思想——位于大地中央的国家是中国,位于东西南北的国家称为四夷,四夷尊崇中国是为正道——所束缚,做梦也没有想过提倡国家独立。听到朴珪寿的话后大彻大悟,他拍着大腿站了起来。此后才发生了甲申政变。[①]

此外,朴泳孝也回忆说他们这种叫作开化思想的新思想是在朴珪寿的客厅里产生的,开化思想中的平等思想是从《燕岩集》中批判两班的文章中学到的。

这种新思想发源于我的同宗朴珪寿家的客厅。金玉均、洪英植、徐光范及我的堂兄(朴泳教)在朴珪寿斋洞家中的客厅里相聚了。

从《燕岩集》中攻击贵族的文章中,获得了平等思想。[②]

金允植也回忆说,金玉均在朴瓛斋(珪寿)的门下领悟到了世界大势,很早就和同道一起为国家的前途担忧。

---

① 申采浩,《地动说的效力》,《丹斋申采浩全集(改订版)》下卷,p. 384。
② 李光洙,《甲申政变回顾谈,与朴泳孝相见》,《东光》,1931 年 3 月号。

最初古愚在瓛斋先生门下学习，大致领悟了宇内大势，很早就和同道们一起为国事忧心感慨。辛巳年间，我作为领选使前往天津，古愚等人东渡日本游历，相约共同扶助国家。①

当然，金玉均不止得到朴珪寿一个人的教诲。从 1870 年起，金玉均直接见到了刘鸿基，开始得到他的指导，而且金玉均在很早之前就读到了吴庆锡从中国购买的世界各国地理历史译本和大量新书。这些对于他形成开化思想都有着促进作用。②

三

金玉均与早期开化派的形成

那么，以金玉均为中心的政治党派——开化派（或开化党）是什么时候开始形成的呢？笔者支持金玉均自己的主张，认为是在 1874 年前后开始形成的。这比李光麟教授提出的 1879 年论，提前了大约五年。③ 对于此问题，有必要注意以下几点。

第一，金玉均在他的《甲申日录》中，就像广为人知的那样，间接记

---

① 金允植，《续阴晴史》下卷，国史编纂委员会，1960，p. 577。

② 参见《金玉均传》上卷，pp. 49 - 50。

③ 关于开化党的形成时期，有 1874 年和 1879 年两种说法。虽然相差仅仅五年，但 1876 年的开港事件夹在中间，开港之前和之后有很大的差别。李光麟教授在全面考证该资料后仍然主张开化党形成于 1879 年，由于有关初期开化思想和开化派的形成的资料十分匮乏，因此本文也不可避免地使用了同样的资料。

述了他的开化党在甲申政变的十年之前就已存在的事实。

> 宫女某氏年四十二岁,身体壮硕,臂力赛过男子,一人可敌普通男子五六人。平日被人称作顾大嫂,入选为坤殿近侍。从十年前起,便为吾党通报密事。[1]

金玉均这里记录了从 1884 之前的十年起便为"吾党"通报密事的宫女的事迹。按照金玉均的记叙,以他为中心的开化派(开化党)作为一个政治党派最少在 1874 年便已经存在了。金玉均的这一记述如果能得到其他资料的补充就更加具有信服力。

第二,吴世昌在前述回忆中写道"金玉均……另一方面又广泛交游,科举状元及第后进入官场,踏上新的仕途,为求同志之士而积极努力",说明金玉均为寻求同志而积极活动是在科举及第,进入官场之后。金玉均是在 22 岁那年,1872 年 3 月 12 日(阴历 2 月 4 日)参加谒圣文科科举,状元及第的。[2] 并在 24 岁 1874 年的 4 月 10 日(阴历 2 月 24 日)被任命为弘文馆校理。[3] 吴世昌认为金玉均文科及第进入官场后积极寻求同志的那年是 1874 年,与前文金玉均所言宫女顾大嫂开始为"吾党"通报密事的 1874 年,完全吻合。

从金玉均的官场履历来看,他在 1874 年阴历 2 月 24 日被任命为弘文馆校理,但在同年阴历 12 月 3 日(阳历第二年 1 月 10 日)的记录里却被左迁为弘文馆副校理。[4] 金玉均此后有近八年时间未能从副校

---

① 《甲申日录》,1884 年 12 月 1 日,《金玉均全集》,亚细亚文化社,1979,p. 73。
② 参见《高宗实录》,1872 年 2 月 4 日。
③ 参见《高宗实录》,1874 年 2 月 24 日。
④ 参见《高宗实录》,1874 年 12 月 3 日。

理的官位升迁,①直到第一次东渡日本之后的 1882 年阳历 11 月 2 日(阴历 9 月 22 日)才升任承政院右副承旨。② 大致可以推证,金玉均担任弘文馆校理和副校理的时期,可能就是为了寻求并聚集开化派同志,非常积极地开展活动的时期。

第三,很早就开始研究金玉均与甲申政变的闵泰瑗,在综合考察了我们今天无法获得的诸多资料和在世者的证言后,虽然明确提及了开化派的形成时期,但也记述了金玉均等开化派在 1878 年(戊寅年)曾有过实行改革的"第一次具体计划",后因一位重要同志意料之外的死亡,不得不中止了计划。

就这样,心怀他人无法猜测之理想的他(金玉均),首先广泛交游,寻求有为同志,锦陵尉朴泳孝、徐光范、柳相五等实际上是同志中的同志,而且驸马锦陵尉的参加对外可得世人的信任和声望,对内可以取得与宫中、府中联络的便利,可以说是无比有利的条件。

他们开始有具体的谋划,是在这一事件(甲申政变)七年前的戊寅年,但因为重要同志的死亡,第一计划不得不土崩瓦解。此后三年间,金、朴、徐三人虚度岁月,想到首先要游历外国,观察世界大势与文物制度,于是一起筹划东渡日本,中间朴泳孝因事放弃,最终金玉均独自离开仁川前往日本,

---

① 据《定配案》(奎章阁图书,No. 172901－1)第 3 册记载,金玉均因为监视时的问题于 1880 年(庚辰年)3 月 3 日被流放至平安道昌城府,又于同年 6 月 8 日被释放,经历了大约 3 个月的流放生活。另参见《高宗实录》,1880 年 6 月 7 日。

② 参见《高宗实录》,1882 年 9 月 22 日。

时间是在辛巳年的十二月。①

如果按照闵泰瑗的记述,1878 年本来准备实行第一次计划,因为重要同志的死亡而被迫中断,那么金玉均的开化派最晚在 1878 年以前便已经形成了,所以才能够在 1878 年准备实行政治改革的第一次计划。②

金玉均与朴泳孝的会面不是发生在开化思想形成的时期,而是金玉均为了寻求开化派同志而奔走的时期。朴泳孝的哥哥朴泳教与金玉均是在开化思想形成期就共同学习的同志,金玉均是通过朴泳教吸收朴泳孝的。

> 金玉均喜欢佛教,谈起佛教的话题,我觉得很有意思,就与金玉均往来密切起来。我的堂兄(朴泳教)让我与金玉均结交,我就和他订交了。那年金玉均 27 岁,我 17 岁。③

可见,金玉均和大自己两岁的朴泳教是朋友,金玉均 27 岁那年,在组建开化派的工作中,吸收了小朋友朴泳教 12 岁的弟弟朴泳孝为同志。

当然,金玉均并不是自己一个人对同志们进行启蒙,而是介绍给

---

① 闵泰瑗,《甲申政变与金玉均》,pp. 37 – 38。
② 李光麟教授根据闵泰瑗所谓戊寅年(1878 年)的三年后,辛巳年(1881 年)12 月东渡日本,从而由 1881 年开始算起,推断所谓三年前为 1879 年(己卯年),并认为这与1879 年开化党的形成有关联。笔者认为正确的推算应为 1878 年(戊寅年)。(参见李光麟,《開化黨研究》,一潮阁,1969,pp. 15 – 16)
③ 李光洙,《甲申政变回顾谈,与朴泳孝相见》,《东光》,1931 年 3 月号。

自己的老师们接受启蒙与教育,共同学习,团结一致。但是开化派的恩师朴珪寿于1877年2月9日(阴历前一年12月27日)离世,随后吴庆锡于1879年10月7日(阴历8月22日)离世。对于开化派的形成和发展来说,虽然开化思想的三位鼻祖都起到过影响,但作为师长,刘鸿基的影响就变成最大的了。

以金玉均为中心的开化派虽然在1874年左右已经形成了,但在1876年签订《朝日修好条约(江华岛条约)》与开放港口时,他们还是年轻的青年,尚不能开展政治活动。当时是由开化派的师长朴珪寿和吴庆锡以前右议政领判中枢府使和问情官的身份开展活动的。

但是在港口开放之后,从1879年金玉均、朴泳孝派李东仁往日本一事可以看出,以金玉均为中心的开化派开始了不懈的活动。

釜山日本人聚居区东本愿寺的僧人奥村圆心在1878年第一次见到李东仁,1879年陪同李东仁从釜山前往日本。在其1879年的日记中,将金玉均、朴泳孝等人记载为韩国改革党,称李东仁为革命党,是朴泳孝和金玉均的同志①。由此可以推知,日本方面在1879年之前已经意识到金玉均等人的开化党作为改革党的存在了。而且,李东仁东渡日本后主动接近各公使馆外交官,制定了1881年从朝鲜派遣日本

---

① 奥村圆心在《朝鲜布教日志》1879年(明治十二年)6月的日志中,关于李东仁赴日本一事记录如下:"'东仁原为僧侣,平日里也是一位爱国护法有些神经质的人',说道近来朝鲜国运日渐衰颓,宗教已尽落入尘埃。革命党朴泳孝、金玉均等人愤慨于国家之衰运,意欲重大革新。东仁也志同道合,受到朴泳孝和金玉均的引见和重用。东仁为学习列国公法,归入我宗门,想东渡日本。他将朴泳孝给他的金棒金丸四份(长两寸,余丸一寸余)拿与我看,说这是坐船去日本的路费。于是,我与和田以及总领事馆的前田献吉商议,打算将他送往本山。此为韩国改革党前往日本之始。"(下划线为著者所加)这里,日本僧人奥村在1879年将"朝鲜开化党"称为"革命党"或"韩国开化党"。而在《朝鲜布教日志》1878年(明治十一年)6月2日的日志里,奥村写道他初次见到李东仁。这可以说在奥村的认知中,韩国改革党成立于1878年之前。

国情视察团——世称"绅士游览团"——的计划,①可见视察团计划的背后是有金玉均等开化派活动存在的。

1881年李东仁被暗杀之后,日本方面在《朝野新闻》上刊登了题为《因朝鲜开化党而被暗杀的李东仁》的长篇报道。② 对于日本国政视察团(绅士游览团)来访,《东京日日新闻》在1881年5月报道"开化党员50余人日本漫游"。③ 日本国政视察团到达日本后,1881年5月20日的《朝野新闻》刊登了题为《朝鲜国朝士为研究日本而来——开进、守旧的吴越同舟》的新闻,报道了视察团内开化党人鱼允中与守旧党的论争。④ 由此可见,日本方面从1878年起已经掌握了朝鲜政界内开化党与守旧党的政治矛盾。

日本国政视察团成功完成任务回国后,金玉均迫切感觉到亲自观察日本明治维新的必要,于是在1882年2月(阴历前一年12月)踏上了前往日本考察的旅程。当时釜山的日本侨民报纸《朝鲜新报》于1882年3月15日在题为《金玉均领王命赴日本》的报道中称"著名朝鲜开化党人金玉均,领王命,准备前往我国(日本)",⑤金玉均到达长崎后,1882年4月13日的《东京日日新闻》在题为《朝鲜开化党首领金玉均来游,对〈朝鲜新报〉报道反应敏感》的报道下详细记录了此事。

---

① 《Satow日记》1880年12月1日:"Asano(浅野,即李东仁的日本名)went off this morning after breakfast. His last idea is to bring a mission composed of the most advanced men here and make conventions with the foreign representatives."

② 参见《朝野新闻》,1881年5月6日,《朝鮮開化黨の爲に暗殺された李東仁》,《新闻集成明治编年史》第4卷,pp. 386 - 387。

③ 参见《东京日日新闻》,1881年5月7日,《新闻集成明治编年史》第4卷,p. 388。

④ 参见《朝野新闻》,1881年5月20日,《新闻集成明治编年史》第4卷,p. 393。

⑤ 参见《朝野新闻》,1882年3月15日,《新闻集成明治编年史》第5卷,p. 48。

我报日前报道，朝鲜开化党首领金玉均为游历日本，现已抵达长崎，暂停留该港。金玉均本与我贸易商会之甲斐军次一起乘船前来，甲斐因急事重新回到釜山，事毕后将重返长崎，金玉均与党人柳五卫在日待其同行。对于二人的渡海意图，有多种传闻。据此前发行的《朝鲜新报》等处报道，二人此次日本之行，是受了国王之命，为募集国债而来。二人得知这一报道后，大惊失色，告知旁人以下内容：今日我们前来日本，绝非有官用之义，此一点察我国朝廷之实情即明白可知，为何会有如此讹言播散？本已有人编造各种诬说，心怀种种疑念，已有势力想与我等对抗。现在如果这份报纸被他们看到，认为我们前来日本确为此种事实，则我等归韩之后，有何等事变加诸身，尚不可预料。本来我们此行一为规避反对党之气焰，一为考察日本今日之实况，为今后友邻相交充为参考，除此之外并无其他意图，故对该新闻之谬传实深为困惑。①

　　从这些资料中可以明确获知，田保桥洁等日本学者所谓朝鲜开化党是在金玉均第一次、第二次东渡日本见到日本开明派巨头福泽谕吉之后形成的，实在是不值一驳。② 而且在金玉均第一次东渡时，日本人

---

① 《东京日日新闻》，1882 年 4 月 13 日，《朝鮮開化黨首領金玉均來遊-『朝鮮新報』の記事に神經を尖らす一》，《新聞集成明治編年史》第 5 卷，p. 62。此处所谓柳五卫应为"五卫将"柳相五。

② 田保桥洁主张"在福泽谕吉的教导下，朴泳孝和金玉均第一次领悟到了独立自主的真意，认为当务之急便是要实现独立自主"。（《近代日鲜关系的研究》，1940，p. 909，等等）与其相类似的，有学者主张朝鲜开化思想和开化党是 1882 年金玉均第二次前往日本受到日本人福泽谕吉的指点后形成的，这是对事实的歪曲。

已经称其为朝鲜开化党的首领,这也明确说明朝鲜开化党业已形成,日本人已经知道其领导者是金玉均了。此外,上述资料说明,早在1881年,开化党已经与其反对党(守旧派)开始了激烈的竞争。

总之,以金玉均为中心的开化派(开化党)于1874年开始形成,着手吸收同志,1878年准备实施第一次政治行动计划,因重要同志的死亡而被迫中断,1879年派李东仁前往日本,将活动范围拓展到了海外。至1881年,朝鲜朝廷内部开化派与守旧派激烈的政治矛盾,已经发展到李东仁遭到暗杀、金玉均忧心反对党攻击的程度。

四
激进开化派与稳健开化派的分化

那么,1882—1884年间,朝鲜的政治派别是什么样的呢?到1881年为止,早期开化派团结一致,开化派内部激进派和稳健派的对立尚未明显表现出来。比如,1881年金允植作为领选使带领学徒前往中国时,金玉均与金允植相约为国家的开化而共同努力,此时他们是相互协作的。① 但1882年清军为镇压壬午军乱而进驻朝鲜,清政府开始推行"对朝鲜属邦化"的积极干预政策。从那时起,开化派迅速分化为激进派和稳健派,在政见上体现出显著的差异和对立。关于开化派分化为激进派和稳健派,以下几点尤其应该注意。

第一,在批评清政府的积极干预政策和强调朝鲜的自主独立方

---

① 参见金允植,《追补阴晴史》;《续阴晴史》下卷,pp. 557 - 578。

面,开化派内部出现了差异。

以金玉均为中心的开化派认为,清政府对朝鲜属邦化的积极干预政策是对朝鲜独立的侵害,对此给予了激烈的声讨。他们悲愤地认为,清政府把大院君——虽然是他们的政敌——劫往中国,是蹂躏朝鲜独立的蛮横行为,对此进行了激烈的批判。另一方面,金允植、鱼允中等人对于清政府劫持其政敌大院君一事持旁观态度,金弘集等对此的批判力度也不像金玉均一样强烈。这表现出对于自主独立的重要性,各派别强调的程度不同。①

第二,对于推动朝鲜开化的幅度和速度,开化派内部出现了差异。

以金玉均为中心的开化派主张,不仅要积极接受西方先进的科学技术,还要对政治、经济、社会、文化等一切制度进行大更张大改革,提出了变法性的开化,而且希望在最短的时间内,以激进的方式来实现。另一方面,当时金允植、鱼允中、金弘集等人虽然对于接受西方先进的科学技术同样积极,但对于社会制度的改革十分消极,依然具有东道西器论的性质,在开化的速度上也是寻求渐进的。②

第三,在为推行开化政策而获取权力的方法上,开化派内部出现了差异。

---

① 外国学者习惯将以金玉均为中心的开化派称为亲日党,将以金允植为中心的开化派称为亲清党,这种分类是不妥当的,这未能正确把握当时双方关于朝鲜自主独立的重要性的看法差异,且与事实存在出入。例如,与金允植同为领选使出使清朝的卞元圭后来加入了金玉均一派,汉语译官中多数也加入了金玉均一派。当时很多中国通们既反对日本,又强烈反对清政府对朝鲜国政的积极干涉,力主朝鲜独立自主。他们加入金玉均一派,正说明将开化派分为亲日开化派和亲清开化派,而不是激进开化派和稳健开化派的做法有失妥当。

② 参见尹致昊,《风雨二十年——韩末政客的回顾谈》,《东亚日报》,1930 年 1 月 12 日。

以金玉均为首的开化派为了掌握权力,推行大更张改革,认为使用权道是理所当然之事。所以他们一直重视利用时机发动"政变"的方法。另一方面,金允植、鱼允中、金弘集等人则认为,无论大更张改革如何必要,对于政变的权道方式都是无法赞成的。

　　以金玉均为首的激进改革派从金玉均第二次东渡归国后的1883年春天起,便开始着手政变的准备工作;①在其第三次东渡后的1884年9月,决定由激进开化派单独实施政变。② 此前一直对激进开化派持敌对态度的驻朝日本公使从1884年10月30日起,开始转变态度,

---

　　① 金玉均曾三度前往日本。第一次于1882年2月(阴历1881年11月)从首尔出发,于8月7日(阴历6月2日)回国。此行一同前往的还有柳相五和徐光范,目的在于考察日本国情。金玉均在回国途经日本的下关地区时,听说了国内爆发壬午军乱的消息。金玉均在此行结束后编写了《箕和近事》。壬午军乱平息后,金玉均作为朝廷派遣的修信使团的顾问第二次前往日本。此行的修信使为朴泳孝,副使为金晚植,从事官为洪英植,随员为徐光范和闵泳翊(闵因家中有丧事未能同行)。修信使朴泳孝一行于1883年1月6日(阴历1882年11月28日)率先回国,金玉均和徐光范多留了些时日,向国内请求选拔派遣留学生到日本,并将他们安排进几所学校后,于1883年4月(阴历3月)回国。金玉均在滞留东京期间写下了《治道略论》。1883年7月(阴历6月),金玉均手持国王的委任状,第三次前往日本募集国债。然而,受穆麟德(Paul Georg von Möllendorff)等闵妃派的教唆,驻朝鲜日本公使竹添进一郎向日本国内报告金玉均所持的高宗委任状是伪造的,由此金玉均一无所获,于1884年5月2日(阴历4月8日)回国。通过这三次前往日本,金玉均一方面扩展了见闻,另一方面有感于日本明治维新的成果,更深刻地感受到了国家面临的危机,深感要想在短时间内实现大的改革就必须要掌握政权,于是开始探索"政变"之路。

　　② 《尹致昊日记》1884年阴历8月3日篇写道:"晚上古愚来拜访美国公使。谈及清佛战争,说了'我国独立之机会,如何不在此时'等话而去。"可以推测,当时中国因和法国的战争需要,于5月将驻扎在首尔的3000名士兵中的1500名转移至安南战线,8月中法战争爆发,金玉均等激进开化派遂决定于9月引发政变。甲申政变是金玉均等激进开化派分子自主决定的结果,与日本并无丝毫关联。

接近激进开化派,主动示好。① 于是金玉均等激进改革派产生误判,认为可以在事先准备的 1 000 余名士兵的基础上,再借用日本公使馆的 150 名日本兵力,随即发动了甲申政变。

1884 年的朝鲜政治势力,按照推动开化的强度,可以分为激进开化派(开化党)、稳健开化派、闵妃守旧派(执政派)、大院君守旧派、卫正斥邪派(在野儒林守旧派)等集团。

甲申政变是高度强调独立和激进开化的激进开化派与亲清稳健守旧的闵妃守旧派之间的政治斗争。

五
甲申政变的社会及政治背景

甲申政变的社会背景中首先要提及的,便是 1882 年 7 月壬午兵乱之后,朝鲜王国的独立遭到清政府的严重侵害。

朝鲜王朝的独立,在此前因丙寅洋扰、辛未洋扰、征韩论、云扬号事件、作为不平等条约的《朝日修好条约》等列强侵略而受到过挑战和侵害,但朝鲜击退了其中的多个部分,尚未达到直接诱发政变的程度。但是以 1882 年壬午兵乱为转折点,情况开始发生了根本性的转变。

---

① 《甲申政变》1884 年 11 月 1 日中写道,"夜中朴、洪、徐三君来会。小酌后商议,在吾辈决定举事计划后,曾因竹添欲来而深感忧虑。未料到来后举动大变,转而显出赞成我方势力之姿态,与前日之疑虑相比,此种变化究竟何意?"可见,激进开化派对日本公使的主动接近和暗送秋波进行了考察。此处也说明甲申政变的计划是由金玉均等激进开化派成员主观独立决定的。

在壬午兵乱爆发、闵妃守旧派政权垮台、大院君执政后，闵妃守旧派向清政府请求救援，清政府的北洋大臣李鸿章等决定借此机会直接将其变成实际上的属邦。李鸿章等人采用了翰林学士张佩纶的提案《东征善后六策》，借此机会派遣军队常驻首尔，以武力为基础，形式上保留朝鲜国王，但实际上将朝鲜属邦化，实行积极干预政策，由清军驻军司令官和清朝官僚指挥监督朝鲜的统治。因此，清政府向朝鲜派遣了3 000人的军队，驻扎首尔，将执政者同时是国王父亲的大院君邀请到军舰后直接劫持到清朝的保定府软禁起来。这本身就是对朝鲜独立完全的无视和蹂躏。清政府重新树立闵妃政权，恢复原状，却并不撤走军队，在军队长期驻扎的基础上，提出宗主权，为将朝鲜属邦化而强行实施积极干预政策。驻扎在朝鲜的清军将领吴长庆与袁世凯掌握军权，派陈树棠为财政顾问，掌握财政权，李鸿章派出的穆麟德掌握海关，甚至还意图掌控外交。

不仅如此，清政府认为以金玉均为首的开化派的开化运动，最终追求的是朝鲜从清朝独立出去，所以使用种种方法打压开化派，阻挠开化运动。开化派人士当时正在全力开展自主的近代化运动，但由于清政府的严重打压和阻碍，他们的开化运动已无法开展下去。

另一方面，因壬午兵乱倒台后靠清政府的援救重掌政权的闵妃守旧派屈从于清政府的属邦化政策，完全不顾国家独立受到根本侵害，自主近代化被妨碍的事实，只顾满足一家一门的私利私欲。闵妃守旧派不仅不对抗清政府的积极干涉政策，反而与清政府完全勾结，打压和妨碍开化派的自主近代化运动。

当时清政府对于朝鲜独立侵害的严重程度，可以从几个事例中看出。清政府在镇压壬午兵乱之后，向闵妃政权施加压力，于1882年阴历8月28日强迫其签订了朝鲜的不平等条约中最不平等的《朝中商民水陆贸易章程》，接受了清朝在朝鲜的特权。条约在序言中写明，朝鲜为清朝的属邦。财政顾问陈树棠嚣张地在南大门张贴了书有"朝鲜为中国之属国"字句的榜文。① 而且，陈树棠想强制购买韩国人的住房，并将对此表示抗议的李范晋抓进了清军军营，野蛮地施以严酷的鞭刑。② 此外，清政府向朝鲜政府指示："关于外交之事，应一体向清朝咨询。"③清将吴长庆在国王高宗面前直接胁迫道："我领三千军队前来，故而事事慎勿背叛皇朝。"④并威胁高宗："明年春天还会增派军队。"⑤

在首尔的清军同样恣意妄为。仅举其中一例，清军在广通桥药局无偿征用药品，将要求付钱的崔氏之子当场枪杀，并向崔氏开枪，致其重伤。⑥ 开化派的报纸《汉城旬报》对此报道后，清军甚至袭击了发行《汉城旬报》的统理机务衙门博文局。⑦ 但是，闵妃守旧派政权对于这些野蛮行径，从来未能表达过一次抗议。清政府对于朝鲜独立的这种侵害，给当时的朝鲜造成了巨大的社会不安。

开化派强烈批评清政府对朝鲜独立的侵害妨碍了朝鲜的发展，造成了社会不安，使朝鲜进入危机状态。他们对此采取了决然的反抗。金玉均在甲申政变之前这样写道：

> 清国向来自认朝鲜为属国，这实在是令人羞愧之事。国

---

① 参见《尹致昊日记》，1883 年(阴历，下同)10 月 5 日。
② 参见《尹致昊日记》，1884 年 5 月 28 日。
③ 参见《尹致昊日记》，1883 年 10 月 3 日。
④ 参见《尹致昊日记》，1883 年 10 月 3 日。
⑤ 参见《尹致昊日记》，1883 年 12 月 4 日。
⑥ 参见《尹致昊日记》，1884 年 1 月 3 日。
⑦ 参见《华兵犯罪》，《汉城旬报》，1884 年 1 月 3 日。

家之进展无望,于此不无原因。在此首先要做的就是打破羁绊,建立独全自主之国。希冀独立,就不得不在政治与外交上自修自强。①

金玉均在这里指出,朝鲜无法自立的原因在于受到清政府的羁绊,韩国人首先要做的是要打破清朝人的"藩篱"和"枷锁",建立"独全自主之国"。他所谓的独全自主之国译成现在的语言,就是"完全独立的国家"。他认为要实现完全的独立,就要毅然施行政治外交上自修自强的大变革。由此可知,清政府对朝鲜独立的干涉在甲申政变的社会背景中是一个具有重大作用的因素。

其次,甲申政变的社会背景中必须要提及的是当时两班身份制度的弊端与危害已经到了极致。

当时韩国社会的身份制度把人分为两班、中人、良人(常民)、身良役贱、贱民(奴婢等)阶层,只有两班可以参与政治,担任重要的官员,中人以下身份无论才能经略如何突出,都无法参与政治,成为官员。所以,虽然因为列强的侵略,国家与民族已经陷入危机之中,却无法动员国民中的绝大多数参与救国。不仅如此,两班们还毫无节制地剥夺百姓的生产与积蓄,使得民产与国力极度凋敝。金玉均指出,两班身份制度有如下弊端:

臣据多年见闻,尝上奏陛下,不识陛下于此尚记否? 其意在于芟除我邦所谓两班。我邦在中古之前,国运隆盛之时,一体器械生产,冠于东洋二国。今则全属废绝,痕迹亦杳

---

① 《朝鲜改革意见书》,《金玉均全集》,pp. 110 - 111。

者,无他,两班之跋扈专横故也。

人民制一物,两班官吏之辈辄横取之;百姓辛苦所积之
锱铢,两班官吏来则掠夺之;人民自力自作以求衣食,两班官
吏不特兼并其人,甚或使有性命之忧。于是皆弃农商工诸业
以免危险,游食之民遂充满全国,国力日归于消耗矣。[1]

金玉均这一指责两班身份制度的弊端,主张芟除两班制度的上
疏,虽然是在甲申政变之后的 1885 年写的,但在上疏开头的“臣据多
年所闻,尝上奏陛下”,说明在甲申政变之前几年已经提出过这一见
解。这里需要注意的是,金玉均对于两班身份制度弊端的指摘,是极
为资本主义式的、近代性的。

金玉均认为中古时代以前韩国的产业甚至比中国和日本还要发
达,但在当时已经全部废绝,其原因就在于两班身份制度。也就是说,
百姓制造一物一货,两班立刻将其抢走,百姓辛苦努力积攒下的锱铢
之财,两班将其夺去,所以根本无法依靠百姓实现工业生产和资本积
累。百姓希望自立生产、自立生活,两班却将其抢掠而去,如果不希望
被抢掠,甚至会有失去宝贵生命的危险,所以百姓不得不放弃了农业、
商业、工业等产业,最终使得国力衰退。金玉均对于两班身份制度弊
端的批判,强调两班身份制度是产业发展和资本积累最大的障碍,这
是一种极为资本主义式的、近代性的看法。

金玉均在这种思想的基础上提出芟除两班身份制度。芟除的意

---

[1] 《上高宗疏》(池运永事件纠弹上疏文),《金玉均全集》,pp. 146 - 147。(书中所引原文为训读式国汉文混用体,汉文文言为译者据原文文意语体所译。下同。——译注)

思是"用镰刀把草割干净",是一个比"废除""革新""破除"要更加强硬和冷酷的词。也就是说,金玉均是在十分强硬和冷酷地提出用快刀割除两班身份制度。

金玉均等开化派的这种主张的背后,有当时市民层作为新兴社会阶层的兴起和要求身份解放的中人层、良人层、贱民层的主张提供支撑。这些新兴社会阶层虽然尚未成熟,但已经在强烈要求能够无差别地参与社会活动。

甲申政变的社会背景中还需要指出的是,当时门阀制的弊端已经达到顶峰。

当时的情况是国家因为列强的侵略,已经陷入民族危机之中,迫切要求从社会各阶层中选拔和重用具有救国能力与谋略的人才。但当时的韩国社会深陷于门阀制度,无论多么有才华的人,如果不是当权门阀的亲族,就无法得到重用。如果是自己门阀中的一员,即便是无能腐败之人,也可以占据决定国家命运的重要官职。19世纪初期与中期盛行的"势道政治",是这种门阀制度形成的政治背景。

尤其是甲申政变之前,守旧派闵妃亲族与几个门阀霸占了政府要职,在严重的民族危机中国家的前途变得更为黯淡。金玉均曾对闵妃门阀有如下指责:

> 在我邦之闵族,则有闵一姓者,其人无论贤、不肖,皆信之重之,以为股肱腹心,迄今已二十年之久。然闵族中能施泽及生民之政,建致国家富强之谋,以报陛下之诚意者,果有几人欤?多为卖国之罪人,或兹清国官吏之力,视国权蔑如者也。其余许多罪状,不胜枚举,甚或奸臣恃坤殿之宠,至壅

弊圣明,破坏国事者亦不少焉。[1]

当时开化派聚集了众多出身中人和平民阶层,具有杰出的救国能力与谋略,积极活跃的先觉者们。因为门阀制度的限制,虽然国家危机迫在眉睫,他们报效国家的道路依然是被全部封堵的。这样的社会条件就要求出现一场大的变革,废除门阀制度,从基层国民中汇聚爱国的、有能力的人才,在救国之途上重用他们。

六

甲申政变的经济背景

甲申政变的经济背景中,首先应该提到的是三政的紊乱。三政指的是田政(土地税制度与政策)、军政(军布税制度与政策)和还政(偿还制度与政策)。三政的紊乱始于朝鲜后期,到港口开放之后,已经达到了顶峰。

田政本来以土地面积为标准,但因为官吏的欺诈,被称为"隐结"的免税地块遍布全国,加上王孙贵族"宫房"的跋扈,导致免税土地进一步扩大,国家财政极度疲敝。这就导致一方面向农民们增收各种苛捐杂税和手续费,使他们承受着过度沉重的负担;另一方面,所征收的税金中很大部分都被官吏中饱私囊,国家财政更为枯竭。农民如不交纳贿赂,官吏就向其无法耕种的荒地——"陈田"征收田税,导致所谓

---

① 《上高宗疏》,金玉均全集,p. 142.

的"白底征税"蔓延,农民挣扎于困苦之中。

军政本来是以壮丁数为基准的一种防卫税。但当时的军政,其原初目的已经完全消失,沦为每一丁征布一匹的杂税。大院君一度对军政实行了改革,但闵妃守旧派集权之后,甚至把大院君积攒的军费全部浪费在了祈祷王室繁荣的巫师作法上。军政征收中的欺诈极为严重,在官吏们所谓"黄口签丁""白骨征布""族征""邻征"等各种名目的肆意剥削下,百姓们深受折磨。

还政本来是为了应对凶年和危机状况,国家借给农民米谷的一种贷谷制度。在偿还时的"耗谷"利息化后,还政从朝鲜后期开始完全变质为以农民为对象的高利贷制度,沦为一种榨取制度。官吏的肆意剥削在还政制度中也十分严重,茶山丁若镛曾对19世纪初期还政的紊乱进行过最为尖锐的分析。三政之中,百姓对于还政制度的不满极度高涨,强烈要求废除还政制度。1862年发生的"晋州民乱"最重要的原因之一就是还政的紊乱。

三政紊乱一方面使得农民的经济生活陷入涂炭之中,阻碍了农业生产力的发展,同时使得国家财政枯竭,引发了严重的财政紊乱。所以为了改正这种状态,必须废除前近代式的榨取制度,进行根本性的变革。

甲申政变的经济背景中,第二个需要提及的是闵妃守旧派对前近代式特权商业制度的支持及其反时代潮流的经济政策。

港口开放后,随着与外国通商贸易的扩大,朝鲜的商业随之发达,前近代的特权商人和民间商人之间的冲突开始激化。闵妃守旧派支持前近代的特权商人,并试图将其组织化。比如,闵妃守旧派在1883年8月以"惠商公局"的名义将既有的特权垄断商——包袱商们重新组织起来,任命闵台浩等闵妃守旧派的头目为堂上(朝鲜时代正三品以上官职)和主要负责人,强化他们封建的商业垄断特权,同时试图将包袱商作为政治势力加以利用。

此外,守旧派在财政枯竭之后,非但不能果断遏制财政紊乱,实行大规模的财政制度改革,反而不顾开化派的强烈反对,使用转让矿山开采权后获得的借款购买货币制造机,大量发行当五钱、当十钱等劣币,引发了严重的通货膨胀。[①] 闵妃守旧派掌控铸钱所,只是填满了私囊,却丝毫未能解决财政的困乏,反而因物价飞涨而导致民生更为凋敝,国家财政陷入混乱之中。

闵妃守旧派的这种逆时代潮流而动的经济政策,使得他们与强烈反对这一政策的开化派之间的矛盾日益尖锐化,构成了开化派政变的经济背景。

甲申政变的经济背景中,第三个需要提及的是,港口开放之后,公司形态的资本主义工商业开始发展起来。

韩国在朝鲜王朝后期的 18 世纪已经开始出现资本主义萌芽,经过不断的发展,在港口开放的 19 世纪 80 年代之后,开始创立资本主义性质的商社会社。对于这种经济变化以及公司形态的资本主义自由企业的创立和发展,开化派是加以宣扬和鼓励的。[②] 开化派认为,近代工商业的发展是富国强兵的基础之一,倡议建设实行工厂制度的钢铁工业、机械工业、兵器工业、造船工业、纺织工业、农器具工业等。[③] 此外,开化派还构想了在内陆铺设铁路,以火车进行交通,沿海使用蒸

---

① 参见《甲申日录序部》,《金玉均全集》,pp. 24 – 26。

② 参见《会社说》,《汉城旬报》,1883 年 10 月 21 日。

③ 参见《承政院日记》1882 年 8 月 23 日《幼学池锡永上疏》;9 月 6 日《前主事柳完秀上疏》;《阴晴史》(国史编纂委员会版),p. 35,1881 年 12 月部分;金玉均,《治道略论》,《金玉均全集》,p. 13。

汽船航行，与外国贸易，以电信方式迅速通信等新的近代体制。① 从1883年到甲申政变前夕的1884年11月末，与开化派的倡导和鼓励步调一致的是，近两年间韩国新成立的近代工商企业达到了26家。

开化派希望能够更为迅速地发展公司形态的自由资本主义性质的工商企业，迅速建设资本主义性质的近代产业，这与拥护前近代、封建特权产业制的闵妃守旧派产生尖锐对立，最终演变为政治冲突。

这种社会、经济背景下，开化派与闵妃守旧派在激烈对立的过程中，清政府与法国因越南问题发生冲突，于1884年5月23日抽调驻扎首尔的3 000名士兵中的1 500名派往越南前线。驻扎首尔的兵力仅余1 500余人。1884年8月中法爆发大规模战争后，清政府陷入国际困境。开化派抓住清政府势力弱化的机会，组织亲军营前营、后营的1 000名朝鲜士兵和日本公使馆的日本军150名，共1 150人的兵力，于1884年12月4日晚发动了兵变。

通过政变，开化派掌握政权，处决了闵妃守旧派的首脑人物，于12月5日组建新政府，12月6日上午成功向公民公布了阐明其改革政策的"革新政纲"。但是，开化派新政府在12月6日下午3点开始受到清军的军事攻击，在抵抗失败后于当天晚间时分政权垮台，甲申政变归于失败。

开化党人不惜发动政变来掌握政权，那么他们掌握政权后有何计划，准备把国家引向何方呢？这一问题的答案集中体现在新政府公布的革新政纲里。下文将通过对此资料的分析，了解当时开化派的思想和政策。

---

① 参见金玉均，《治道略论》，《金玉均全集》，p. 4；《会社说》，《汉城旬报》，1883年10月21日。

七

甲申政变的革新政纲和改革思想

集中体现甲申政变思想的革新政纲是在新政府的主要阁僚洪英植（右议政）、朴泳孝（亲军营左右营使）、金玉均（户曹参判）、徐光范（署理督办交涉通商事务）、朴泳教（都承旨）、李载元（左议政）、李载完（兵曹判书）及记录人员申箕善（右承旨）等八人将承政院设于昌德宫进善门内后，在金玉均的主导下，从 12 月 5 日下午到 12 月 6 日凌晨，经过废寝忘食的讨论后达成的。[①]

政纲完成后，开化派在尚未得到国王裁决的情况下就已使用国王"降旨"的方式，在 12 月 6 日上午向国民公布，将其张贴在首尔市内各处要地。[②] 革新政纲向国民公布之后许久，右议政洪英植才将其上奏国王，经高宗裁决后于当天下午三点下达了依据革新政纲开始大政维新的诏书。[③]

甲申政变革新政纲的全文未能保存到今天。因为甲申政变后重新掌权的闵妃守旧派势力收回了革新政纲并全部予以销毁。因此，部分日本研究者为否定甲申政变的历史意义，否认金玉均《甲申日录》的史料价值，也就否认了革新政纲的存在。最近经过韩国国内的研究，《甲申日录》的准确性已经得到证明。有当时居住在首尔的日本人说

---

① 参见《罪人申箕善鞫案》（奎章阁藏书），《推案及鞫案》第 30 册，亚细亚文化社，1978，pp. 786 - 792。

② 参见《罪人申箕善鞫案》，《推案及鞫案》第 30 册，p. 787。

③ 参见《京城事变始末抄》，伊藤博文编，《秘书类纂朝鲜交涉资料》上卷，1934，p. 298。

革新政纲的条目达到了八十条,但因没有记录具体的内容,可信度较低。现存最准确的革新政纲,是金玉均在《甲申日录》中记载的十四条。但金玉均称"略录如此",可见这仅是经压缩后的部分内容。金玉均所录革新政纲十四条,内容如下所示:①

第一条　近日内迎还大院君,议行废除朝贡虚礼。

第二条　废除门阀,赋予人民平等权,依照人的能力择取官职,不因官职择人。

第三条　改革全国的地租法,清除奸邪官吏,对百姓困难予以救助,并使国家财政丰足。

第四条　废除内侍府,酌情录用其中有才能者。

第五条　对于此前危害国家的贪官污吏之严重者予以处罚。

第六条　永久废除各道的还上制度。

第七条　废除奎章阁。

第八条　迅速设立巡警制度,制止盗窃抢劫。

第九条　废除惠商公局。

第十条　重新调查此前被流配、禁锢之人,予以释放。

第十一条　四营合为一营,立即选拔营中精锐组成近卫队(尊王世子为陆军大将)。

第十二条　所有国家财政,归户曹管辖,废除此外所有财务衙门。

第十三条　大臣与参议每日在阁门内的议政府中举行

---

① 参见《甲申日录》,1884 年 12 月 5 日,《金玉均全集》,pp. 95 - 96。

会议,决定政事,上奏国王后公布政令,执行政务。

第十四条 政府六曹之外,其余不必要的官衙,一体废除,交大臣与参赞讨论处理。

此外,当时在统理机务衙门博文局负责《汉城旬报》翻译事务的日本雇员,目睹了甲申政变的井上角五郎也曾记录过革新政纲的部分内容。①

1. 废除对清朝朝贡之礼。急派使臣前往清国,阐明我国之独立,督促放还大院君。

2. 对国王之尊称,由"陛下"改为"殿下",王命称"敕",王自称"朕",整肃独立国家君主之仪礼。

3. 抑制两班之专横,提高常民之权利。

4. 废除内官,内官中人依其人才予以擢用。

5. 从来之官吏,如有不法腐败之行为,一律处以极刑。

6. 另设宫内省,区分王室事务与政府正常事务。

7. 变革既有官制,设内阁与八部。

8. 废除科举制度。

9. 选取有才能之青少年,派往外国留学。

10. 对内外募集公债,以期充实产业、运输、教育、军费。

为更好地了解甲申政变的思想,下文将参照其他记录对金玉均记

---

① 参见井上角五郎,《汉城逍残梦》,《风俗画集》第 7 辑第 84 号,号外,1895,pp. 12 – 13;山边建太郎,《甲申日录的研究》,《朝鲜学报》第 17 辑,1960。

录的革新政纲十四条做较为详细的分析。

（1）宣告完全独立自主

革新政纲的第一条是甲申政变新政府对国内外宣告朝鲜的完全独立自主。

壬午军乱后，在清政府对朝鲜的属邦化政策和积极干涉政策下，金玉均认为朝鲜的第一要务是扫除清政府的羁绊，建立"独立自主之国"。徐载弼对此有如下回忆：

> 他（金玉均）无法忍受祖国处于清国宗主权之下的屈辱感，昼夜劳心焦思怎样去除这一耻辱，成为世界各国中平等自由的一员。[1]
>
> 当时金玉均的理想和需要实现的首要目标，是如何扫除清国的势力，同时夺取依附清国的朝鲜贵族的权力，树立我国完全自主的独立政治。
>
> 更何况，清政府劫持大院君一事，对于我们来说，是无法忍受的耻辱。我们实在愤慨难耐，准备举起驱除清国势力、打破贵族统治的旗帜，挺身而出。[2]

甲申政变革新政纲的第一条就是在这种思想背景下，拒绝 1882 年以后清政府对朝鲜的属邦化政策，同时停止 1882 年以前即存在的朝贡虚礼，宣布朝鲜王国作为完全独立自主的国家，与世界列强平起

---

① 徐载弼，《回顾甲申政变》，闵泰瑗，《甲申政变和金玉均》，1947，p. 82。
② 金道泰编，《徐载弼博士自叙传》，1948，pp. 86–87。

平坐。革新政纲不仅否定了 1882 年以来的属邦化政策,对此前的朝贡虚礼也予以朝鲜王朝建立以来的第一次全面否定,向世界宣布朝鲜的完全独立自主,这在韩国近代史上是划时代性的。

(2)废除两班身份制度和门阀,选拔人才

甲申政变革新政纲第二条宣布了废除两班身份制度,以及在此基础上赋予人民平等权,废除门阀、选拔人才等。

开化派认为两班身份制度是当时对国家发展危害最大的社会制度,所以在他们执政后立刻废止了这项制度。金玉均警告说,在各国已经开始产业与生产竞争的工商业时代,如果不能清除两班身份制度,全部清理其弊端根源,最终可能会导致国家的灭亡。

> 方今世界,以商业为主,当此以生业之多互竞之时,不能除两班,荄尽其弊源,国家之废亡可期矣。①

徐载弼曾忆及金玉均的思想是在政治上实现朝鲜完全自主独立的同时,打破贵族的特权统治。② 亲历甲申政变的日本人也证明了政变有过"抑制两班权利,提高平民权利"③的改革方案。革新政纲第二条就是在这种背景下宣布立即废除两班身份制度,保障人民平等权的。

废除门阀与废除两班身份制度是表里的关系。虽然在当时的民

---

① 《上高宗疏》,《金玉均全集》,p. 147。
② 《徐载弼博士自叙传》,p. 86。
③ 《汉城迺残梦》,《风俗画集》第 7 辑第 84 号,p. 12。

族危机中,为了拯救国家,必须聚集各阶层国民中所有具有救国谋略与能力的人才予以重用,但当时韩国社会业已产生门阀现象,闵氏亲族及其余门阀不能启用有才能的人才,反而将自己门阀内的无能腐败之辈安排在决定国家运转的重要官职上,占据一切要职,使国家陷入了危急之中。革新政纲就是在这种背景下宣布废除门阀,按能力起用人才的。

甲申政变革新政纲第二条是在韩国历史上第一次由政府提出废除两班身份制度和门阀,赋予人民平等权,具有划时代的意义。

(3) 内阁制度的建立与政府机构改组

甲申政变革新政纲第四条、第十三条、第十四条等宣告了内阁制度的建立与政府机构的改组。这些条目中,尤其值得注意的是:① 不再像君主专制时期通过御前会议讨论政事,而是将国王排除在外,由大臣(部长)和参赞(副部长)们每日开会共同决定;② 先在会议上讨论、决定政务后,再向国王禀告;③ 撤除所有能向国王奏事的衙门,一切政务由大臣-参赞会议议决后执行;④ 大臣-参赞会议上决定的事项,以政令(法令)的方式施行。

如此一来,所有立法和行政的事务都由大臣-参赞会议(即内阁会议)决定,国王的权利被极大限制,只能对会议上决定、禀告的事项进行可、否的裁决。一切决策只能在大臣-参赞会议上决定,除特殊的情况外,国王并不能进行否决。简言之,这就对此前的专制君主权进行了根本性的限制,创立了作为立宪君主制初期形态的具有立法权和行政权的内阁制度。

这种内阁制度的创立,与甲申政变的其他资料一起,表现出开化派已经具有了将中世纪的专制君主制改革为近代立宪君主制的意愿。①

同时,革新政纲中的政府改组方向还包括将政府机构设为六部,撤除六部之外所有不必要的部门,废除内侍府等前近代式的机构,严格区分王室事务和国家行政事务等。这些政治改革,在当时都是属于划时代的。

(4) 统一财政,果断实行经济改革

甲申政变革新政纲第三条、第六条、第九条、第十二条等宣布果断实行① 财政的统一;② 以地租制度改革为代表的租税制度改革;③ 杜绝贪官污吏的中饱私囊;④ 废除还上制度;⑤ 废除包袱商等封建特权垄断商业,鼓励近代性的自由产业等一系列经济改革。

当时国家的财政情况是:沿袭前近代的财政制度,各官衙独立分散地掌握自己的财政收入来源,通过摊派各种名目的费用获取经费,没有统一的国家财政预算制度,财政上的浪费和混乱达到了顶点。开化派在甲申政变之前便对这种混乱的财政状况极为痛惜,强烈主张通过户曹来完成财政的统一管辖,建立预算制度。②

甲申政变时,开化派财政改革的基本方向是把一切财政管理权归拢到户曹,废除户曹以外的所有财政部门,推行预算制度,实现收入与支出的单一化,进行租税制度改革,发行内外公债筹集财政资金等。其中最为强调的是将国家财政统一到户曹。

甲申政变时,开化派希望在执政后以自身为主体,对国家政治果

---

① 参见《欧米立宪政体》,《汉城旬报》,1884 年 1 月 3 日。

② 参见《尹致昊日记》,1883 年 10 月 2 日。

断实施自上而下的全盘更张,这就需要数量庞大的财政资金,必须牢牢掌握财政权。所以开化派宣布将国家财政统一到户曹,同时委任开化派领导人金玉均为户曹参判掌管财政。

革新政纲中的地租改革是针对当时三政紊乱中的田政和军政提出的改革方案。开化派希望通过对地租制度和租税制度的近代化改革,将税率法定化,清理贪官污吏在中间的榨取和贪腐,一方面减轻农民的负担,把农民从贫困中解救出来,为农业生产力的发展提供条件,另一方面通过消除官吏们的中间榨取,充裕国家财政。

此外,废除还资制度是为了给三政紊乱中的还政紊乱画上一个句号。还资制度虽然已经变质为官营高利贷制度,成为残酷剥削百姓的一种弊政,但因为充当了闵妃守旧派财政收入的一部分,大大填充了他们的私人钱袋,这一弊害丛生的制度始终无法得到废除。开化派在甲申政变的革新政纲中毫不犹疑地接受了百姓们长期以来的要求,果断宣布废除残酷剥削百姓的还资制度。这也是一项划时代的改革措施。

革新政纲中的废除惠商公局,宣布了对包袱商特权商业制度的清理。当时开化派希望鼓励创设近代企业,建设近代产业,首要的便是废除包袱商制度和特权商业制度,防止包袱商成为闵妃守旧派势力的暴力组织,同时为公司形态的近代自由资本主义企业的发展创造条件。这体现出甲申政变的经济改革方向是清理中世纪的经济结构,建设近代资本主义性质的产业经济。

(5)军事制度的改革

甲申政变革新政纲第十一条宣布了军事制度的改革。当时的军事制度把亲军营分为前后左右四营,都由闵妃守旧派的重要人物指挥,主要担负侍卫而不是国防任务。其中前后营接受了西式的军事训练,左右营由袁世凯设置,接受清军的军事训练。这就使得同一个国家的军队,因为军营不同而导致训练方法与编制大相径庭。其中前营和左右营在大小事务上常有冲突,引发了很大的混乱。①

为此,开化派在甲申政变前便多次建议将四营合为一营,统一编制与训练方法。② 当时金玉均等开化派特别强调培养自主武装,在列强入侵时用自己的力量进行防卫。他们计划派遣聪敏的青年前往外国新式士官学校留学,接受现代士官教育,归国后建立以他们为教官的士官学校,系统培养新式军官,再以此为基础,创建大规模的陆军精锐部队。对此,徐载弼曾有如下回忆。

> 有一天他(金玉均)跟我说,要巩固国防,只有建立精锐部队一条路,当下我们的急务没有能出其右者,劝我东渡日本学习武艺。我听从了他的劝告,不几日就和另外十五名学生一起向着日本出发了。③

金玉均等开化派在他们派往国外留学的士官生毕业回国之后,立刻于 1884 年 6 月开始着手建立士官学校。④ 在开化派的构想中,将来要采用西式的军事制度,建立规模庞大的精锐陆军,同时购买军舰,创立新式海军。开化派的报纸《汉城旬报》几乎每期都会刊载详细讲解世界各国陆军、海军兵力和军事动向的社论。可见他们对于培养自主

---

① 参见《尹致昊日记》,1883 年 12 月 4 日。

② 参见《尹致昊日记》,1883 年 12 月 21 日。

③ 徐载弼,《回顾甲申政变》,闵泰瑗,《甲申政变和金玉均》,p. 84。

④ 参见《尹致昊日记》,1883 年 6 月 19 日。

武装的关注何等敏锐。

甲申政变的革新政纲中,合四营为一营,区分负责国防的陆军和负责王室护卫的近卫队,尽快设立近卫队等措施,只体现出其军事制度改革中最基本的部分。推举王世子(当时为幼童)为陆军大将,只是对于君主的基本礼仪,实际负责军事的是开化党人朴泳孝和徐载弼。

(6) 废除奎章阁与建设近代文化

甲申政变第七条体现出开化派意图废除作为前近代两班贵族文化制度的奎章阁制度,倡导面向普通民众的新式教育,并以此为核心,为近代文化的建设创造条件。

表面上看,革新政纲中废除奎章阁的措施或许不易为人理解。但其措施实际是在奎章阁的民族文化层面和前近代贵族文化制度层面中去掉后者,以建立面向普通民众的近代文化。徐载弼对此回忆说:

> 金玉均确信,邦家之贫弱全然在于普通民众技术教育的缺失和上流阶层的无知无觉。
>
> "欲救吾国,舍民众教育外别无他途。"这是他经常挂在嘴边的话,我现在还记得他几次向我说起。老朽之人,断无教育之理,对青年却常抱有一线希望。①

这里要注意的是,金玉均认为上流阶层人士(两班贵族)前近代式的知识,对于当时的救国目的来说,属于无知、无用和没落的范畴,要拯救国家,除了为普通民众提供新教育之外再无其他路可走。金玉均强

---

① 徐载弼,《回顾甲申政变》,闵泰瑗,《甲申政变和金玉均》,p. 83。

调,对百姓的教育,要用新文明之道,①为此需要广设学校,②实行新教育。与政务相关之事,要翻译为谚文(国文)刊行,使百姓可以了解。③

正是在这些思想的基础上,开化派才会在革新政纲中宣称废除只面向两班贵族的旧知识机构奎章阁,为创办面向普通民众的新式教育学校,建设近代性的文化创造条件。

(7) 近代警察制度和刑罚制度的建设

甲申政变革新政纲第八条和第十条寻求的是以设立巡警制度为核心,实现警察制度的近代化,释放那些因中世纪残忍的刑罚制度而被冤屈流放、监禁的人,以此聚揽人心,建立近代性的刑罚制度。

在甲申政变前,金玉均就曾强烈提议建设近代警察制度。④ 在朴泳孝任汉城判尹期间,开化派在首尔市内部分实行了近代警察制度。而且在甲申政变之前,金玉均对残忍的中世纪刑罚就曾批判道:

> 第以现行行政论之法,久而紊乱。劫命夺产害及全省而恬然无咎。窃一钉锥,骂一豪强而等闲处辟。人命轻如草芥,干伤和气于斯极矣。⑤

金玉均说"新订法律……法律之学兴,然后庶务乃可就绪",提出

---

① 参见《上高宗疏》,《金玉均全集》,p. 146。
② 参见《上高宗疏》,《金玉均全集》,p. 147。
③ 参见《治道略论》,《金玉均全集》,pp. 16 - 17。
④ 参见《治道略论》,《金玉均全集》,pp. 14 - 15。
⑤ 参见《治道略论》,《金玉均全集》,pp. 15 - 16。(原文据《汉城旬报》1884 年 7 月 3 日所载《治道则》汉文原文补订。——译者注)

制订新的法律,改革刑政,废除重罚主义和重刑主义,废除残酷的流配制度,实施新的轻刑监役制度,允许轻刑犯以劳役或罚金赎罪,对刑罚制度进行近代化改革。[①]

革新政纲在政变时紧急设立巡警制度,建设近代警察制度,释放因残酷的中世纪刑罚制度而冤屈受罚的人,笼络人心,展示新政权的宽容性,同时废除中世纪的前近代刑罚制度,表现出建立新的近代性审判制度和刑罚制度的意志。

(8) 对危害国家者的惩罚

甲申政变革新政纲第五条宣布以危害国家的程度为标准,对此前闵妃守旧派政权中极度严重的贪官污吏予以肃清和惩罚。这是开化派新政权必然要做的事情。

如上所述,甲申政变革新政纲向国民宣布了涉及国家政治所有方面的大更张改革,并准备付诸实行。

八

金玉均及早期开化派的改革构想与近代国家建设

甲申政变虽然以失败告终,但依然在学界研究中占据着重要的比重。其失败令人惋惜,就在于它是韩国近代史上第一次以建立自主富

---

① 参见《治道略论》,《金玉均全集》,pp. 14 - 16。

强的近代国家为目的的果决行动。甲申政变新政府是韩国最早的近代政权,革新政纲的改革构想和改革政策是在列强侵略中拯救国家的"大更张改革"①方案,是一种近代化的构想和政策。徐载弼回忆说,甲申政变之前金玉均的理想是建设"有力量的现代国家"。

> 他虽然没有接受过现代教育,却洞察到了时代发展的方向,殷切希望把朝鲜建设成为有力量的现代国家。因此确切感觉到引入新知识,采用新技术,通过政府改变社会陈风旧俗的必要。②

金玉均在培养开化党同志的过程中教育他们:"日本希望成为东方的英国,我们要把我们的国家建设成亚洲的法国。"对此,徐载弼回忆道:

> 每到那个时候,他对待我们就像对自己的亲弟弟一样,毫不掩饰,毫无保留地把自己的肺腑之言全部告诉我们。他在讲述我们对于祖国革新的重大责任时,也坚信我们归国之后能够建立光耀后世的伟大功勋。而且他经常跟我们说,日本希望成为东方的英国,我们要把我们国家建设成亚洲的法国。这是他的梦想,也是唯一的野心。我们相信他的话,下定决心,无论我们将来遇任何情况,都要履行我们的责任。③

---

① 徐载弼,《回顾甲申政变》,闵泰瑗,《甲申政变和金玉均》,p. 110。
② 徐载弼,《回顾甲申政变》,闵泰瑗,《甲申政变和金玉均》,p. 82。
③ 徐载弼,《回顾甲申政变》,闵泰瑗,《甲申政变和金玉均》,pp. 84 - 85。

也就是说，金玉均等开化派希望建设的"有力量的现代国家"，是类似于"亚洲的法兰西"一样的国家。他们认为，日本希望成为像英国一样富强的近代国家，像英国一样侵略别的国家，所以开化派认为要把我们国家变成像"亚洲的法兰西"一样，朝鲜才能成为有力量的现代国家，阻止将来日本对朝鲜的侵略和其他"外国之侵略"。① 换成现在的话说，就是开化派为了阻止列强的侵略，期待"建设自主富强的现代国家"。

从甲申政变革新政纲可以看出，如前所述，开化派准备进行一场涉及国家政治所有方面的重大变革。从各个方面来看，政治上果断清除清政府的宗主国主张和内政干涉，实现完全独立自主，将中世纪式的专制君主制向近代立宪君主制方向改革，建立内阁制度；社会方面废除两班身份制度和门阀制度，确立人民平等权，希望把身份制社会变革为市民社会；经济上废除中世纪的特权商业制度，鼓励公司形态的工商业自由企业，发展近代资本主义经济与产业；文化上废除以两班为中心的贵族文化，建设以普通民众为中心的近代文化和新式教育；军事上希望改革军事制度，创立士官学校、近卫队、新式陆军和海军，用自己的武装建立国防；同时，他们还希望建立近代警察制度、审判制度和刑罚制度。这是希望把前近代的国家和社会体系全面建设为近代国家和社会。

考察东亚近代史可知，征韩论之后一直寻求侵略韩国机会的日本帝国主义，早在1894年甲午战争时期，迟至日俄战争（1904年）时期，就具备了将其他国家殖民地化的实力。甲申政变（1884年）之后的十年，是日本成为帝国主义国家，逐步具备了侵略韩国能力的时期。初

---

① 《上高宗疏》，《金玉均全集》，p. 146。

期开化派的聪敏青年们为了在列强的侵略中守护祖国的独立自主,拯救自己的国家,试图赢得快速建设近代国家的十年时间,这是极为自然的事情。而且,如果早期开化派能够继续执政,要打下国家独立的基础,也确实需要为期十年的近代国家建设期。

早期开化派因为外部侵略压力的紧迫性,也因为港口开放后韩国社会的相对落后性,最终没有充分的时间等待国民大众成熟后实现"自下而上的自主近代化",他们希望首先通过政变的形式掌握政权,教育国民,在短时间内大规模实现"自上而下的自主近代化"。

如果考虑到世界范围内较晚开始而成功实现近代化的国家都是"自上而下的近代化",就可以理解为何要在肯定的视角下重新评价韩国开化派青年发动甲申政变期待"自上而下的近代化"了。也可以理解甲申政变的失败为什么令人痛惜——如果甲申政变成功,韩国得以及早建设自主富强的近代国家,那就能免除沦为殖民地的痛苦和耻辱了。

九
结　语

如上所述,发动甲申政变的早期开化派的改革构想是一种突破19世纪晚期的民族危机,建设自主富强的近代国家的大变革构想。但是因为甲申政变的失败,开化派的构想在当时未能实现。

甲申政变失败的各种原因中,金玉均与开化派最大的战术失误是在实施政变时,没有完全依靠自己的力量,而是为了弥补自身力量的不足,借用了日本公使馆的日本兵力。因力量不足,开化派非常不明智地希冀借用日本的力量,依赖日本的力量,结果犯下了大错。这个错误成为最大的败笔,使得他们虽然具备了拯救国家的先驱思想却未能取得成功,不仅在当时,在今天也依然受到批评。

甲申政变本身存在诸多问题且以失败告终,但金玉均与初期开化派的改革构想是此后韩国近代史上所有改革运动和独立运动、民族主义的思想源泉。

金玉均与早期开化派的改革思想为韩国近代史上的开化运动和改革运动树立了方向。十年后的甲午改革(1894),可以说是在另一种情况下对金玉均和早期开化派甲申政变改革思想的继承与实现。

金玉均与开化派成员合影

(左起朴泳孝、徐光范、徐载弼、金玉均)

第四章 池锡永的开化思想与开化活动

池锡永

一

绪 言

　　大韩帝国晚期的先觉者池锡永(号松村,1885—1935)很早就形成了自己的开化思想,在为韩国引进、普及牛痘接种法与西方近代医学,并使之制度化方面居功甚伟。他还为国家的整体改革和开化献计献策,推诸施行,在韩国国语、国文方面也有诸多研究,为其发展做出重大贡献。本文将按时间顺序,对池锡永的开化思想与开化活动进行全面的分析。①

　　池锡永于 1885 年(哲宗六年)5 月 15 日出生于首尔园洞(今乐园洞),是清贫士大夫池翼龙的第四个儿子(也是家中最小的孩子)。池锡永籍贯忠州,号松村(又号太原),字公胤。他性情聪敏,勤勉诚实,有强烈的研究热情。

　　池锡永虽然是两班士族身份,但他的家庭非常贫寒。父亲池翼龙

---

　　① 参见慎铺厦,《池锡永全集解题》,《池锡永全集》(全 3 卷),亚细亚文化社,1985;及,大韩医师学会,《松村池锡永》,ACADEMIA,1994。

在韩医学方面造诣高深,但当时医学与医业属于中人阶层的职业,如果开设医馆,家族在社会上就会被当作中人对待。池翼龙虽然家境极为贫寒,却也没有从事医业,但是他与中人阶层的韩医学者们交谊深厚,与当时著名的韩医朴永善是至交好友。因为家境贫寒,池锡永未能进入两班子弟读书的书堂,于是不再囿于身份限制,拜在了韩医朴永善的门下,学习汉学与韩医学。

二

池锡永开化思想的形成

从小拜中人阶层的韩医朴永善为师,对池锡永思想的形成与发展具有重大的影响。这使他终生学习和研究医学,也让他深感社会身份制度的不合理性和两班制度的弊端,力主废除社会身份制度。

这一时期,国家在日本的武力威胁下于 1876 年 2 月 26 日签署《朝日修好条约》,开放了三个港口,并于当年 7 月派遣金绮秀一行作为修信使出使日本。当时池锡永的老师朴永善恰好作为使团的随团医生同行。朴永善在日本参观了顺川堂医院,在了解日本医疗情况时得知日本已经引进西洋种痘术预防天花,便购买了久我克明的《种痘龟鉴》,回韩国后交给弟子们阅读。[1]

池锡永通过阅读《种痘龟鉴》与丁若镛的《麻科会通》,开始接触到西方医学。这里值得注意的是,池锡永开化思想的形成,是以阅读茶

---

① 参见金斗钟,《韩国医学史》,探求堂,1966,pp. 476 – 479。

山丁若镛的实学派医书《麻科会通》和日本医生介绍西方医学种痘术的《种痘龟鉴》为开端的。

当时的韩国发生大规模瘟疫,天花持续蔓延,全国各地有大量儿童失去生命,却找不到有效的对策。天花的预防与治疗成为当时国家与社会的重大课题。1879年全国天花肆虐,首尔市内也因天花导致许多儿童死亡,池锡永的侄女(哥哥池运永的女儿)也因天花夭折。

在肆虐的天花面前,池锡永深感韩医学的无力和引进西方种痘术阻止天花蔓延的必要。时年25岁的池锡永研究热情高涨,但当时的韩国没有人能够教他种痘术和西方医学。当听说1876年后开放的港口城市釜山出现了面向日本人的西式医院,那里有学习过西方医术的日本医生之后,池锡永决定前往釜山。

因为贫穷,池锡永无法乘马,只能徒步从首尔出发,经过20天的跋涉后于1879年10月到达釜山。池锡永找到日本人居住区的济生医院,因为不懂日语,用笔谈的方式说明了自己的来意。医院院长松前让与医生(海军军医)户塚绩斋被池锡永的诚意打动,决定教授池锡永种痘术。作为回报,池锡永需要为日本侨民正在编纂的用于韩语学习的韩日词典《言语大方》校对错字。

两个月的釜山生活对池锡永一生的学术产生了重大的影响。他在这里学会了西洋种痘术,感觉到西方医学的先进性,决心将其引入韩国,救百姓于病痛之中。而在对韩日词典的韩语部分进行校订的过程中,他开始关注韩文规范问题。

三

池锡永最初的种痘术试验与失败

两个月后的 1879 年 12 月下旬,带着从济生医院得到的三瓶各装有五个毛管的种苗、两根种痘针等一些接种器具,以及通过日本侨民船从东京买来的基础西方医学书籍,池锡永再次徒步离开釜山,返回首尔。

回首尔的途中,池锡永去了一趟位于忠清道忠州郡德山面的岳父家。他在这里首先说服了岳父,给两岁的内弟种痘,并获得了成功。接着,获得自信的池锡永为村子里的 40 多位儿童接种,再次获得成功。这是韩国最早的牛痘接种。[①]

池锡永在 1880 年 1 月回到首尔后,首先给接受开化的家庭中的儿童接种了牛痘。使用的是从釜山济生医院预订,二月份拿到的痘苗。但是,为了给市民提供更多的牛痘接种,需要持续稳定的痘苗供给。釜山济生医院的日本医生虽然向池锡永传授了牛痘接种术,却并没有教会他从牛身上获取牛痘的方法——或许因为他们也不知道。为了在全国普及种痘术,必须学会痘苗制作,为国内供应充足的痘苗。

得益于当时国内开化派对池锡永西洋种痘术的大力支持,1880 年 7 月当金弘集(当时名为宏集)率领第二次修信使使团前往日本时,学习痘苗制造的池锡永得以跻身其中。修信使金弘集一行在日本停留了大约一个月的时间。池锡永得到金弘集的支持,前往日本内务省卫

[①] 参见《寻找辛未的光明(20),朝鲜的詹纳——松村池锡永先生》,《每日申报》1931 年(昭和六年)1 月 25 日。

生局牛痘种继所,在短时间内学会了牛痘苗制造法、采痘痂收藏法、犊牛饲养法与采浆法。据说日本医生对于池锡永的学习热情和快速学习能力也大为感叹。

1880年9月回国之后,池锡永在首尔开设种痘场,一边对首尔市民进行宣传教育,一边正式开始了牛痘接种事业。因为他能够在国内自己制造痘苗,所以首尔市民只要愿意,随时都可以前来接种痘苗。但是即使在首尔市内,依然有很多人不相信牛痘接种,继续用驱邪巫术来治疗天花,其他地方更毋庸多言。池锡永不断教育首尔市民,天花是一种必须通过接种牛痘才能预防的传染病,跳大神的巫术方式并不能治好天花。他与巫师和顽固的守旧派开展了医疗上的斗争。

但是,1882年7月壬午军乱发生时,混杂在乱民中的巫师和守旧派们指责池锡永的种痘场是开化运动的一部分,在混乱中将种痘场付之一炬。池锡永也不得不踏上了逃难之路。池锡永最初的种痘术推广就这样被无知的巫师与守旧派的骚乱破坏了。

四
池锡永早期开化思想的特征

这一时期,在国家的思想潮流方面,以修信使金弘集从日本带回来的黄遵宪《私拟朝鲜策略》为契机,开化派与卫正斥邪派通过上疏,围绕国家的开化问题展开了激烈的思想政治论争,史称"辛巳开化-斥邪论争"。

壬午军乱平息后,池锡永重新开设了种痘场,在开化-斥邪论争中加入了开化派,于1882年阴历8月23日上《时务疏》,积极支持开化政策。这份上疏是池锡永的第一部公开作品,同时作为重要的策略,被称为辛巳开化-斥邪论争中开化派的代表作之一。

池锡永的这一《时务疏》清晰地表达了他初期开化思想的部分内容。《时务疏》在《承政院日记》①和《高宗实录》中都有收录。虽然篇幅较长,但因其内容非常重要,特将高宗实录中摘要收录的《时务疏》引用如下:

> 幼学池锡永疏略:目下大政,莫先于安民心。何则?我国僻在海左,从来不曾外交。故见闻不广,昧于时局。交邻联约俱不知为何物。见稍用意于外务者,则动辄目之以染邪,诽谤之、唾辱之。凡民之胥动而疑忌者,不识时势故也。民若不安,国安得治乎?第伏念各国人士所著《万国公法》《朝鲜策略》《普法战纪》《博物新编》《格物入门》《格致汇编》等书及我国校理臣金玉均所辑《箕和近事》、前承旨臣朴泳教所撰《地球图经》、进士臣安宗洙所译《农政新编》、前县令臣金景遂所录《公报抄略》等书,皆足以开发拘曲,了解时务者也。伏愿设置一院,搜集上项诸书,又购近日各国水车、农器、织造机、火轮机、兵器等贮之,仍命行关各道,每邑选文学闻望之为一邑翘楚者,儒吏各一人,送赴该院,使之观其书籍,玩其器械。而留院以两个月为期,期满又递送一人。留馆之费,令该邑量给。有能精研书籍、深知世务,有能仿样造器、尽其奥妙者,铨其才能而收用。又造器者许其专

---

① 参见《承政院日记》,高宗十九年阴历八月二十三日,《幼学池锡永疏略》。

卖,刊书者禁其翻刻。则凡入院者,无不欲先解器械之理,深究时局之宜,而莫不翻然而悟矣。此人一悟,则凡此人之子若孙及邻党之素所敬服者,率皆从风而化之矣。兹岂非化民成俗之捷径,利用厚生之良法乎?民既解惑而安堵,则凡自强御侮之策,具载于中国人所著《易言》一部书,臣不敢赘进焉。

批曰:尔言时务,瞭然有条理,可以措之于事,予甚嘉之。疏辞下议政府,裁禀施行。①

池锡永在上疏中提议:① 为了国家的富强,迫切需要开化;② 各国人士所著《万国公法》《朝鲜策略》《普法战纪》《博物新编》《格物入门》《格致汇编》《易言》等书籍和韩国人金玉均的《箕和近事》、朴泳教的《地球图经》、安宗洙的《农政新编》、金景遂的《公报抄略》等书籍,有益于开化与实务;故③ 应在中央设一别院,搜集各种书籍放置其中;④ 另购置现今各国使用的水车、农器、织造机、火轮机(蒸汽机)、兵器等能够利用厚生的机械,放在院中;⑤ 各邑分别选拔一位学识名望突出的人才,送入该院学习两个月,结束后再选拔新的人才前来学习;⑥ 学到技术的人才通过考试量才使用;⑦ 能够发明或制造机器的人,准予专卖权以资鼓励;⑧ 著述或出版新书籍的人,给予著作权奖励。如此可以使得新的科学技术和实用的学问兴起,国家可以富强。

从池锡永的《时务疏》可以了解到,他早在 1882 年就已经形成了以科学技术革新为主要内容的先进开化思想。他提议振兴以蒸汽机

---

① 《高宗实录》,高宗十九年八月二十三日,《幼学池锡永疏略》。

为动力的纺织工业和兵工业,对发明给予特许专卖权、对新的著述给予出版权,说明他的开化思想是追求资本主义工业、科学、文化发展的。

<h1 style="text-align:center">五</h1>

池锡永的牛痘推广和流配生活

池锡永在上《时务疏》后依然在开化派的支持下全力进行牛痘的推广和天花治疗。1882年8月,池锡永在全罗道暗行御史朴泳教的邀请下前往全州设置牛痘局,从全罗道各地选拔人才,传授牛痘接种术,在全罗道一带开展天花预防工作。1883年,池锡永在公州设立牛痘局,为当地培养牛痘接种人才,在忠清道一带开展天花预防工作。

为了推动政府开化政策的立法工作,池锡永于1883年2月参加了文科科举,合格后先任成均馆典籍一职,后被任命为司宪府持平。至此,在开化派的积极支持下,他开展开化政策方案的条件似乎已经全部具备了。但因为1884年甲申政变的失败,他的支持者和同道中的激进开化派完全没落,稳健开化派也处于守势,池锡永实际上已经很难在政界开展活动。

在这种困境之中,池锡永依然写作了《牛痘新说》一书并于1885年4月出版。这是进入近代以来,韩国人完成的第一本西医著述。该书由金弘集、李道宰作序,给予了鼓励。此书虽为单册,却分为上下两卷。上卷根据中国文献中的翻译内容,收录了西方医学家对詹纳种痘法的说明,并对此进行消化后根据自己的经验做了整理。下卷以西方医学书籍中的理论与自己的经验为基础,介绍了小儿接种法、真痘与假痘、种痘时宜辩、种痘中禁忌、出痘后须知、小儿痘浆采取法、痘苗制造与储藏法、采痘痂收藏法、犊牛种痘、方药(附麻疹验方)等,还附录了种痘道具的图解。①

池锡永目睹开化派没落后国家日益衰落,于 1887 年 3 月 29 日提交了改革十条疏。其内容如下:②

(1) 贡价问题

贡价所需费用过多,造成极大浪费,建议取消不必要的贡价。

(2) 货币问题

当五钱的使用被胥吏垄断,因其发行量太少,无法全国通用,建议扩大发行量,使百姓们也能使用。

(3) 宫阙出入管制问题

现大阙门开放到凌晨,官员们随时进出宫阙。建议施行宫禁,严格遵守卯时出勤,酉时下班的制度。

(4) 成均馆问题

指出只向育英公院提供充分的财政支持,成均馆财政不足的问题,建议改正。

(5) 政令问题

政令紊乱,至有伪造空名帖盛行,且有随意授予官职的倾向。建议只推荐、任用贤能之人,整肃政令。

---

① 参见《池锡永全集》第 1 卷,pp. 7 - 82。
② 参见《高宗实录》,高宗二十四年三月二十九日,《掌令池锡永疏略》。

（6）兵丁问题

士兵们军纪松弛、私斗严重，甚至出入娼家酒馆，将校们奢侈成风，过多担任军事以外的官职。建议重树军纪，予以整肃。

（7）守令问题

守令每年一换，导致守令不了解地方百姓的情况，百姓还不知道守令的姓名就已轮换，致使衙役们居中弄权。建议保障守令有一定的任职时间，使之对地方负责，加以治理。

（8）负商问题

从前的负商（行脚商人）只为商业利益，现在的负商只为建立团伙，在地方上胡作非为，甚至到了目无官长的程度。羸弱之人见到负商只能缩头缩脑，旅客行人在他们面前双腿颤抖，如果放任不理，最终会难以控制，无法处理。建议制订特殊对策。

（9）盗贼警戒问题

以奢靡享乐为目的的盗贼白日公然行凶，拔刀相向。官长们需要负起责任，对盗贼予以警示、消灭。

（10）开栈（商业店铺的开业）问题

大致各国来的外国商人都不在首都开店，而是在开放港口开店，但我国允许外国（清国）商人在首尔开店，为此市井之中的申诉甚多。建议出台措施，禁止外国商人在首尔开店。

但是，这份上疏尚未到达国王面前，闵妃守旧派就以副司果徐行辅为急先锋，指责池锡永是激进开化派甲申政变的余党，"凶徒池锡永以教授种牛痘为名,诱引、聚集余党"①,把功绩歪曲为罪责,要求对池锡永予以惩戒。随后,司宪部和司谏院联手支持徐行辅的上疏,要求处罚池锡永。② 弘文馆也随之附议,要求审问并处罚池锡永。③

国王只得屈从,指示说池锡永的罪状已经多人上疏指出,并无审问之必要,以"远恶围篱安置"(流配到偏远险恶的岛屿上,禁止与外人往来)惩处。④ 随后,义禁府将池锡永流放到了全罗道康津县的薪智岛上。⑤ 守旧派不满足于对池锡永的"定配",再次联名要求对他进行审问和刑罚,国王没有应允。⑥

实际上池锡永募集具有开化思想的人传授牛痘接种技术,以当时的标准来看,应该是贡献而不是罪名。国王高宗对此也非常清楚,所以在四年后的 1891 年 2 月 9 日,指示释放流配中的池锡永。⑦ 但是守旧派提出抗议,承政院当日就要求取消释放池锡永的命令。⑧ 国王不为所动,批答说不必烦劳。随后弘文馆联名要求取消释放池锡永,国王不予接纳。⑨ 守旧派寸步不让,随后由赵钟集出面要求取消释放池锡永的命令,⑩国王没有采纳。接下来司宪部和司谏院联名要求取消对池锡永的释放令。国王对于不执行王的指示提出批评,认为"这是

---

① 《高宗实录》,高宗二十四年四月二十六日,《副思果徐行辅疏略》。
② 参见《高宗实录》,高宗二十四年四月二十八日,《两司联劄》。
③ 参见《高宗实录》,高宗二十四年四月二十八日,《玉堂联劄》。
④ 参见《高宗实录》,高宗二十四年四月三十日,《教曰》。
⑤ 参见《高宗实录》,高宗二十四年四月一日。
⑥ 参见《高宗实录》,高宗二十四年四月十八日,《两司郃啓》。
⑦ 参见《高宗实录》,高宗二十八年二月九日。
⑧ 参见《高宗实录》,高宗二十八年二月九日,《院议启》。
⑨ 参见《高宗实录》,高宗二十八年二月十一日,《玉堂联劄》。
⑩ 参见《高宗实录》,高宗二十八年二月十二日,《献纳赵钟集疏》。

经过深思熟虑后决定的,卿等不应如此固执"。[1] 因为守旧派延误对国王指令的执行,直到 1891 年 10 月池锡永也未能释放。以至于国王召见新任命的台谏,重新指示释放池锡永。[2] 经过此番曲折后,到 1892 年池锡永才最终得到释放。就这样,毫无罪过的池锡永,因为推广牛痘接种术的功劳,被迫度过了五年的流配生活。

但是在流配地,池锡永依然坚持着他的研究。池锡永在流配中完成了两部著述,一是 1888 年著述的名为《种麦说》的农书,一是 1891 年写的名为《新学新说》的医书。

《种麦说》是池锡永对内继承、发展了徐有矩的《林园经济志》,对外吸收、消化了传入日本的西方农学后,阐明合理、科学的麦类作物种植新方法的书籍,涉及治田、品种、择种、土宜、肥料、锄耘、培养、刈获等各个方面。池锡永在书中指出,从前韩国一直重视水稻种植,忽视大麦、小麦等麦类的种植,这只是囿于饮食习惯,并非气候、土质等不适宜。他在书中强调,重视麦作、科学种植是民富国强的要义之一。这本书用数字清晰地说明了麦类作物种植的经济性,其特征是强调增加肥料的投入以增加产量。书中说明,为了增加农业生产力,需要引入家畜饲养和畜牧业,以之增加肥料,并通过详细的计算展示了具体的方法。书中还写道,韩国人养鸡用散养法,这是一种不合理的方法,为了增加肥料,同时为鸡催肥,需要转变为圈养鸡法。[3]《种麦说》可以说是池锡永在流配地亲自认真观察农民们的生产状态后为农民们写作的。

---

① 参见《高宗实录》,高宗二十八年二月十四日,《两司联劄》及《批答》。
② 参见《高宗实录》,高宗二十八年十月十一日,《教曰》。
③ 参见《池锡永全集》第 1 卷,pp. 85 – 113。

《新学新说》因为没有刊行，所以此前并不为人所知。但此书其实是韩国人根据西方医学知识撰述的第一部卫生学和预防医学著作。池锡永在这本书中指出，韩国人平时不注意卫生和疾病预防，习惯于生病后去找医生，而最好的方法是以西方医学为基础，平时着力于卫生和疾病预防。这本书的著述目的，就在于用普通人都可以理解的方式介绍这些方法。该书分为总论、日光、温度、空气、地气和湿度、水、食物、运动、育儿等章，以亲切平易的语言说明了卫生和疾病预防的基本原理。这本书不仅是我国最早立足于西方医学的卫生学著作，而且为了能让不懂汉文的一般百姓和妇女也能读懂，特意使用了纯韩文著述，这也是本书的重要特征。《新学新说》使用纯韩文进行著述，是因为池锡永在流配时看到可怜的农民们深受疾病之苦，特意为了他们的疾病预防而写作的。

六

甲午改革时期池锡永的开化活动

池锡永1892年解配回京后，获得国王的许可，在首尔的教洞设立了牛痘保婴院，为首尔市内的儿童实行牛痘接种，在投身于天花的预防与治疗工作的过程中，迎来了甲午改革。

1894年6月成立的开化派政府——金弘集第一内阁于6月25日任命池锡永为邢曹参议。① 1894年7月5日，池锡永上疏建议广泛选

---

① 参见《高宗实录》，高宗三十一年七月十五日。

拨人才,并建议严惩专权横行、欺瞒君上,在东学农民起义发生后请求清军救援的奸臣闵泳骏以及借祈祷之名耗尽国家财物,却被闵妃封为真灵君的金昌烈之母(巫婆)。① 十天后,军国机务处也建议处罚闵泳骏、真灵君(金昌烈之母)、闵炯植,得到了国王的认可。②

池锡永此后转任副承旨、讨捕使、汉城府尹、大邱判官、晋州牧使等,1895年4月被任命为东莱府使。③ 此后,乙未改革的开化派政权于1895年5月26日改革地方行政制度,废除八道体制,改设23府331郡,时任东莱府使的池锡永于1895年5月29日升任东莱观察使(主任官二等)。④ 1896年1月起,兼任釜山港裁判所审判官。

池锡永参与甲午改革取得的重要成果是向俞吉濬等提议,于1895年10月7日制订、颁布了《种痘规则》。⑤ 该规定以第八号内务令的形式颁布,规定儿童出生70天后至一岁期间,应义务接种牛痘,成人男女中尚未种痘的,也应按序接种,未遵守此义务的,须缴纳罚金。根据《种痘规则》的规定,从此全部国民都必须义务性接种牛痘,天花得以有效防治。

随着《种痘规则》的实施,种痘医生严重紧缺,经池锡永向政府提议,1895年11月7日在首尔设立了政府内务部附属机构种痘医养成所。⑥ 在这里对考试录取的年满20岁的生徒实行为期一个月的教育,

---

① 参见《高宗实录》,高宗三十一年七月五日,《前刑曹参议池锡永疏略》。

② 参见《高宗实录》,高宗三十一年七月十五日,《军国机务处进议案》。

③ 参见《高宗实录》,高宗三十二年五月八日。

④ 参见《高宗实录》,高宗三十二年五月二十五日。

⑤ 参见《官报》,开国504年10月5日,《内部令第8号》;及《议奏》第35册,开国504年10月10日。

⑥ 参见《日省录》,高宗三十二年十一月七日,《敕令第180号》;及《议奏》第38册,开国504年11月7日。

作为种痘医生派往全国，为全体国民实行牛痘接种。

　　但是在 1896 年 2 月，受俄馆播迁事件的影响，甲午改革内阁垮台，亲俄守旧派掌权。被指为开化派的池锡永，在活动上受到了根本性的限制。亲俄守旧派政府解除了池锡永的实权官职，于 1897 年 10 月任命他为徒有空名的中枢院医官。1898 年 3 月，亲俄守旧派政府以与流亡日本的甲午改革政府内务大臣俞吉濬密通为由逮捕池锡永，[①]处以流配黄海道丰川郡椒岛十年的刑罚。[②] 这是池锡永第二次被流配。

七

医校校长时期池锡永的开化活动

　　亲俄守旧政府对池锡永等四人的流配在三个月后很快就结束了。这是因为池锡永所加入的独立协会在独立馆召开特别会议，反对政府与皇帝无视法律，使用专治权判定的流配刑罚。当时的新法律规定，所有有罪、无罪及量刑均须经公开审判后决定，但皇帝无视这一新法律，沿袭此前的习惯，根据皇帝的个人意志判定池锡永有罪和十年刑罚，[③]罪名又是非常模糊不清的"传播流言蜚语罪"。[④]

----

　　① 法部编，《起案》第 53 册，光武二年三月二十一日，《训令警务厅第 11 号》。

　　② 参见《高宗实录》，高宗三十五年三月二十日，《诏曰》。

　　③ 参见《尹致昊日记》，1898 年 3 月 24 日；及 "Here and There"，载 *The Independent*（《独立新闻》英文版），1898 年 3 月 31 日。

　　④ 法部编，《司法稟报》(2)第 4 册，光武二年三月二十五日，《报告书第 12 号》。

独立协会于 1898 年 3 月 26 日在独立馆召开特别会议,派遣大会委员向法部大臣递交了措辞强硬的抗议书。[①] 独立协会在抗议书中写道,所有大小罪犯,在司法官依据法律做出裁决之前,均不能加以刑罚,请解释池锡永是哪位审判官根据哪条法令做出的十年流配刑罚,如果是在没有法律条令和审判的情况下就定下了罪刑,那么独立协会将会斗争到底。[②] 而且,独立协会会员在 3 月 26 日还召开了讨论会,以"欲保国保民,应遵守一定的法律"为主题,对非法逮捕池锡永,并处以流配刑罚的皇帝和法部的粗暴进行了谴责。[③] 皇帝和法部为独立协会的强硬斗争所震惊,于 1898 年 6 月 29 日释放了池锡永等人。[④]

独立协会随后于 1898 年 7 月 15 日在首尔钟路召开万民共同会,要求创办实行西洋医学教育的学校。

> 我大韩也应熟习西洋医术,依仿施行,此乃卫生之急务先务,而至今不能开放学习,是反以此为幸乎? 议学校事,遂有至诚之敕令,施恩创办学校,并按时劝勉。至于救助人民之医术学校,却至今未有恩赐。不知何时才能免于愧对吾国百姓,何日才能用或显或微之医药妙方,救助我国之百姓? 大致穷困潦倒,极度贫寒之家,亦能求医问药,况国家乎? 所谓为臣者必有谏,为四民者必有呼,此古今相同之义。如今四民齐集,同发呼告,拜请广为辨别,告以或有或无,或缓或

---

① 参见《尹致昊日记》,1898 年 3 月 26 日。

② 参见郑乔,《大韩季年史》(国史编撰委员会版)上卷,p.186。

③ 参见《杂报》,《独立新闻》,1898 年 4 月 2 日。

④ 参见《起案》第 58 册,光武二年六月二十九日,《训令平北裁判所第 40 号》及《训令全南裁判所第 31 号》。

急,以应四民日夜仰望之心。①

对此,政府委派署理学部大臣高永喜首次为万民公会回信,回应说政府很早就知道创办医校的重要性,但现在是创办学校的初期,经费不足,尚有各类学校未能放入预算之中,医校也尚未得暇顾及,请稍待日后。②

此后,1898年11月7日池锡永致信新任学部大臣李道宰,力陈西洋医学的先进性,建议支持创办医校。他在信中展示抱负,表明如果医校得以创办,作为先觉者中的一员,他不会推辞教育后进的责任。学部大臣李道宰在11月9日的回信中表示,来信拜读,将放入光武三年(1899年)的预算之中,承诺在第二年春天创办医校。③

1899年3月,政府学部直属的医校得以创办,池锡永被任命为首任校长,④此后在任八年。

池锡永担任医校校长期间,不仅培养了众多学生,还为韩国医学和国民健康的发展做了很多工作。比如,1900年中国东北地区爆发鼠疫,为防止鼠疫传播到韩国,池锡永开展了鼠疫预防运动。1902年,池锡永在《皇城新闻》上发表《杨梅疮论》⑤和《劝种牛痘说》⑥,开展了预

---

① 《杂报:士民来信》,《独立新闻》,1898年7月18日。

② 参见《杂报:学部回答》,《独立新闻》,1898年7月25日。

③ 参见池锡永,《上学部大臣书》,《池锡永上疏》,pp. 53-59;奇昌德,《池锡永先生的生涯》,《松村池锡永》,pp. 40-41。

④ 参见《官报》,1898年3月28日。

⑤ 参见《杨梅疮论》,《皇城新闻》,1902年11月17日;以及《池锡永全集》第1卷,p. 237。

⑥ 参见《劝种牛痘说》,《皇城新闻》,1903年3月24日;以及《松村池锡永》,pp. 307-308。

防、治疗性病和天花的启蒙运动。1905年3月,向政府提议制订预防瘟疫和杨梅疮法规,1905年7月,发起了普及西方医学知识和预防传染病的国民运动。

1907年,在西方传教士新创办赛博兰斯(Severance)医院,归还了自1894年以来受韩国政府委托代为经营的济众院之后,大韩帝国政府整合了此前归内府直属的官立医院和归还后的济众院,成立了大韩医院。医校也随之并入,成为大韩医院医育部。因此,池锡永于1907年5月15日被任命为大韩医院教官,随后5月31日被任命为学监。①

在担任医校校长期间,池锡永因教育和普及天花治疗法方面的功绩,于1902年12月20日被皇帝授予勋五等,赐八卦勋章。

八

池锡永的国文研究

从独立协会时期开始,池锡永不仅投身于国民保健事业,还对国文进行了正式的研究。1898年,池锡永用韩文在《大朝鲜独立协会会报》上发表了《国文论》。② 他在文中猛烈批评了前人极度轻视国文,称之为"雌文"的倾向。并指出训民正音创制时,为了表示音的高低,在上声旁加一点,在去声旁加两点,这一标记在今天的丧失是一种退步,他提议根据国文创制时的传统,区分音的高低,在高音字右侧加○,以

---

① 参见《高宗实录》,高宗三十九年十二月二十日,《诏曰》。
② 《大朝鲜独立协会会报》第1号,1896年11月30日。

标记上声和去声。①

池锡永在 1905 年 7 月 8 日提交了要求对国文进行修订的《新订国文请议疏》。② 他在上疏中写道,世宗大王创制的国文,其义简单,其用无穷,没有不能标记之音,且极为易于学习,堪称宝文。但学者对此不做研究,依托于民间,导致没有定式,混乱、讹误严重,现在使用中的国文 14 行 154 字中,叠音 36 字,失音 36 字,失去了高低的定式,建议新订国文,以求国家的自主与富强。③

因此,皇帝和政府接受了池锡永的提案,1905 年 7 月 19 日公布了《新订国文》。④《新订国文》虽然在形式上由大韩帝国政府颁布,但实际上是池锡永的作品。《新订国文》由六辨组成。① 五音象形辨,以"ㄱㅋㆁㄴㄷㅁㅂㅍㅅㅈㅊㅿㅇㆆㅎ"为例,指明国文中子音的制字原理是发音器官之象形;② 初中终三声辨,规定初声中声通用八字为"ㄱㄴㄷㄹㅁㅂㅅㅇ",初声独用六字为"ㅈㅊㅋㅌㅍㅎ",中声独用十一字为"ㅏㅑㅓㅕㅗㅛㅜㅠㅡ 〓ㅣ",废除初声中的ㅿㆁㆆ三字,中声中废除"·(아래아)",代之以池锡永新制的〓,终声(收音)中只使用八个字,其余"ㅈㅊㅋㅌㅍㅎ"不再使用。③ 国文合字辨,将字形定为"강"式的合字形,不分开书写。④ 高低辨上声、去声、曳声使用"右加一点"的方式标记,平声、入声无点。⑤ 叠音删正辨,是因"·(아래아)"废除后"ㄱ ㄴ ㄷ ㄹ……ㅎ"等 14 字是"가나다라…. 하"之叠音,予以删除。⑥ 重声厘正辨,重声"ㄲㄸㅃㅆㅉ"本来以

---

① 参见《池锡永全集》第 1 卷,pp. 241 - 243。

② 参见《高宗实录》,高宗四十二年七月八日,《医学校长池锡永疏略》。

③ 参见《池锡永全集》第 1 卷,pp. 245 - 246。

④ 参见《高宗实录》,高宗四十二年七月十九日,《议政府参政大臣沈相勋、学部大臣闵泳喆奏》。

"까따빠싸짜"行世，最近使用"까 짜 싸 짜"，为了便利，采用现法，但作为"以"字之韩文的"삐"的重声，废除入旁边ㅂ的并用，改为"쎄"。①

根据池锡永的意见制订的《新订国文》颁布后，给当时学界带来重大的冲击，赞成和反对同时出现。但是，除了池锡永新制的"＝"外，在全国范围内，国文依据这些定式，被广泛地使用开来。除"＝"外，池锡永国文法的影响是极大的。

为了以《新订国文》为中心，进行国文研究，池锡永在 1907 年 1 月 12 日，与同道一起发起创办了国文研究会。随后，在 1907 年 2 月 1 日，国文研究会在首尔薰洞，他任校长的医校里宣告成立，其成员如下：②

会长：尹孝定

总务：池锡永

研究员：周时经　朴殷植　李能和　柳一宣　李钟一
田龙圭　郑云复　沈宜性　梁起铎　刘秉珌

编纂员：池锡永　刘秉珌　周时经

书　记：田龙圭

1907 年 5 月，池锡永还在《大韩自强会月报》第 11 号（1907 年 5 月发行）和 13 号（1907 年 7 月发行）上发表了题为《大韩国文说》的论文。③ 他从理论上对政府根据他的提议颁布的《新订国文》进行了解

---

① 参见《池锡永全集》第 1 卷，pp. 247－249。
② 参见《杂报：国文研究会组建》，《皇城新闻》，1907 年 2 月 6 日。
③ 参见《大韩自强会学报》第 11 号（1907.5）及第 13 号（1907.7）。

释，说明了废除现在不再使用的子音，以及母音中"·"字的正当性，以及自己为了标记"ㅣㅡ"的合音而新制"ᆖ"的合理性，并建议将母音的排列定为"ㅏㅑㅓㅕㅗㅛㅜㅠㅡᆖㅣ"。①

政府为了研究池锡永在《新订国文》中提出的问题和其他与国文有关的问题，1907 年 7 月 8 日在学部属下开设了国文研究所。池锡永从 1908 年 1 月起被任命为会员，并于 1909 年针对国文研究所的十制提出了他的意见，即《国文研究案》。池锡永在《国文研究案》中仅对他新制"ᆖ"字进行了解释，但未做主张，实际上放弃了"ᆖ"字的使用。对于其他问题，他提出的研究意见基本是维护《新订国文》之规定的。②

池锡永在 1909 年出版了国文研究著作《言文》。在这本书里，根据他长期以来提议对上声、去声、长音做"右加一点"处理的方式，将韩国常用的一万九千多个单词中的高音使用"右加一点"标记，长音使用"右加一点"标记。上编中将汉字和国文对照，阐明其成为国文的原因，下编中对汉字的字义用国文进行了解释。这本书的一个重要特征是使用国文著述，横排书写。③

在进行这些国文研究和国文运动的同时，池锡永把大量的精力用于研究使用国文标记汉字字义和释音的方法。这项研究工作的初期成果是《训蒙字略》，这本书参考崔世珍的《训蒙字会》，根据当时的国语情况，独立地对汉字的国语释音和字义的国文标记方法进行了研究和整理。池锡永的《训蒙字略》因为没有刊行，属于此前未能为世人所知的珍稀本。④

---

① 参见《池锡永全集》第 1 卷，pp. 251 - 259。
② 参见《池锡永全集》第 1 卷，pp. 261 - 285。
③ 参见《池锡永全集》第 1 卷，p. 215 起。
④ 参见《池锡永全集》第 3 卷，pp. 5 - 186。

池锡永在这些研究基础上，于 1906 年写作了《字典释要》，1909 年刊行。这是池锡永有感于韩国训蒙字书中收录的字数过少，对韩国使用的一万九千两百九十八个汉字用国语国文标明字义，用国语标明发音的一本字典。这本书出版后立刻引发爆炸式的需求，不断重版增版，到今天依然以《玉篇》《汉韩字典》等名称为韩国人使用。在近代韩国，使用国语的《玉篇》或《汉韩字典》是以池锡永的《字典释要》为先河的。这本书中的国文标记法根据的是池锡永《新订国文》的定式，对汉字国语发音中的高音和长音进行了"右加一点"式的标记。①

此外，池锡永还编纂了符合韩国使用惯例的汉文例文集《尺牍要览》②，根据中国的《惜字》类书籍，摘录编纂了《惜字如意宝录》，并出版发行。③

九
结　语

如上所述，池锡永在 19 世纪后半期的开化与国家医疗以及国文的发展方面取得了重要的功绩，为国家和社会做出了重大贡献。因此，大韩帝国皇帝和政府于 1907 年 6 月 16 日授予了池锡永国家最高级别勋章中的太极勋章④。

---

① 参见《池锡永全集》第 2 卷，pp. 3 - 508。
② 参见《池锡永全集》第 3 卷，pp. 189 - 297。
③ 参见《池锡永全集》第 3 卷，pp. 301 - 637。
④ 参见《纯宗实录》，纯宗一年 6 月 16 日。

池锡永在 1910 年 8 月,国家被日本强制变为殖民地之后,无法忍受亡国的悲痛,辞去了大韩医院学监的职务。日本帝国主义屡屡邀请池锡永继续担任这一职务,都被他坚决地拒绝了。此后池锡永用读书来安慰亡国的悲哀,于 1935 年 2 月与世长辞。

池锡永的这些功业展现出他的开化思想具有三个突出的特征:以百姓日常生活为中心的利用厚生思想、实用主义、科学主义。

池锡永对国政的改革与开化全部抱有巨大的关心并在实践中努力,其中尤为关注并为之奔走的,是以推行种痘法为代表的西方医学的输入和普及,以及国语国文的科学研究和普及。

池锡永的国语国文研究虽然没有引来压制,但他在推行种痘法引入西方医学的时候,受到了守旧派的严厉压迫。池锡永克服了重重艰辛在 1880 年建立的种痘接种所和种痘场在 1882 年的壬午军乱中被混入乱民中的巫师和守旧派付之一炬。池锡永重建的种痘接种所和种痘场在早期开化派发动的甲申政变之后又成为弹压的对象,甚至在 1887 年被以"池锡永在培训牛痘接种技术的名目下诱引聚集盗党"的罪名发配到全罗道康津县薪智岛围篱安置。普及牛痘的重大功绩不但没有得到勋章,反而成为罪名,遭遇了长达五年的流配。

但是,池锡永没有一丝屈服,他坚信引入和推广西方医学,治疗全国肆虐的天花,是从疾病中挽救百姓尤其是儿童的生命,有利于国家发展的正道,并为之奋斗努力。池锡永的《牛痘新说》(1885)、《新学新说》(1891)等医学著作和《杨梅疮论》(1902)、《劝种牛痘说》(1903)等医学论文就是在这种信念之下写作的。

池锡永在 1892 年从流配地被释放回来之后,创办了私立的牛痘接种所——牛痘保婴堂,为首尔市内的儿童接种牛痘,致力于保护和预防儿童免受天花危害。

1894 年在开化派掌权，实行甲午改革之后，池锡永积极参与改革。他弹劾了引入清军的守旧派首领闵泳骏，处置了迷惑闵妃在后宫中大搞迷信和巫术，挥霍国家财产的大巫师真灵君。而且，他促使开化派政府在 1895 年 5 月制订并颁布了《种痘规则》，使得全国所有的婴儿必须在出生后 70 天到 1 岁前接种牛痘，未接种牛痘的成人男女也要按顺序义务性接种牛痘，违反者须缴纳罚金。随着《种痘规则》的实施，种痘医出现严重缺乏，池锡永就在 1895 年 1 月创办种痘养成所，自己身先士卒，培训种痘医生。

19 世纪末期，韩国大量的儿童能够在天花中保住生命，大量的韩国人能够免于成为麻脸，天花预防和治疗能够取得巨大的成功，和池锡永的巨大贡献是分不开的。

池锡永在担任 1899 年 3 月成立的医校校长期间，以及此后担任大韩医院学监期间，致力于积极输入科学的西方医学，培养韩国的年轻医生，推动韩国医疗体系的制度化，并预防和控制了当时肆虐的各种传染疾病。

此外，池锡永在青年时期就开始的国文研究方面也取得了很大的成果。现存的著作就有《字典释要》(1906、1909)、《言文》(1909)、《国文研究案》(1909)、《训蒙字略》、《尺牍要览》、《惜字如意宝录》(1912)等，研究论文有《国文论》(1896)、《新订国文》(1905)、《大韩国文说》(1907)等。

尤其值得注意的是，池锡永 1905 年 7 月向政府建议制定并统一国文文法，政府随后在 1905 年 7 月 19 日颁布了《新订国文》。旧韩末期大韩帝国政府制订的《新订国文》的国文法则，实际上是"池锡永国文法"。

池锡永是根据让百姓更容易学习，更容易使用的原则，对国文法

则进行修订的。池锡永《新订国文》的主要内容：① 废除子音中的△ㅇㅎ三字，母声中的"·(아래아)"，将训民正音创立时的 28 字缩减为 24 字；② 收音中只使用"ㄱㄴㄷㄹㅁㅂㅅㅇ"八字；③ 紧音中的"ㅼㅺㅽㅆㅾ"标记为"ㄲㄸㅃㅆㅉ"等。

这一作为"池锡永国文法则"的《新订国文》体系在 1905 年到日本殖民地时代的 1930 年代初为止，成为当时使用的标准国文法则。虽然此后朝鲜语学会在 1933 年制订发布了《韩文拼写法统一案》，采用了"周时经国文法则"，但池锡永发展采用的《新订国文》的长处，在周时经体系和朝鲜语文会语言体系中得到了保留，一直沿用至今。

池锡永的这些贡献将作为不朽的功业留存于韩国开化史、韩国医学史、韩国近代文化史、韩国近代史之中。

池锡永

第五章　徐载弼的独立协会运动与思想

独立协会时期的徐载弼

一

徐载弼的第一次流亡与归国

徐载弼(1864—1951)是一位在韩国近代史和开化运动史上留下伟大功绩的杰出领导人。

徐载弼在1882年(18周岁)文科及第后,成为以金玉均为首的开化党(激进开化派)的一员。开化党领袖金玉均等为建立近代军事国防体系,派徐载弼等14名青年前往日本户山陆军学校留学,为期一年零两个月(1883年5月—1884年7月)。这些士官生回国后,开化党计划以徐载弼为士官长(士官学校校长),创办陆军士官学校,并一度得到了国王高宗的许可,但终因守旧派的顽强反对而落空。

1884年12月4日,以金玉均为领袖的开化党人发动"甲申政变",执政后新政府任命徐载弼为兵曹参判兼正领官。政变在"三日天下"后失败,徐载弼与金玉均、朴泳孝、徐光范、边燧,以及四位士官生一起流亡日本。

日本朝野上下对朝鲜流亡者极为冷淡,金玉均被送往偏远海岛休养,其他开化党人也备受冷遇。朴泳孝、徐光范、徐载弼、边燧等人于

1885 年 4 月重新流亡到美国旧金山。初到美国生活极度艰辛,朴泳孝难以忍受重新回到日本,徐光范、徐载弼、边燧三人分散各处,寻求生活自立。徐载弼靠给家具商会发送广告维持生计。在教会学习英语时,徐载弼遇到一位名为约翰·威尔士·霍伦贝克(John Welles Hoollenback)的慈善家,并在他的资助下于 1886 年 9 月进入费城(Philadelphia)的哈利希尔曼高中(Harry Hillman Academy)——这所学校由霍伦贝克创办并担任董事——学习并于 1888 年毕业。入学时,徐载弼使用了"Philip Jaisohn"这一西式姓名。

高中毕业后,徐载弼进入附近伊斯顿(Easton)市的拉法耶特(Lafayette)学院学习。资助者霍伦贝克希望徐载弼在大学毕业后作为传教士前往朝鲜开展活动,并以此作为资助其大学学费的条件。但是,作为甲申政变失败后来到美国的流亡者,徐载弼完全无法预料自己的回国时间,故而无法接受这一条件。他看到位于华盛顿的陆军医学图书馆在招募东亚书籍管理员,便前去应聘,此后白天在这里上班,晚上在哥伦比亚大学(乔治·华盛顿大学的前身)附属科克兰工学院(Corcoran School)①读书。

1889 年,徐载弼(25 周岁)进入哥伦比亚医学院(Columbian Medical College,现乔治·华盛顿大学医学院)就读正式课程,1892 年以第二名的优秀成绩毕业。② 在医学院读书期间,徐载弼于 1890 年获得了美国国籍,1894 年与乔治·阿姆斯特朗(美国铁路邮局的创始人)的女儿穆里尔·阿姆斯特朗(Muriel Amstrong)结婚。此时,徐载弼认

① 一所夜间工科学院。当时的哥伦比亚大学并非如今位于纽约的哥伦比亚大学,前者也就是现在的乔治·华盛顿大学位于华盛顿市哥伦比亚特区。——编注
② 参见《尹致昊日记》(国史编纂委员会版),1893 年 8 月 14 日。

为自己永远不能再回到祖国了,决定在美国定居。

医学院毕业后,徐载弼成为母校的病理学(细菌学)助理教授,但是,当时种族主义极为严重,学生们无法接受有色人种教授,拒绝听课。徐载弼不得不放弃教职,在华盛顿特区开了一间诊所。但因为当地人刻意回避有色人种,只有贫穷的黑人病患前来就诊,医院的财政状况十分窘迫。

此时,韩国国内稳健开化派于 1894 年 7 月执政,开始了"甲午改革"。1894 年 12 月金弘集第二内阁成立,甲申政变的主要领导者朴泳孝和徐光范成为内阁阁僚。1895 年 3 月 1 日,政府颁布了对金玉均、徐载弼及徐载弼的弟弟徐载昌等开化派所有主要成员的赦免令,允许他们回归政界。[①]

1895 年 6 月,甲午改革的朴定阳内阁成立后,开化派准备邀请在华盛顿特区开诊所的徐载弼回国。为发挥他的知识和才能,开化派决定先任命徐载弼为外(务)部协办。[②] 徐载弼在收到驻美朝鲜公使馆的联系后,起初婉拒了任命。一个月后的《外部请议书》中有记录说与徐载弼联系后,因本人无归国意愿,提交辞呈申请,已予以免职。[③] 此后又过了五个月左右,朴泳孝被罢免,再次亡命日本。大概在 1895 年 10 月,他前往美国见到徐载弼,向他讲述了本国的情形,劝说他回国并进入内阁。此时,徐载弼开始决定回国。[④] 当然,此前他与本国的开化派

---

① 参见议政府编,《奏本》第 4 册,开国 504 年 3 月 1 日,《奏本第 141 号》和《复官爵秩》。

② 参见内阁编录课编,《外部请议书》第 1 册,开国 504 年 5 月 10 日,《请议第 2 号》。

③ 参见《请议书》第 1 册,开国 504 年闰 5 月 17 日,《请议第 7 号》。

④ 参见金道泰编,《徐载弼博士自叙传》,首善社,1948,pp. 167 - 168。

政府已经有了协议。因为徐载弼决定回国后,本国的开化派政府为了给徐载弼回国提供便利,于 1895 年 11 月 9 日任命其为驻美朝鲜公使馆三等参事官。①

徐载弼和夫人一行在 1895 年 11 月 10 日从华盛顿特区出发,②经过济物浦到达首尔是 1895 年 12 月 26 日。③

为了躲避守旧派的迫害,徐载弼最初住在培才学堂校长 H. G. 阿本塞尔(H. G. Appenzeller)家中,着手了解国内形势的变化和政界的情况。④

二

《独立新闻》创刊

徐载弼回国后,甲午改革开化派对其大为欢迎,期待在推行开化政策和加强开化派力量方面得到莫大帮助。内(务)部大臣俞吉濬对徐载弼的知识和能力尤为赞赏,组织了徐载弼演讲会等欢迎他的回国,并期待徐载弼加入开化派政府。

但是,徐载弼在对国内政治形势进行了几天观察后,想法发生了

---

① 参见外部编,《外部内阁来去文》第 2 册,开国 504 年 11 月 9 日,《照会》和《任官请议书》。

② 参见《驻韩美国公使馆报告》,No. 101,1898 年 4 月 27 日,"Dismissal of Dr. Jaisohn, an American Adviser to the Korean Government".

③ 参见《尹致昊日记》,1895 年 12 月 26 日。

④ 参见 Phillip Jaisohn, *My Days in Korea and Other Essays*, ed. Sun-pyo Hong, Yonsei University Press, 1999, pp. 157 – 160;《徐载弼博士自叙传》,p. 212。

转变。他判断,甲午改革的开化派政府没有得到民众的支持,而且二者之间的背离过大,政府是无法长时间支撑的。而十多年前他直接参与的甲申政变,主要失败原因就是缺乏民众的支持。十几年后的今天,甲午改革开化派政府的成败也基本取决于民众能否给予支持。

徐载弼于是认为,与其作为缺乏民众支持的政府阁僚入阁,不如以外国人(美国国籍)的身份安全地留在权力之外,从事教育、启蒙民众的工作,消除同仁们建立的开化派政府与民众之间的距离。因为当时开化派政府已经创办了各级学校,所以徐载弼希望从事报纸的创办和发行工作。①

甲午改革开化派政府的阁僚中,俞吉濬早在 1883 年就曾与朴泳孝准备过《汉城旬报》的创办工作,到 1894—1895 年甲午改革时,迫于日本人的压力,报纸未能创办。所以对于徐载弼办报的提议,俞吉濬和开化派同志们都表示积极赞同并给予了支持。② 徐载弼写道:"一回到祖国,我就感觉到创办一份用民众能够阅读的语言(文字)印刷的报纸的必要性。当时在政府官职上的朋友们向我表达了同样的想法(The same idea was suggested to me by some of the friends of progress then in official position.)。"③

金弘集第三内阁的内务大臣俞吉濬为了支持徐载弼的办报事业,从政府预算中划拨了报社创办经费 3 000 元和徐载弼的安家费、房屋租赁费 1 400 元,共计 4 400 元。④ 此外,金弘集内阁考虑到徐载弼在

---

① 参见《尹致昊日记》,1896 年 1 月 28 日;《徐载弼博士自叙传》,p. 206。

② 参见 Phillip Jaisohn, *My Days in Korea and Other Essays*, pp. 26 - 28。

③ *The Independent*, 1898 年 5 月 17 日,"A Parting Word."

④ 参见外部编,《度支部来去文》第 15 册,光武二年四月二十八日,《照会第 24 号》;4 月 29 日,《照覆第 15 号》。

负责报社期间的身份和生活问题,给了他一个"中枢院顾问"的职衔,为期十年,月俸 300 元。[1] 当时中枢院是一个清闲机构,聘请徐载弼为该机构的顾问,是为了支持徐载弼的报社事业。

徐载弼在 1896 年 1 月正式开始报社筹备工作。他从日本大阪购买了印刷机和活字,还租下了位于贞洞的一栋政府产下建筑作为场地。报纸用国文(韩文)发行,共 4 版,其中最后一版为英文版面。因为资料不足,目前尚不清楚当时报纸的名字是否已经确定为"独立新闻"。

但是,日本方面极力阻挠徐载弼和开化派的办报计划。日本方面一边发行旅韩日本人报纸《汉城新报》,同时一直希望让该报成为唯一一份向世界介绍韩国政治动态的报纸,以致力于日本朝鲜侵略政策的正当化。对他们来说,一份代表朝鲜立场的报纸是一种竞争和威胁。驻韩日本公使小村寿太郎亲自出面向俞吉濬发出威胁,[2]甚至直接对徐载弼提出了"暗杀"的威胁。徐载弼在 1896 年 1 月 31 日对尹致昊这样说道:

> 日本人对此(指创办报纸——引用者)不会善罢甘休。
> 他们说,在韩国还没有发展到可以同时拥有两家报纸之前,
> 只要他们的《汉城新报》存在,对创办任何一家与其竞争的报
> 纸都会采取断然的封锁措施。他们强烈地暗示,对于任何在
> 行动上反对日本意志的人,都将予以暗杀。他们像憎恨毒药
> 一样憎恨我。这是因为,最近我向韩国商人发表演讲,告诉

---

[1] 参见《尹致昊日记》,1897 年 8 月 8 日。
[2] 参见《尹致昊日记》,1896 年 2 月 2 日、2 月 4 日。

他们石油不需要经过日本的中转,直接从美国进口价格更低廉,也更符合消费者的利益。在这里,我是孤独的。美国政府不会支持我。韩国政府和人民也不能保护我躲避日本的暗杀,甚至并无此意愿。我得不到保护,孤身一人。我无法做任何事情。①

时值日本公使馆与浪人闯入朝鲜王宫,杀害朝鲜王后——闵妃不久,可以想象,日本公使小村以暗杀直接威胁徐载弼会带来多大的威慑力。从这段文字中可以读出,素来大胆的徐载弼也感到了恐惧。日本公使小村威胁俞吉濬停止创办报纸,两人发生激烈的争辩。② 无法确知两人是否最终达成了协议,但在两天后的 1896 年 2 月 2 日,尹致昊造访俞吉濬询问报纸创办事宜时,俞吉濬表达了与日本《汉城新报》共同经营的意思。毫无疑问,这是在日本胁迫下达成的部分妥协。③ 虽然俞吉濬对日本方面的要求已做出非常有弹性的应对,但日本方面依然准备以曾资助过《独立新闻》创办为由除掉俞吉濬,将其作为替罪羊,继续极力反对创办《独立新闻》。④ 日本公使甚至开始运作,意图驱逐徐载弼。⑤

在这种情况下,1896 年 2 月 11 日发生了"俄馆播迁"事件。甲午改革的稳健开化派政府垮台,以金炳始为领议政、朴定阳为署理的亲俄新政府在俄罗斯公使馆内组阁。日本对于朝鲜政府的干涉和影响

---

① 《尹致昊日记》,1896 年 1 月 31 日。

② 参见《尹致昊日记》,1896 年 1 月 31 日。

③ 参见《尹致昊日记》,1896 年 2 月 2 日。

④ 参见《尹致昊日记》,1896 年 2 月 4 日。

⑤ 参见《尹致昊日记》,1896 年 2 月 9 日。

力开始消退，俄罗斯的干涉和影响力突然增加。

俄馆播迁发生后，徐载弼摆脱了日本势力对创办《独立新闻》的反对和妨碍。"俄馆播迁"的发动者虽然是李范晋、李允用、李完用等亲俄派，但与其合作的贞洞俱乐部人士中有支持徐载弼的闵泳焕、尹致昊、李商在、李采渊等，建阳协会的朴定阳、安駉寿、韩圭卨、金嘉镇、金宗汉等部分人士也加入了新政府支持徐载弼。

徐载弼非常明智地保存了俞吉濬支持报社创办的"预算支出承认书"。[①] 新政府尤其是领导人朴正阳积极支持报社的创办，早期进入新政府的朴正阳等开化派承认了俞吉濬所写"承认书"的效力，从政府预算中支付了独立新闻报社创办费用 3 000 元和徐载弼安家费 1 400 元。[②] 而且，新政府按照金弘集政府时期的决议，无偿租借了贞洞的政府建筑供独立新闻报社使用。[③] 新政府的农商工部给予《独立新闻》邮费特惠，使其远低于其他印刷品。[④] 为此，1896 年 3 月 13 日徐载弼还被任命为负责报刊、通讯的农工商部"临时顾问"。[⑤]

独立新闻社的员工有社长兼主笔徐载弼、国文版助笔（初为会计兼校补员，后为总务兼校补员）周时经、孙承镛等两位市井出入记者，并雇用了印刷工人。国文版的论说（社论）部分和报纸英文版 The

---

① 参见《徐载弼博士自叙传》，p. 212。

② 参见《外部内阁来去文》，光武二年三月二十四日，《照会第 3 号》；三月二十五日，《照会第 4 号》。

③ 参见《旧韩国外交文书》（高丽大学亚洲问题研究所）第 11 卷，《美案》，书番号 2028，光武三年七月十八日。

④ 参见外部编，《农商工部来去文》第 6 册，光武二年六月三日，《照覆第 8 号》；六月二十三日，《照覆第 9 号》。

⑤ 参见农商工部编，《农商工部去牒存案》第 1 册，建阳元年三月十一日、三月十三日，《请议第 14 号中枢院顾问官徐载弼充任本部临时顾问》。

Independent 的编辑由徐载弼负责。国文版的编辑和校对由周时经负责,周时经在独立新闻社中的地位仅次于徐载弼。报社月薪标准为主笔(徐载弼)150 元,国文助笔(周时经)50 元,记者 15 元等。①

徐载弼与俞吉濬原本计划 1896 年 3 月 1 日发行《独立新闻》的创刊号,②但是发生了"俄馆播迁"事件,更重要的是从日本大阪预定的印刷机器推迟了一个月到货。1896 年 4 月 7 日,历史性的《独立新闻》创刊号终于发行问世。

《独立新闻》创刊发行后,不仅给政府和外国人,也给国民、民众带来了巨大的冲击。因为这份报纸完全不用汉字,使用纯韩文刊行,并附英文版。《独立新闻》发行后,获得了民众的热烈欢迎,开始迅速发展。

但是,日本将其视为敌手并进行攻击,驻韩日本公使向本国报告道:

> 新政府不别理非,于己无利者一概芟除,并想免除唯一之报纸——作为日本人机关之眼目的该新报(指《汉城新报》——引用者)对政府之监视。作为反抗之手段,新政府现正在发展一份名为《独立新闻》的报纸,给予各种可能之便利,使之与新报竞争。但他们所希望的是最终使该新报无立足之地。③

---

① 参见《驻韩日本公使馆记录》(机密本省往信),1898 年 1 月 15 日,《機密第 3 號,獨立新聞買受ノ件》;《徐载弼博士自叙传》,p. 214。

② 参见《尹致昊日记》,1896 年 1 月 28 日。

③ 参见《驻韩日本公使馆记录》(机密本省往信),1896 年(明治二十九年)5 月 30 日,《機密第 38 號,漢城新報ノ輔助金增額ニ關スル件》。

《独立新闻》创刊号的社论中，徐载弼对报纸的宗旨和方向宣言如下：

> 我们今天出版第一份《独立新闻》，特向朝鲜境内的内外国民阐述我们的主义：
>
> 我们首先不偏颇闭塞，与任何党派无关，不因上下贵贱不同而区别对待，只知道大家都是朝鲜人，都是为了朝鲜。我们公平地对人民说话。我们不仅为了首尔人民，也是为了朝鲜全国人民，不论何时，都希望能够为民代言。
>
> 将政府所做的事情传达给百姓，把百姓的情况转告政府。如果百姓对于政府的事情能够详细了解，政府对于百姓正确的事情详细知晓，那么彼此之间就只剩下有益之事，而没有不忿之意和起疑之心了。……
>
> 我们的报纸不用汉文而只用国文，是为了让上下贵贱都能阅览。对国文采取这种中间断句的方式写作，总是为了让报纸看起来方便，能更仔细地读到报纸的内容。……试比较汉文和朝鲜国文，就会发现朝鲜国文有许多优点。首先是它是一种易学的好文字；其次这文字是朝鲜的文字，朝鲜人民百事都用国文代替汉文书写，就能使上下贵贱都容易理解。……
>
> 故而政府下达的命令和国家文件只用汉文，不懂汉文的人民就只能听别人解释才知道到底是什么命令，这些无法自己看懂文字的人，都无辜地成了白痴一样。不懂汉文，那个人也并不就是无知之徒，如果能够熟识国文，通达事理，有其他的学问，一样可以成为比只懂得汉文，没有学问，不通事理

的人更有知识、更高贵的人。

朝鲜的妇女如果能够熟识国文,学习各种事理和学问,见识高超、行止正直的话,不论其贫富贵贱,都会成为比只懂得汉文,其他什么都不知道的贵族男子更为高贵的人。

我们的报纸希望不分贫富贵贱,读报后都能得知外国的事理和内地的情形,相信男女老少上下贵贱一日读报、数月读报后,定会获得新感知和新学问。[1]

新创刊的《独立新闻》① 对国民的开明进步做出重大贡献;② 促进了国民独立思想的形成和发展,支持国民反对列强侵吞权利,巩固了国家的独立自主;③ 在普及国民主权和民主思想方面居功甚伟。而且,《独立新闻》还④ 推行国文(韩文)专用,国文隔写、国文简易书写等,对于国文的发展做出巨大贡献;⑤ 揭露政府的腐败,披露贪官污吏;⑥ 成为独立协会的机关报;⑦ 对于万民公会的形成起到了基础作用。此外,⑧ 作为韩国历史上最早的民间报纸,鼓舞了其他民间报刊的创办、活跃;⑨ 向韩国国民传达世界大事,使韩国人的视野拓展到世界范围;⑩ 通过英文版把韩国人的思想和主张告诉世界。

---

[1] 《独立新闻》,1896 年 4 月 7 日创刊号,《社论》。

三

创建独立协会

《独立新闻》创办后不久，徐载弼就向国内的开化派同志建议创建独立协会。他提议在当时已拆除的迎恩门故地建造独立门，以此为契机建立独立协会，最终谋求朝鲜政治、社会的大改革。

朴殷植对独立协会的创建写道："先是徐载弼自米州还国，欲筑我独立之基，倡建独立门、独立馆，发行《独立新闻》，纯用国文，募集人士组织独立协会。种种施设，实现吾国社会之曙光。"[1]认为独立协会是由徐载弼创建的。

但是，徐载弼对独立协会的创建仅是提议，赞同其提议并实际创建独立协会的，是此前国内的建阳协会、贞洞俱乐部、稳健改革派官僚等各方势力。他们在 1896 年 7 月 2 日借用外务部场地创办了独立协会(The Independence Club)，制订并颁布了会章(《独立协会会则》)。通过会章可知，独立协会的目标是建立独立门和独立公园(包括独立馆)，人员构成上设会长一名、委员长一名、委员二十名、干事二十名、书记若干名、会计长一名。会员只限交纳独立门建设金的人士加入，人数不设限制。会议分为通常会和特别会，通常会每周六(后改为周日)下午两点召开，特别会由书记向会员个别通知。一切事项在会上提出，根据少数服从多数的原则表决决定。[2] 根据会章，在创始总会上

---

[1] 朴殷植，《韩国独立运动之血史》，《朴殷植全书》上卷，p. 456。

[2] 参见《大朝鲜独立协会会报》第 1 号，1896 年 11 月 30 日，《独立协会规则》。

选出了如下人员。①

> 会长：安駉寿
>
> 委员长：李完用
>
> 委员：金嘉镇、金宗汉、闵商镐、李采渊、全在衡、玄兴泽、
> 李商在、李根浩
>
> 干事员：宋宪斌、南宫檍、沈宜硕、郑显哲、彭翰周、吴世
> 昌、玄济复、李启弼、朴承祖、洪禹观

可见徐载弼并不在独立协会的组织机构内。他似乎是以外国人的身份在协会外部做非公开的"顾问"，只在需要的时候对独立协会提供指导。但是，毋庸置言，独立协会是在徐载弼的提议下创建的，徐载弼对于独立协会一直有莫大的影响力。

独立协会在创建之后开展的民族运动经历了以下三个阶段。

第一阶段是"独立门建设运动期"，从 1896 年创立初期到 1897 年 8 月 28 日。这一时期主要工作是推动独立门、独立馆、独立公园的建设，吸引了从知识分子到市民，甚至高级官员的参与，使国内的爱国势力和改革势力得以组织化。

第二阶段是"讨论会启蒙运动期"，从 1897 年 8 月 29 日到 1898 年 2 月 20 日。这一阶段主要聚集市民和青年们召开讨论会，开展民众启蒙工作，在会员和市民中普及独立协会的独立自主和民主主义思想。

第三阶段是真正的"政治改革运动期"，从 1898 年 2 月 21 日到独立协会被解散的 1898 年 12 月 25 日为止。在这一阶段，为了巩固国家

---

① 参见《独立新闻》，1896 年 7 月 4 日，《社论》。

的独立自主、实现民主主义的制度化，独立协会开展了激烈的斗争。独立协会在这一时期开展了反对侵夺权利运动、保护生命和财产自由权运动、争取言论集会自由权运动、解散亲俄守旧派政府建立改革政府运动、开设议会运动、开设医校运动、抵制成立倭人皇室侍卫军运动、反对租借镇南浦与木浦运动，以及官民共同会运动、万民共同会斗争等涉及国家大政方方面面的自主、民权、自强运动。

独立协会正式开展"政治改革运动"时的组织构成如下：[①]

会长：尹致昊

副会长：李商在

书记：朴治勋、韩晚容

会计：李一相（音译）

司法委员：南宫檍、郑乔

平会员：李商在、南宫檍、李建镐、郑乔、方汉德、金斗铉、廉仲模、金龟铉、刘猛、玄济昶、郑恒谟、洪正厚、赵汉禹、卞河璡、尹泰兴、罗寿渊、林镇洙等二十人。

当然，徐载弼不在这个名单里。但是到 1898 年 5 月 14 日"第二次流亡"回到美国为止，徐载弼直接、间接指导了独立协会的活动。比如，在独立协会正式开始"政治改革运动"前，尹致昊在 1898 年 2 月 7 日晚间拜访了徐载弼。在会面中尹致昊提议针对重要的国政问题，将独立协会运动发展为正式的政治改革运动，徐载弼对此积极赞成，并

---

① 参见《独立新闻》，1898 年 8 月 30 日，《杂论：协会成员》；郑乔，《1898 年 9 月条》，《大韩季年史》上卷，国史编组委员会，1957。

对百姓们不得不忍受压迫的痛苦现实十分感慨。①

此外,1898 年 3 月 10 日在首尔钟路召开的韩国历史上第一次万民共同会,也是因徐载弼的想法和要求而发起的。郑乔就记录了徐载弼向自己秘密请求组织万民共同会的事实。② 不仅对郑乔,徐载弼似乎对当时独立协会的所有领导层都表达了召开名为万民共同会的民众大会的要求。③《独立新闻》甚至刊登了 3 月 10 日下午两点在钟路有演讲活动的预告。由此可见,徐载弼对独立协会活动的指导是十分积极的。

四
设立独立门、独立馆、独立公园

徐载弼在回国创办《独立新闻》后,就向国内的开化派同志们建议在迎恩门旧址上建立独立门,作为独立自主的象征。④ 此前,金弘集内阁在 1895 年 2 月拆除了迎恩门,只余下石柱。徐载弼的提议得到同道们的广泛支持。1896 年 6 月,独立门建设计划得到具体推进,大致在 6 月 20 日,国王同意了在迎恩门旧址建立独立门的计划,议定在门

---

① 参见《尹致昊日记》,1898 年 2 月 7 日。

② 参见《大韩季年史》上卷,p. 182,"时堤仙(徐载弼)密请郑乔,议定以韩俄银行大为关系,俄国士官之雇用限期已满,可设万名共同会于钟街……"

③ 参见《独立新闻》,1898 年 3 月 10 日,《杂论》。

④ 参见"The Independence Club,"*The Korean Repository*,1898 年 8 月号,p. 285;《徐载弼博士自叙传》,pp. 201-202。

上用国文镌刻独立门三字。徐载弼在 *The Independent* 上对独立门建设决议做了如下叙述。

今天我们对国王决定在西大门外（迎恩门——引用者）旧址上建设名为独立门（Independent Arch）的大门表示祝贺。我们不知道门上的雕铭是否使用国文，但我们希望是。……这扇门不仅意味着从中国独立，也意味着从日本，从俄罗斯，从所有欧洲列强独立。这并不意味着朝鲜在战争的暴力上会与列强对抗，争取胜利。而是因为朝鲜的位置极为重要，为了和平、人道与进步的利益，需要朝鲜的独立，需要保障朝鲜在东方列强之间的重要位置。战争可能会在周围爆发，不，可能顷刻就会从头顶降临。但是，根据势力均衡的原则，它不会受到损害，它会重新站起来。独立门啊，成功吧，让后世的子孙不要遗忘啊！①

为响应徐载弼的提议，国内开化势力在 7 月 2 日成立了以建设独立门、独立馆、独立公园为第一目标的独立协会。《独立协会会则》第二条中明确规定，"独立协会管理建设独立门、独立公园的事务"。② 并决定建设费用通过募集国民捐款筹得。为此，独立协会选择徐载弼为独立门建设负责人，1896 年 9 月 6 日，独立协会和徐载弼签订协议，决定使用总预算 3 825 元建设独立门。

独立门的基本设计是徐载弼以法国巴黎的凯旋门为模型，考虑到

---

① *The Independent* ，1896 年 6 月 20 日，"Editorial"。
② 参见《大朝鲜独立协会会报》第 1 号，1896 年 11 月 30 日，《独立协会规则》。

费用问题予以缩小后完成的,①德国公使馆的瑞士籍技术人员帮助徐载弼完成了具体的设计图纸。② 施工由韩国技术人员沈宜硕负责。③ 沈宜硕是当时著名的西式建筑师,作为独立协会的发起人之一,被选为协会的干事员。④ 石工由韩国高级技术人员负责,⑤土木劳动雇佣了中国工人。⑥

　　独立门奠基仪式于 1896 年 11 月 21 日下午两点举行,有会员、政府官吏、市民、学生等五六千人参加,场面盛大。⑦ 一年后的 1897 年 11 月 20 日,独立门完成了历史性的竣工。⑧

　　此外,独立门附近的原慕华馆在甲午改革后停止使用几近废弃,由独立协会全面修缮后改名为独立馆(The Independence Pavilion),作为协会会议室和办公室使用。⑨ 在花费了多达 2 000 元的巨款于 1897 年 5 月修缮完毕后,⑩独立协会在 1897 年 5 月 23 日举行了开馆仪式,

---

　　① 参见"Edition Department,"*The Korean Repository*,1897 年 11 月号,p. 438。

　　② 参见《徐载弼博士自叙传》,pp. 202 - 203;"The Independence Club,"*The Korean Repository*,1898 年 8 月号,p. 285。

　　③ 参见《独立新闻》,1898 年 1 月 18 日,《杂论》。

　　④ 参见《大朝鲜独立协会会报》第 1 号,1896 年 11 月 30 日,《独立协会轮告》;《独立新闻》,1896 年 7 月 4 日,《杂论》。

　　⑤ 参见"The Independence Club,"*The Korean Repository*,1897 年 11 月号,p. 438。

　　⑥ 参见《尹致昊日记》,1897 年 2 月 22 日。

　　⑦ 参见《大朝鲜独立协会会报》第 2 号,1896 年 12 月 15 日,《会事记》;"The Corner Stone of Independence Arch,"*The Korean Repository*,1896 年 11 月号,p. 458。

　　⑧ 参见 *The Independent*,1897 年 12 月 30 日,"The Review of the Chief Events of 1897"。

　　⑨ 参见"The Independence Club,"*The Korean Repository*,1897 年 11 月号,p. 436。

　　⑩ 参见"The Independence Club,"*The Korean Repository*,1898 年 8 月号,p. 268。

悬挂了王太子用国文亲笔写下的独立馆匾额。[①] 独立协会每周日下午三点在独立馆召集会员举行演讲会。

独立公园（The Independence Park）是将独立门和独立馆一带的空地改造而成的现代公园。根据独立公园中种植的各种观赏树木和花卉，添置的过河石等费用支出可以看出，独立公园也是在独立馆完成修缮的 1897 年 5 月建成的。[②]

独立门、独立馆、独立公园是汇聚了全体国民的捐款建设完成的，鼓舞了国民的自主独立思想，向全世界宣告了韩国国民独立自主的意志和决心。作为可以永久保存的纪念建筑，它们鼓舞了独立意志，提醒着子孙后代独立自主的重要性。

五

组织讨论会与启蒙活动

独立馆修缮完工后的 1897 年 8 月 8 日，徐载弼与尹致昊一起出席了在独立馆举行的独立协会例会，强烈建议今后每周末在独立馆举办"讨论会"（debating society）。[③] 徐载弼回国后，曾作为培材学堂的教师劝导学生组织"协成会"，指导他们每周举办讨论会，对学生的开明进步起到了很大的促进作用。[④] 徐载弼希望能在独立协会复制协成会讨

---

① 参见《独立新闻》，1897 年 5 月 25 日，《杂论》。
② 参见《大朝鲜独立协会会报》第 16 号，1897 年 7 月 15 日，《会事记》。
③ 参见《尹致昊日记》，1897 年 8 月 8 日。
④ 参见《独立新闻》，1897 年 2 月 4 日，《协成会事》。

论会的成功经验,在促进会员和市民的开明进步方面有所成就。

独立协会接受了徐载弼的建议,决定每周日下午三时,在独立馆集合,通过下列方式召开讨论会。

  — 一周前选定有争议性且有助于增进会员与旁听者知识的主题。

  — 一周前选定四位演讲人,分为赞成主题的右方和反对主题的左方,各两人,参加讨论。

  — 讨论会当天,会员可以作为讨论人参加讨论。

  — 鼓励会员以外的旁听者积极参观。

  — 讨论后的胜负,根据在场会员和旁听者中多数人的意见决定。

独立协会的首次讨论会于 1897 年 8 月 29 日在独立馆举行,主题是"朝鲜的当务之急是人民的教育"。最初只有 76 名会员参加,[1]但第二次讨论会便有 200 余名旁听者参加,[2]人员持续增加,到第八次讨论会时已有 500 余人参加,盛况空前,讨论热烈。[3]

对于讨论会的目的和进展情况,当时徐载弼有如下记述:

  此时独立协会的主要目的是对民族发展与习俗、法律、宗教及外国的其他各种情况进行讨论。独立协会的主要目

---

 ① 参见 *The Independent*,1897 年 8 月 31 日,"Local Items"。

 ② 参见 *The Independent*,1897 年 9 月 16 日,"Here and There"。

 ③ 参见 "The Independence Club," *The Korean Repository*,1897 年 11 月号,p. 437。

的是营造迄今为止在韩国完全陌生的舆论（public opinion）。独立协会实在是一个传播知识信息的中心机构。所以，它并不像有些人想象的那样，是一个政治的大会，它是一个教育机构（educational institution）。每周的讨论会对于会员们的思考产生了令人惊讶的影响。他们慢慢开始宣传团结精神（the spirit of cohesion）、民族主义（nationalism）、观点的自由（liberty of views）、教育的重要性等。①

讨论会以当时的政治、经济、社会、文化等全方位的问题为主题，共举办了 34 次。徐载弼这样回忆讨论会的进展。

> 不管是亲俄还是亲日的政客，我都一概痛斥。因为这两方所做的，都是外部势力的傀儡举动。无论是在公开场合还是在私下，无论是言说还是写作，我都强调朝鲜为政者的义务是只为朝鲜的民利民福工作，不要追随他人入戏。这种教育逐渐在民间起到了作用，普通人开始睁开眼睛观察政府的行为和政治动向。这种氛围日益浓厚，每周日我在西大门外的独立馆演讲时，听众像云朵一样汇聚而来。民众逐渐觉醒的现象，让皇帝和顽冥固陋的阁臣，以及为了自己国家的利益或明或暗活动的外国使臣们大为震惊。②

---

① 参见"The Independence Club," *The Korean Repository*，1898 年 8 月号，p. 286。

② 徐载弼，《滞美五十年》（徐载弼博士手记），转引自闵泰瑗，《甲申政变和金玉均》，1947，pp. 91-92。

讨论会初期,看到十分羞涩、不能在众人面前表达自己意思的韩国人后来像西方的国会议员一样活跃,井井有条地表达自己的主张,徐载弼大为感慨。

　　　　讨论会的主题主要是政治、经济问题,但也不忽视宗教和教育。开始的时候,韩国人对于在公众面前公开演讲很难为情,在得到一些指导和鼓励之后,很多会员就能十分流畅地演讲了。我相信韩国人具有公开演讲的天赋。虽然讨论并不都是逻辑性的、启蒙性的,但讨论会上依然阐发了很多有益的新思想。不仅如此,在平等的立场上就各种主题进行冷静而井井有条的讨论,这种态度本身就对韩国的听众和青年们产生了令人惊讶的效果。……让我惊奇的是韩国青年学习复杂的议会规则的态度——他们是那么敏捷而有智慧。我多次目睹了韩国人按照顺序恰当地指出问题的场景,他们比起西方帝国职业的议会议员也毫不逊色。[1]

　　徐载弼在1897年创办并指导的讨论会获得了巨大的成功,带来了会员和市民们的文明开化、新思想的形成和发展、共同集体意识和连带感的强化,并为民众自发组织的1898年万民共同会运动打下了基础。

---

　　① 徐载弼,"Independence Club," F. A. Mckenzie, *The Korea's Fight for Freedom*, p. 68。

六

徐载弼的自主独立思想

　　徐载弼回国后，对国民最为强调的是自主独立、自主国权思想。徐载弼创办的报纸《独立新闻》、在迎恩门旧址上建立的"独立门"、社团的名字"独立协会"——一定要加入"独立"二字——很好地显示出独立自主思想正是他最为强调的思想。

　　徐载弼强调，为了巩固国家的独立自主，必须同时实现经济自主。他强烈反对列强侵吞利权，猛烈批判"攒足了钱就回到自己的国家，毫不关心朝鲜兴亡的外国人，就像是朝鲜的蚂蟥"。[1] 他积极反对俄罗斯成立"俄韩银行"掌握韩国财政权的意图，[2]批评日本货币像法定货币一样在韩国畅通无碍，指出"朝鲜政府要彻底修正通货，不要信任日本货币，要对朝鲜货币进行有学问的革新使其轻便，这对人民是一项大事业，与外国的贸易也会随之慢慢恢复"，[3]并强调"在大韩使用大韩货币才是正确的"。[4] 徐载弼反对俄罗斯和日本向大韩帝国派遣有派系的次官（副部长），认为大韩不仅要拒绝这种以外国的政治干涉为前提的次官，更要节约财政，编制黑字预算，早日归还背负的 400 万元日本借款，巩固自主独立。[5]

　　徐载弼还强调，为了自主独立，需要对列强实行彻底的"中立外

---

① 《独立新闻》，1896 年 5 月 21 日，《社论》。
② 参见《独立新闻》，1897 年 3 月 4 日，《社论》。
③ 《独立新闻》，1897 年 3 月 30 日，《社论》。
④ 《独立新闻》，1898 年 4 月 14 日，《社论》。
⑤ 参见《独立新闻》，1897 年 3 月 4 日，《社论》。

交"。他认为不偏向于任何一方,公平的中立外交是在列强中间维持国际势力均衡,实现独立自主的条件。主张如下:

> 朝鲜处境艰难,如果在交往中偏向某国,或给予某国更多的权利,或依赖某方,定会引起他国嫉恨,被偏爱的国家和嫉妒的国家之间必然会发生纷争。战事一起,无论哪方获胜,都是朝鲜灭亡之日。如此看来,朝鲜的上策就是不要让其他国家发生纷争。这到底是什么意思呢,就是说对世界各国无论好恶等级,都公开地作为朋友对待,我的权利一点都不要被别国掠夺,我只是专注于我自己的事情,让我自己的处境变得更为安稳,到那时候,就没有什么可以担忧的了。①

徐载弼强调,大韩帝国在实现国际势力均衡之前,要从内部实现自强,这样如果势力均衡被打破,某一强国开始全面侵略,也能够用自己的力量抵御,维护国家独立。② 他有如下的主张:

> 当然也有很多喜欢抢夺别国利权的国家。如果谁有这种过分的想法,想要掠夺他人的物品和权利,一次两次之后其野心会进一步膨胀无法遏制。制止这种非分之想的策略就是,只要我能够使他无法掠夺,他自然就无法做出这些非分之事。只要仔细数清强盗的团伙和他们的兵器,提前结识比强盗更多的伙伴,提前准备更趁手的兵器,即使强盗真的

---

① 《独立新闻》,1897年8月10日,《社论》。
② 参见徐载弼,《东洋论》,《大朝鲜独立协会会报》第6号,1896年2月15日。

来了,也可以防御。而且,强盗如果知道这家人有厉害的兵器,众多的人口,就不会前来了。①

此外徐载弼还强调,培养国民的"爱国心"对于国家的独立自主极为重要,②为了激励爱国心和民族意识,需要重视"本国历史"的学习和教育。

> 大韩的人民甚少把大韩当作自己的国家。而认为仅凭大韩的土地与人民行走天下,定难得到同等国家待遇的人却有很多。觉得一定要依靠其他国家,在其他国家的节制下才能支撑的人,并不是因为他们没有外国的学问,而是因为他们没有详细了解本国的历史。大韩的人互相看不起本国人种,总觉得靠大韩人自己,是无力完成中兴事业的。但是,如果去读大韩历史,就会知道大韩人种中并非没有聪明杰出很了不起的人物。……在我们看来,大韩人民如果仔细学习大韩历史上有名的忠臣烈士,像他们一样勇猛做事,大韩无疑会在世界上获得优待。学习大韩历史上著名的忠臣忠武公李舜臣和赵重峰、林庆业的事迹,……就会知道大韩历史中也真的有勇猛忠诚的将相,对他们的尊敬要超过汉、唐、明的著名将相,还要去向他们学习,这才是符合道理的。③

---

① 《独立新闻》,1897 年 8 月 12 日,《社论》。
② 参见《独立新闻》,1897 年 6 月 8 日,《社论》及 7 月 31 日《社论》。
③ 《独立新闻》,1898 年 3 月 8 日,《社论》。

徐载弼对自主独立思想的强调,在当时受到"'事大'才是稳健安全的思想,'独立'是激进危险的反动思想"教育的社会氛围中,让全体国民明白了只有"自主独立"才能堂堂正正地生活,让国民生出可以守护并发展国家和民族的新的信心,在发展独立自主思想方面,做出了巨大的贡献。

七
徐载弼的民主主义思想

徐载弼在形成开化思想的早期和甲申政变时期,已经了解到平等权和民主主义思想的基础内容,在美国流亡与留学期间学习了西方启蒙思想和民主主义,其民主主义思想得到稳固发展。徐载弼全面接受了"天赋人权"的思想,指出"每一位百姓都拥有上帝给予的权利,这种权利是任何人都无法剥夺的",[1]强调要尊重和发展"每个人都有的自由权"。[2]

徐载弼强调的"自由权"主要是生命与身体的自由权、财产的自由权及言论、集会、结社、出版的自由权。为了树立这些国民基本权利,普及民主主义思想,徐载弼在《独立新闻》上写了很多社论进行启蒙。

徐载弼通过《独立新闻》所启蒙的民主主义思想中,给当时社会带来巨大冲击的是主权在民的思想:国民是国家的主人,官吏只是国民

---

① 《独立新闻》,1897 年 3 月 9 日,《社论》。
② 《独立新闻》,1897 年 2 月 20 日,《社论》。

的仆人（公仆）。

　　数百年来，大韩人民相信那些被叫作"官人"的人们都是圣贤君子，把自己的身家性命和父母、兄弟、妻儿的生命财产交给官人，每年交纳税金充作政府费用，请他们帮忙做人民的事情。人民虽然是国家的主人，却不能像个主人的样子，而是让每月拿主人钱的官人们来做主人的事情。这就让雇来的仆人们慢慢变成了老爷，真正的主人却变成了奴隶，自己的生命和财产都握在了雇来的仆人们手里。实际上，正是因为主人们做得不好，仆人们才变成这样的啊。[1]

徐载弼强调，要让国民恢复主人的权利，让仅仅是仆人的官人服务国民。

　　即使是今天，如果主人们齐心协力，站出来管教仆人们，让他们只做对人民有利，对国家的名誉和光荣有帮助的事，毫无疑问，这些坏仆人们也会发生变化，成为老实的仆人。主人变为奴隶，几百年后突然明白了自己的可怜，要找回主人的权利，那些夺走了主人权利的仆人们不高兴，希望像以前一样当主人，这当然是人心阴暗、肮脏的自然反应。……不管什么时候，人民明白了自己是国家主人的那一天，官人们就会明白是谁给了自己俸禄，利禄与功名是从何而来，就会为了那些出钱的人、为了那些和出钱人在一起的人做事。

---

[1] 《独立新闻》，1898 年 11 月 16 日，《Jaisohn 的信》。

让官人发生变化,把人民当作主人来侍奉,其关键不在别处,就在于人民自己。①

徐载弼不断强调国民是国家的主人,官人是百姓的仆人,在国民与国王的关系上,也把官吏称作国民的"仆人",国王的"臣下",间接地暗示国民处于更高的位置。

> 在政府有官职的人,是国王的臣下,百姓的仆人。仆人需要详细了解主人的权限和情况,才能更好地侍奉主人。朝鲜却相反,百姓成了政府官人的奴仆,百姓们拼命工作挣来的钱,交给官人们还要请他们好好当主人,这怎能不可笑呢。②

徐载弼在《独立新闻》英文版 *The Independent* 上使用了"the servants of the people"来形容官人是人民的仆人,并强调"The officials of the Government must realize that they are the servants of the people"(政府的官吏必须明白自己是国民的仆人)。③

我们完全可以想象,当徐载弼的这些主权在民的思想用国语写下来,被百姓们用国语阅读时,那些被官吏统治长期处于附属状态的百姓们受到的震撼。

徐载弼以主权在民思想为基础,倡导国民参政权,并对此进行了

---

① 《独立新闻》,1898 年 11 月 16 日,《Jaisohn 的信》。
② 《独立新闻》,1896 年 11 月 21 日,《社论》。
③ *The Independent*,1896 年 11 月 21 日,"Editorial"。

启蒙。[1] 他还主张国民要监督政府,要看政府是不是爱国爱民的政府,如果不是,国民有换掉政府的权利。[2]

徐载弼以这种国民参政权思想为基础,提议由国民投票选出朝鲜的观察使、郡守等地方官。当时地方行政的腐败和混乱达到了顶点,导致1894年东学农民革命运动爆发。但此后的横征暴敛依然故我,农民们的不满情绪高涨。徐载弼希望用地方官员选举制度来解决这个问题。

内阁大臣和协办当然要由君主来任命。外任官员如果由本道、本地的百姓针对有人望的人选进行投票,选择其中票数多的人任命为观察使或守令,那么百姓对政府就不会有抱怨,被选出来的人比起由京城中一二人举荐任命的官员一定会做得更好。其人居住在本道、本郡,对当地的事务比京城人士知道得更详细;是当地的百姓让他当上了郡守或观察使,其人自然会更为百姓着想。政府的官人,是国王的臣下,百姓的仆人,向上侍奉国王,向下服侍百姓。国家规范如此,国王的权力自然会上升;百姓行动便利,国中哪里会有什么变故,百姓哪里会有什么抱怨和不满的声音呢?

我们希望的是,政府中的人士,如果想爱惜贵体、为国尽公,就不要再举荐地方观察使和郡守,让每个地方的人民在本地选举,不用一两年就可以知道这是有益于国民的。[3]

---

① 《独立新闻》,1898年1月11日,《社论》。
② 参见《独立新闻》,1898年3月3日,《大韩人民的职责》。
③ 《独立新闻》,1896年4月14日,《社论》。

徐载弼认为，这种由当地国民投票选举观察使、郡守等地方官员的"地方居民参政制"可以解决地方行政的所有问题，对其重要性再三强调。

> 我们认为守令和观察使是守法百姓的仆人，是君主为了百姓而派到地方去的。他们不仅要听君主吩咐，还要听从百姓的吩咐。所以，君主首先是他们的主人，其次百姓也是他们的主人。只侍奉好其中一个主人，不去好好侍奉另一个主人的话，没被侍奉好的主人一定会认为他们有罪。如果没有侍奉好君主，君主就会降下罪来，如果没有侍奉好百姓，百姓也会降罪，其刑罚比政府给予的刑罚还要残酷。岂能不谨慎小心呢？
>
> 不要从政府里选人任命，要由百姓根据投票法选择他们的观察使和守令，上报政府后由政府委任。那么不管此人做得好坏，百姓都不会埋怨政府，而这样选出来的人比大臣或协办选出来的人十有八九会更好。[1]

徐载弼认为，通过地方国民的参政，用投票的方法选出地方官员，其优点有：① 地方官员深受百姓喜爱，百姓不会有怨言；② 会选出有能力、有良知的人；③ 会选出熟悉地方情况的人；④ 地方官由居民选出，会更加为百姓服务；⑤ 为了维持百姓的信任，地方官会在行政上更加努力，国家和人民的情况都会好转并得到发展。徐载弼早在 1896 年就提出让百姓参政，用投票选举制度选出观察使、郡守等地方官员，

---

[1] 《独立新闻》，1896 年 4 月 16 日，《社论》。

提出了一种地方自治制度，实在是划时代性的。

于此更进一步，徐载弼希望让国民参与中央政府组织，设立"议会"，将专制君主制改革为立宪代议君主制。独立协会的领导层就曾将1898年4月3日独立协会讨论会的主题定为"设立议会院乃政治上最为紧要之事"，向会员和首尔市民广泛宣传设立议会的紧迫性。①

亲俄守旧派政府对于徐载弼、尹致昊等独立协会方面发起的开设议会运动大为震惊，派法部顾问李善得（Charles W. Legendre）前去交涉，认为徐载弼、尹致昊等独立协会领导人建立"完全的代议政府"（throughly representative government）为时尚早，比较恰当的是设立监视政府行政的机构"咨问院"（Consultation Board），强烈反对徐载弼开设议会的主张。②

对此，徐载弼在《独立新闻》上刊载长篇社论，对于开设议会和建立立宪代议政府的紧迫必要性和有益性进行了阐述，以反驳政府和李善得的主张，同时对国民和官员们进行启蒙。③ 其要点如下：

（1）议会和政府严格分离，议员只有立法权和议政权，行政官只有执行议会决定事项的行政权，如此就可以克服此前国政混乱，议政与行政都难以进行的弊端；立法和行政可以专业化，效率和精密性大幅提高，故议会之设立极为迫切。

（2）议会开设则一国之内有学识智慧与好想法的人就能被选为议员，制定好的政策、法律和制度，可以改革弊政，使国家兴盛。

（3）议会开设则所有事情在议会中经过赞成、反对的讨论后决定，

---

① 参见《独立新闻》，1898年4月9日，《杂论》。
② 参见《尹致昊日记》，1898年4月14日。
③ 参见《独立新闻》，1898年4月30日，《社论》。

皇帝减少了决断之辛劳,私议与谎言不入于皇帝之耳,专制君主制下扰乱皇帝之聪明睿智的弊病将会消失。

（4）议会开设则政府大臣们只需恰当执行议会所决定的政策和法律,行政可免除失误,且有更多时间专注于行政,自然可以做得更好。

（5）议会开设则所有事项会在议会中经赞成与反对的讨论后,斟酌双方主张最终决定。国民的舆论和主张可以得到充分的反映,所做决定会朝向对绝大多数国民有利的方向,必将无限有利且有助于国民。

（6）议会开设则所有事项得以在议会公开讨论,全国人民可以知情,所有人可以根据自己的意见发言参政,把国家的事情当成自己的事情,政府和国民之间产生前所未有的沟通,人民的爱国之心必然成倍增加。

（7）议会开设则国民与政府相契合,国家事务均得到公平决定。外国见此则不能蔑视我大韩,不能侵犯我大韩,不能失礼于我。

徐载弼与独立协会会员们一起开展议会设立运动后不久,就在1898年5月14日离开了韩国,未能延续开设议会的活动。但是,在徐载弼出国后,独立协会的会员们继续顽强地开展议会设立运动,在1898年11月初,一度制订了韩国历史上最早的议会设立法（中枢院新官制）,站到了开设议会的门槛上。

八

徐载弼的男女平等论与女性解放思想

徐载弼的民主主义思想中需要单独阐述的是他的男女平等、女性解放、倡导女性教育的思想。徐载弼感叹当时韩国女性身处社会、男性及社会惯习的压迫之下。

> 世上人生之凄惨莫过于朝鲜女人,我们今天就为不幸的女性们发话。女人在人生上并不比男人低一点点,但是男人们看不起她们,只是因为男人们未能文明开化,不思考道理和人情,只相信自己的力量,对女人进行压迫,这与野蛮又有何不同?⋯⋯等到朝鲜的妇人慢慢提高学识,扩展知识,就会知道妇人的权利与男人的权利相同,就能想到可以制御无理的男人们的方法。①

徐载弼在男女平等原理下强调的是"聪明"(智力)的平等。据他所说,人类能够成为万物的灵长,是因为其"聪明"的突出,而医学已经证明男人与女人的聪明是完全平等的,所以男女从根本上是平等的。过去儒生们说女性驽钝,并不是因为女性本来就驽钝,而是因为男性长期压迫女性,不对她们进行教育所致,是出生之后社会原因导致的驽钝。所以,如果将女性从压迫中解放出来,给她们教育机会,使其聪明得以盛放,则男女可以完全平等地发挥能力。他提出,实现男女平

---

① 《独立新闻》,1896 年 4 月 21 日,《社论》。

等的第一等事业就是创立女校,实行女性教育。①

　　上帝创造世界人类时,男人与女人都是同等的。女人得到男人的学问教育,拥有与男人同等的权利,各自负责自己的人生事业,这是极为当然的道理,东洋的风俗如何就让女人只能受男人的压迫,生不如死呢?天地万物中以人为贵,是因为其聪明使然。聪明并非只有男人才拥有,女人同样拥有聪明才智。女人拥有了学问和平等权,就能更好地帮助男人。那么,男女之间便能同苦同乐,共创事业,共度生涯,国家更为富强,家庭更为和睦,此种光景,如何不美妙呢?②

在这种男女平等思想的基础上,徐载弼强烈主张废除蓄妾制度、③废除妓生制度④以及禁止寡妇再嫁的陋习⑤等压迫女性的习俗和制度。

不仅如此,徐载弼还指出,韩国女性普遍比男性举止更为贞洁,在许多方面抚养、教育了男性,对女性的历史、社会角色给予了高度评价。⑥

徐载弼根据这些思想,积极主张开设女校、推动女性教育,对韩国

---

① 参见 *The Independent*,1896 年 9 月 19 日,"Editorial"。
② 《独立新闻》,1898 年 1 月 4 日,《社论》。
③ 参见《独立新闻》,1898 年 6 月 16 日,《社论》;1898 年 2 月 12 日,《社论》。
④ 参见《独立新闻》,1898 年 4 月 21 日,《社论》。
⑤ 参见《独立新闻》,1897 年 2 月 12 日,《社论》;3 月 18 日,《杂论》。
⑥ 参见《独立新闻》,1896 年 4 月 21 日,《社论》;1898 年 1 月 4 日,《社论》。

最早的女性团体顺成会（赞襄会）的创立和顺成学校开设运动产生了极大的影响。

九
徐载弼的自主近代化思想

徐载弼提出，当时大韩落后于世界上的富强国家，政府应该在政策上进行主导，为了自强积极实行开明进步政策。用现代语言说，他是在倡导自主的近代化政策。①

徐载弼提议，政府预算和财政要通过税制改革编制结余（黑字）预算，②财政支出只将三分之一用于劳务费（行政费），要建立将其余三分之二应用于近代化建设的新体制。③ 徐载弼的自主近代化思想可以概括如下。

第一，朝鲜的当务之急是国民的教育，为此首先要大量开办学校，广泛推行新教育。④ 他强调，最重要的是依次大量开办小学、女学、中学、大学，进行新的"实相学问"教育。⑤

---

① 参见 Philip Jaisohn, "What Korea Needs Most," *The Korean Repository*, 1896年3月号。

② 参见 Philip Jaisohn, "Korean Finance," *The Korean Repository*, 1896年4月号。

③ 参见《独立新闻》，1897年10月9日，《社论》。

④ 参见《独立新闻》，1897年8月29日，《社论》。

⑤ 参见《独立新闻》，1896年5月12日，《社论》；9月5日，《社论》；12月3日，《社论》；1897年6月15日，《社论》。

第二,提出在教育之后应该在制造场(工厂)建设方面投入资金,振兴工业。徐载弼认为当时的朝鲜应该摆脱依赖农业的状态,构建农业从业人口占 50%,工商业 30%,其余管理、自由职业占 20% 左右的产业构造。[①] 他力主引进使用蒸汽机的工厂制度,振兴以纺织工业、钢铁工业、木材工业、造纸工业、玻璃工业、皮革工业等为中心的近代工业。[②]

第三,强调铁路、轮船、道路是产业开发和国家财富的基础,尤其应该聚集韩国人的资本铺设铁路,铁路建设会带来产业开发,最终引发韩国的产业革命(Industrial Revolution)。[③]

第四,韩国的矿山资源丰富,应该积极开展矿业开发,汇聚韩国资本。[④]

第五,韩国的农业长期沿袭旧貌,品种退化、农具不便、农业技术落后,徐载弼强烈主张改进品种和改良农具,引进先进农业技术,普及新农业技术。[⑤]

第六,中国和日本渔民从韩国沿海捕获数量庞大的鱼类,俄国人也在韩国东海海域捕鲸并出口到国外,韩国人应该看到海岸线上满满的财富,大力开发渔业,出口到国外,积累国家财富。[⑥]

第七,徐载弼提出,韩国国土的 72% 是山地,在这些山上不要只种植松树,可以开发林业,有计划地栽种橡树、核桃、栗树、枫树、椴树、冷

---

① 参见《独立新闻》,1897 年 6 月 1 日,《社论》。
② 参见《独立新闻》,1896 年 9 月 9 日,《社论》;1897 年 6 月 12 日,《社论》。
③ 参见 The Independent,1896 年 12 月 29 日,"Editorial"。
④ 参见 Philip Jaisohn, My Days in Korea and Other Essays, pp. 45 - 46。
⑤ 参见《独立新闻》,1896 年 7 月 25 日,《社论》。
⑥ 参见《独立新闻》,1897 年 5 月 27 日,《社论》。

杉等树种,出口到国际市场。①

第八,为了商业的公正发展,要统一度量衡,由政府用钢铁制造出标准的度量衡器,地方可以根据此标准制造度量衡,但要使用经过严格监管和刻有政府批准图章的度量衡。②

第九,徐载弼第一次向国外介绍了韩国的金刚山,并提议开发旅游产业,提高外汇收入。③

第十,屡次强调出口在国家财富增长和工业开发上的重要性,希望早日改善朝鲜在国际贸易上持续走低的状态。

> 现在韩国用得最多的布料中有三分之二是从外国买来的,点灯的油是外国的油,用的火柴是外国的火柴……如果国家不采用各种方法让人民努力制造物品,从事商务,与外国人在世界上进行市场竞争,那么国家会永远贫穷,永远弱小,永远受到外国的制约。④

第十一,为了自强,需要加强现代国防,除陆军外还需要建设海军以"防御外国的侵略"。⑤

第十二,徐载弼还提议为了国家的发展、富强,应该废除早婚制

---

① 参见《独立新闻》,1896 年 8 月 11 日,《社论》;1897 年 6 月 1 日,《社论》。
② 参见《独立新闻》,1896 年 12 月 10 日,《社论》。
③ 参见《独立新闻》,1897 年 9 月 31 日,《社论》。
④ 《独立新闻》,1897 年 8 月 7 日,《社论》。
⑤ 《独立新闻》,1897 年 6 月 1 日,《社论》。

度、①提倡自由恋爱结婚、废除依赖血缘和亲族的惯习、②废除儿童歧视、③破除迷信、④废除依赖风水地理的埋葬旧习⑤,改革不合理的社会惯习。

如上所述,徐载弼在 19 世纪末期对韩国社会的所有方面提出了自主近代化方案,对政府官员和国民进行了启蒙。

十
徐载弼的科学卫生论

徐载弼作为一名受过极好高等教育的医生,对 19 世纪末朝鲜前近代的卫生制度进行了批判,提倡建立科学的、现代的卫生制度,开设现代的新式医院。⑥ 徐载弼提倡实行的现代卫生制度包括以下内容:

—— 将卫生局的传染病预防措施制度化⑦
—— 改良水井及饮水的清洁⑧

---

① 参见《独立新闻》,1896 年 6 月 6 日,《社论》;1898 年 1 月 6 日,《社论》;2 月 12 日,《社论》。
② 参见《独立新闻》,1896 年 5 月 28 日,《社论》;12 月 8 日,《社论》。
③ 参见《独立新闻》,1897 年 8 月 26 日,《社论》。
④ 参见《独立新闻》,1897 年 1 月 7 日,《社论》;1896 年 12 月 1 日,《社论》。
⑤ 参见《独立新闻》,1897 年 5 月 7 日,《社论》。
⑥ 参见 Philip Jaisohn, *My Days in Korea and Other Essays*, pp. 86 - 96。
⑦ 参见《独立新闻》,1896 年 6 月 27 日,《社论》;7 月 18 日,《社论》。
⑧ 参见《独立新闻》,1896 年 5 月 2 日,《社论》;1897 年 9 月 2 日,《社论》。

—　道路、下水道、溪川的维修和清洁①

—　建立现代新式医院②

—　改良厕所并设公共厕所③

—　建设家内浴室和公共浴室④

—　鼓励运动，建设体育设施⑤

—　改良烟囱⑥

—　严禁鸦片⑦

—　清除不端医生，禁止迷信化的诊疗⑧

—　植树造林，增进空气清洁⑨

　　徐载弼强调推广科学的卫生习惯，是因为从当时大韩帝国的实际情况看，在开设新式医院的同时，首要的是向国民和政府官僚启蒙科学的卫生知识，从预防医学的层面加强国民保健。

　　徐载弼对科学卫生的启蒙和相关活动取得了重大成效，在徐载弼回到美国后的 1898 年 7 月，独立协会的会员们自发召开了一次要求

---

① 参见《独立新闻》，1896 年 5 月 19 日，《社论》；6 月 27 日，《社论》；1897 年 8 月 31 日，《社论》。

② 参见《独立新闻》，1897 年 12 月 11 日，《杂论》。

③ 参见《独立新闻》，1897 年 8 月 31 日，《社论》。

④ 参见《独立新闻》，1896 年 5 月 19 日，《社论》；1897 年 9 月 2 日，《社论》。

⑤ 参见《独立新闻》，1896 年 12 月 12 日，《社论》；1897 年 2 月 20 日，《社论》。

⑥ 参见《独立新闻》，1897 年 8 月 31 日，《社论》。

⑦ 参见《独立新闻》，1898 年 7 月 30 日，《鸦片烟之弊端》。

⑧ 参见《独立新闻》，1896 年 12 月 1 日，《社论》。

⑨ 参见 Philip Jaisohn，《空气》，《大朝鲜独立协会会报》第 1 号，1896 年 11 月 30 日，pp. 13 - 19 及《大朝鲜独立协会会报》第 2 号，1896 年 12 月 15 号，pp. 6 - 9；《独立新闻》，1896 年 10 月 29 日，《社论》。

开设医校的万民共同公会。

十一

徐载弼的第二次流亡

在徐载弼的指导下，独立协会从 1898 年起正式发动社会政治运动，并取得了巨大成果。而驱逐徐载弼，将其遣送回美国的国际阴谋活动也随之开始了。

首先是俄罗斯方面的。驻韩俄罗斯公使阿列克谢·德·士贝邪（Alexei de Speyer）在 1898 年 2 月 21 日独立协会提交反对俄罗斯租借绝影岛的救国宣言上疏后，立刻于 2 月 24 日拜访美国公使霍勒斯·N. 艾伦（Horace N. Allen），强硬要求美国政府召回徐载弼。艾伦口头约定会在徐载弼得到薪金后请他回国。[①] 同时，驻美俄罗斯大使卡西尼伯爵也向美国总统请求召回徐载弼。[②]

日本方面表里不一。日本表面上对独立协会非常友好，实际上在抵抗其侵略企图的势力中最为担心的就是觉醒了的独立协会势力，从开始就进行了背后动作，意图驱逐徐载弼。[③] 日本政府通过担任政府

---

① 参见《驻韩美国公使馆报告》，No. 77，1898 年 2 月 26 日，"Conversation with Russian Representative concerning Supposed Participation of Americans in a Recent Attack on Russian Government"。

② 参见《徐载弼博士自叙传》，p. 219。

③ 参见《尹致昊日记》，1896 年 1 月 31 日；《徐载弼博士自叙传》，p. 198。

顾问的威廉姆斯向美国政府提出了召回徐载弼的要求。①

高宗皇帝和亲俄守旧派政府也希望驱逐鼓吹民权运动的徐载弼。亲俄守旧派大臣赵秉式已经在 1897 年 12 月与美国公使艾伦交涉驱逐徐载弼事宜。② 他们认为，独立协会对于亲俄守旧派政府的攻击，其背后是徐载弼的煽动，只要驱逐徐载弼，独立协会对政府的攻击就会消失，故此向美国公使要求召回徐载弼。③ 据记录，高宗皇帝多次召见艾伦，给予丰厚的赏赐，要求其早日召回徐载弼。④

美国方面对独立协会批评列强掠夺利权心怀不满，开始对徐载弼抱有负面态度。而且，美国从 1898 年起，改变了原来的门罗主义，采取了扩张主义、帝国主义的政策，发动美西（西班牙）战争，开始对外强烈追求利权。正是在这样的背景下，驻韩美国公使艾伦决定让徐载弼回国。徐载弼对此回忆：

> 民众开始觉醒的现象震惊了皇帝和那些顽冥固陋的阁臣们，以及为了本国利益或明或暗地活跃着的各国使臣们。在社交上我和他们并没有什么冲突，但在政治上他们全部都憎恨我。……
>
> 一天，美国公使告诉我，对皇帝以及某些势力的敌对态度是最不明智的事情，劝我在危险发生于身边之前，带着家人一起重新回美国。我又观察了一段时间，带着"我已播下了种子，即使我离开，秋天的收获也会到来"的信念，决心重

① 参见《徐载弼博士自叙传》，p. 219。
② 参见《尹致昊日记》，1897 年 12 月 13 日。
③ 参见《徐载弼博士自叙传》，p. 218。
④ 参见《大韩季年史》上卷，p. 190。

新回到美国。①

而且,一份发给徐载弼夫人的电报说母亲病危(实际上是为了让徐载弼回国发出的虚假电报),美籍夫人便督促他早日回国。② 在这样的情况下,大韩帝国政府解除了徐载弼的中枢院顾问职务,要求其出国。③

独立协会大为震惊,于1898年4月25日向政府发出抗议公函,正式要求挽留徐载弼。④ 而且,独立协会于4月30日在南大门(崇礼门)前举行民众自发的万民共同会,批评政府驱逐徐载弼的决定,要求挽留徐载弼。⑤ 5月2日,独立协会再次向政府提交了要求重新聘任徐载弼为中枢院顾问的公函。⑥ 徐载弼也表达了如果能够再次获聘中枢院顾问,将会留在首尔的意愿。但是政府拒绝了。⑦

无奈之下,徐载弼留下写给《独立新闻》读者和同胞们的信,于1898年5月14日在30余名独立协会干部的洒泪送别中,和夫人以及在首尔出生的女儿一起从龙山乘船前往仁川。⑧ 在仁川短暂逗留后,

---

① 徐载弼,《滞美五十年》(徐载弼博士手记),转引自闵泰瑗,《甲申政变和金玉均》,pp. 91 - 92。

② 参见《徐载弼博士自叙传》,p. 219。

③ 参见《外部中枢院来去文》第1册,光武一年一月三日,《照会第1号》;一月十八日,《照会第3号》;二月十八日,《通牒第22号》;四月二十六日,《照会第3号》。

④ 参见 The Independent,1898年5月3日,"A Grateful Compliment"。

⑤ 参见《大韩季年史》上卷,pp. 188 - 189;《独立新闻》,1898年5月5日,《万民共同会的信》。

⑥ 参见《民会实记》,光武二年阴历润三月十二日;《大韩季年史》上卷,p. 189。

⑦ 参见《大韩季年史》上卷,pp. 189 - 190。

⑧ 参见《尹致昊日记》,1898年5月14日;《独立新闻》,1898年5月19日,《杂论》。

1898 年 5 月 27 日,徐载弼一家离开了韩国,经由日本,前往美国。[1]

在 1884 年甲申政变失败后第一次流亡时,徐载弼藏在千世丸号的甲板下,保住性命,慌忙地离开了祖国。1898 年,他是为自己出生的故国做出伟大贡献后,在独立协会干部们挽留的泪水中,作为一个伟大的英雄离开故国的。

徐载弼晚年

---

[1]　参见"Departures," *The Korean Repository*,1898 年 5 月号,p. 200。

第六章　李商在与独立协会的议会主义思想

李商在

一

绪 言

作为一位得到全体国民信任的民族领导人,李商在(号月南,1850—1927)是在 19 世纪末的韩国独立协会运动中登上近代历史舞台的。从 1896 年 7 月独立协会创立之时起,李商在就承担了该团体助产士的角色,此后一直站在前列指导了独立协会的民族运动。

独立协会的创建是在 19 世纪末列强来到韩国,掠夺矿山、铁路、通信、山林、渔场甚至国土的权益,意图将韩国殖民地化的时期。韩国人民把成长起来的国民力量联合起来,以民权为基础,希望实现自强守卫、自主独立,促进国家近代化发展。

从当时的国家情况看,1896 年 2 月发生的所谓"俄馆播迁"事件,使得觊觎韩国的列强势力发生了重大变动。甲午更张的跛足改革因不能对日本坚持民族自主性,虽然实现了改革,但受到日本的严重干涉,最终导致日本发动了"弑害闵妃"的野蛮行动。"俄馆播迁"就是以此为背景,以复仇为借口的另一个侵害韩国自主性的非常规事件。

"俄馆播迁"之后,国家的情况并未好转,反而开始恶化。政权落入李范晋、李完用、李允用、沈相薰、赵秉式、闵种默、金鸿陆等亲俄守旧派手中。他们废除内阁制,恢复议政府制,放宽了甲午更张时限制国王专制的措施,复活了专制君主制。在高宗身处俄国公使馆期间,韩国的矿山、铁路、山林、渔场等各种利权或被欧美列强侵占,或被迫转让。利权侵夺加深了列强对韩国内政的干涉,成为韩国自主独立的重大威胁。

当时的沙皇俄国奉行南下政策,意图在包括朝鲜半岛在内的远东地区建立不冻港和军事基地。所以,他们侵占利权的目的不止于利权,最终要把韩国变成他们的附庸或殖民地,这就和对韩国虎视眈眈的日本的侵略政策正面冲突,产生了尖锐的对立。英国为了阻止俄国的南下政策,在幕后支持日本,法国为牵制英国与俄国秘密携手,矛盾和对立产生集团化倾向并日益激化。而美国与德国也在其中追求实际利益,热衷于传教和获得利权,随时调整立场,以对本国有利。

当时的韩国国民虽然暂时成功牵制了日本的侵略,却又开始面临防御更为强大的俄国侵略的任务。独立协会就是在这一时期,为了通过成长起来的国民的力量解决这一民族课题而于 1896 年 7 月 2 日成立的改革派社会团体。

李商在不仅参与了独立协会的创立,而且在独立协会为解决当时的民族课题而开展的一切民族运动中都作为最高领导人之一开展工作,为韩国的民族发展做出了重大贡献。独立协会运动与李商在是融为一体的,把二者割裂开来单独考察甚至是无法想象的。

二

独立协会的创立与李商在

创立独立协会的开化派由两个派别合并而成。其一是《独立新闻》派别，即以徐载弼、尹致昊等为首的积极引入西方市民思想的流派。这一派别是与韩国开埠之后的甲午政变有关联的部分初期开化派人士在流亡中直接体验了西方的市民社会，拥有了进步的市民社会思想，在回国后成为领导者，再加上培材学堂的教师和学生，以及直接而大量接受了西方市民思想影响的知识人为中心形成的流派。其典型人物是在甲申政变革新政府中担任过兵曹参判，政变失败后经日本流亡美国，长期体验了美国市民社会生活的徐载弼，以及受甲申政变牵连经上海亡命美国后广泛体验到西方市民思想的尹致昊。他们直接承继了开港后的初期开化派，带着自己的传统和对西方思想的深刻理解成为最先进的知识人，积极渴望输入和接受西方民主主义。

这一派别的共同特征是受到过系统的西方高等教育（比如徐载弼毕业于乔治·华盛顿大学和哥伦比亚医科大学，尹致昊在范德堡大学肄业，毕业于埃默里大学），作为东方人近乎完美地系统又深入地理解了西方的市民社会与思想，盛赞西方文明与民主主义的进步性，对西方民主主义具有强烈的信念。而且，他们受到西方文化的冲击，希望变革自己的社会，并对基督教持自由主义的态度，他们中间基督教徒很多。

另一个是《皇城新闻》派别，即南宫檍、郑乔、高永根等国内思想家发展成的流派。这一派是在开埠后所谓"东道西器派"的范畴内，在国内同时接受了传统教育和新式教育，以"革新儒学"学风为背景逐渐形成的派别。他们完全贴近并反映了国内新社会势力的成长与思想变化,希望将变革儒学的传统与西方市民思想相融合、发展,以解决面临的时代课题。其典型人物南宫檍曾在统理机务衙门的"同文学"读书,主要接受传统的汉学教育,郑乔和高永根没有上过新式学校,接受的是儒学教育。他们在直面新时代的新问题时,从东道西器的革新儒学传统中更进一步,希望在西方的市民思想中积极取舍,只选择那些有必要的部分。

这一派别的共同特征是主要以汉学教育为教育背景,对传统颇为肯定,希望通过发展传统来解决问题,对西方市民思想有所取舍,主张改革儒教伦理、革新儒教并付诸实行,对国史与民族文化持肯定与爱护的态度。

李商在身处促进两派合流的最重要位置,实际上起到了独立协会助产师的作用,在独立协会解散后在狱中受到基督教的影响,成为一名基督徒。

李商在的经历和教育背景、生活态度等使他置身于联合各派的位置。在接受了传统的汉学教育后,他曾于 1881 年作为朴正阳的随员,很早就随日本国政视察团(绅士游览团)考察过日本,从那时起就与早期开化派有了密切的联系。此后,1887 年朴正阳作为首任驻美公使前往美国时,他又作为一等书记官出使华盛顿,突破清政府的掣肘,推动了韩国的自主外交,具有接受并理解西方市民思想之来龙去脉的能力。而且,他的身份与教育背景使得他可以积极看待革新儒学的传统生长脉络,能予以尊重和接受。在此之上,他彻底克服了身份意识的开明生活态度,也对他获得各派别各阶层的支持起到了很大的作用。

独立协会成立的契机,是徐载弼在 1895 年 12 月 26 日回国后①与国内的稳健改革派合作,于 1896 年 4 月 7 日创办《独立新闻》,②向国内改革派倡议建设独立门、独立馆和独立公园。1896 年 6 月,徐载弼邀请当时有影响的国内开化独立派人士到家中,阐明了其建设独立门的构想。③ 作为核心人员,李商在当然也获邀到场。在这次聚会中众人协商,为建设独立门,应首先创立独立协会。随后,创立大会于 1896 年 7 月 2 日在外部(外务部)衙门召开,独立协会正式成立。

会议当天通过的《独立协会规则》规定了协会创建期的组织结构。独立协会的事业目标是建设独立门和独立公园(包括独立馆),人员构成上设会长一名、委员长一名、委员二十名、干事二十名、书记若干名、会计长一名。会员限交纳独立门建设金的人士加入,其他方面则不设限制。独立协会的会议分为通常会和特别会,通常会每周六(后改为周日)下午两点召开,特别会由书记向会员个别通知。协会一切事项都在会议上提议并由多数表决决定。④ 独立协会创建大会选出了如下人员。⑤

顾问(非正式):徐载弼

会　长:安驷寿

委员长:李完用⑥

---

① 参见《尹致昊日记》,1895 年 12 月 26 日。

② 参见慎镛厦,《〈独立新闻〉的创刊及其启蒙作用》,《韩国史论》第 2 辑,1975 及《独立协会研究》,1976,pp. 5 - 32。

③ 参见金道泰,《徐载弼博士自叙传》,首善社,1948,p. 215。

④ 参见《大朝鲜独立协会会报》第 1 号,1896 年 11 月 30 日,《独立协会规则》。

⑤ 参见《独立新闻》,1986 年 7 月 4 日,《社论》。

⑥ 选举李完用为独立协会委员长是因为当时李完用担任外部大臣。

委　　员:金嘉镇、金宗汉、闵商镐、李采渊、全在衡、玄兴
泽、李商在、李根浩

干事员:宋宪斌、南宫檍、沈宜硕、郑显哲、彭翰周、吴世
昌、玄济复、李启弼、朴承祖、洪禹观

徐载弼在形式上为美国国籍,作为外国人没有公开加入会员,而
是作为非正式的顾问参加;①会长选举了建阳协会派别的安駉寿,委员
主要负责政策与议事议决,干事员负责实务。后来成为独立协会会长
活动积极的尹致昊,此时作为闵泳焕使节团随员在俄国参加尼古拉斯
二世加冕仪式,未能参加本次大会。在独立协会的组织中,委员是负
责政策和议事决定的核心机构,但最初全部由改革派高级官僚担任,
缺乏负责实际事务的工作人员,李商在成为实际上的核心,几乎处理
了所有实务。

独立协会最初是以改革派尤其是高级官僚和中层官僚为主体建
立起来的,但是这个团体具有在民众力量成长后能立刻演进为国民团
体的要素。下列事实值得特别关注:

第一,会员的加入是完全开放的。不需要推荐或保证人,面向全
体国民开放,无论是谁,只要为独立门建设捐款便可成为独立协会的
正式会员。

第二,入会的目的非常明确地具化为独立门、独立馆、独立公园的
建立。所以,虽然独立协会以捐款为入会条件,入会是开放的,但是依
然可以只选择广大国民中的爱国人士。

第三,独立协会的运行规则完全民主化,全部事项由会员的过半

---

① 参见郑乔,《大韩纪年史》(国史编纂委员会版)上卷,p. 146;《民会实记》,p. 1。

数表决决定。因为规定了以会员中的多数表决为决定原则,这就打开了在民众占多数的情况下,协会可按照民众意愿运转的道路。

第四,独立协会的所有领导层由会员投票选出,除建会时的领导层外,此后在国民成为多数会员时,可以根据他们的意愿选举领导层。所有会员无论捐款多少,都具有一人一票的平等权利。

由此创立的独立协会于 1896 年 11 月 21 日在事大外交的耻辱象征"迎恩门"原址上举行了独立门奠基仪式,①于一年后的 1897 年 11 月 20 日竣工。② 此外,还把独立门附近的慕华馆改建后命名为独立馆,1897 年 5 月 23 日改造完工,③作为独立协会的办公场所使用。④ 独立公园是将独立门与独立馆一带的空地植树绿化后建成的美丽公园。⑤ 独立协会在创立后的第二年就成功通过国民募捐,完成了独立门、独立馆、独立公园的建设。

独立协会在独立馆改造完工成为办公场所后,为启蒙会员与市民,从 1897 年 8 月 29 日起,每周日下午定期举办讨论会。⑥ 讨论会共举行了 34 次,针对与国家和社会改革有关的主要问题进行了大讨论,在会员及参会市民的意识启迪方面起到了极大作用。在这一讨论会

---

① 参见《大朝鲜独立协会会报》第 2 号,1896 年 12 月 15 日,《会事记》及《独立新闻》1896 年 11 月 24 日,《独立馆宴会辞》。

② 参见 "The Independence Club," *The Korean Repository*,1989 年 11 月号,p. 286。

③ 参见《独立新闻》,1897 年 5 月 25 日,《杂报》。

④ 参见尹致昊,《独立协会的活动》,《东光》,1931 年 10 月号,p. 35。

⑤ 参见《大朝鲜独立协会会报》第 16 号,1897 年 7 月 15 日,《会事记》。

⑥ 参见《独立新闻》,1897 年 8 月 31 日,《杂报》。

中,李商在也曾作为知名讨论者参加,为会员和市民的启蒙贡献了力量。①

在独立协会的创立中,李商在为统合两派开化人士起到了主要作用,在独立协会创立后作为决定政策和决议的核心会员积极活动,在建设独立门、独立馆、独立公园的募捐活动和发展会员方面取得了成功。他还作为领导者参加每周举行的定期讨论会,为启蒙会员和市民尽心尽力。

李商在在独立协会演讲

---

① 参见《独立新闻》,1897 年 9 月 7 日,《杂报》;*The Independence*,1898 年 11 月 29 日,"Molayo's Report"及《独立新闻》,1898 年 11 月 29 日,《杂报:修改例会日期·讨论问题》。

三

自主独立守护运动与李商在

在"讨论会启蒙运动"之后，李商在从 1898 年开始，就与同志们一起领导独立协会的会员们开始了自主独立守护运动，从列强手中夺回自主独立。

从当时国家的情况看，为了使滞留在俄国公使馆，落入俄国手中的高宗国王顺利还宫，独立协会改革派联合自主守旧派共同行动，最终在 1897 年 2 月 20 日使国王成功回到了庆云宫。作为强化独立的一种努力，这年 8 月，改年号为"光武"，10 月，将高宗从大君主升格为皇帝，同时将国号改为大韩帝国。这是对内对外重新宣布独立的重要事件。

但并不是说大韩帝国成立，俄国的侵略政策就随之弱化，或大韩帝国政府就完全走上了自主独立的道路。大韩帝国政府依然被亲俄守旧派掌握，奉行亲俄政策。俄国在 1897 年 9 月 2 日将相对稳健的公使卡尔·韦伯（Karl Weber）替换为一贯主张积极侵略干涉政策的士贝邪，强化了殖民地属国化干涉政策。士贝邪到首尔赴任后，立刻实施了三项政策。

首先，作为设立军事基地的第一步，要求租借釜山绝影岛（今名影岛）为煤炭码头，[1]为把釜山、镇海、马山浦一带建为不冻军港做准备。

---

① 参见《驻韩日本公使记录》(机密本省往信)1897 年 9 月 24 日，《機密第 6 號，絕影島借地二關スル露公使ノ申込》及《驻韩日本公使馆记录》(各领事馆机密往来信)，1898 年 1 月 25 日，《機密京第 1 號，露國石炭庫敷地二關スル件》。

第二,为了掌控大韩帝国的军事权,先由公使馆的俄国军队担任韩国皇帝的护卫,将侍卫队按照俄国军制整编、训练,置于他们的掌握之下。为此从 1897 年 3 月 8 日起,俄国派来军官 13 名及数百名士兵,①11 月,任命列米诺夫(Reminoff)为大韩帝国机器厂(兵工厂)顾问。② 不仅如此,俄国公使士贝邪还在首尔市内常驻俄国陆军 1 000人,在俄国公使馆驻扎哥萨克骑兵 300 名,通过在韩国首都常驻共计1 300 名的俄国军队,意图以武力施行侵略干涉政策。③

第三,为了掌握大韩帝国的财政权,俄国于 1897 年 10 月 25 日任命前代理财政部部长基尔·亚历斯耶夫(Kir Alexiev)为韩国政府的财政顾问。④ 1897 年 12 月,为了掌握财政权,又准备创办半官半民性质的金融机构俄韩银行(The Russo-Korean Bank)。⑤

进入 1898 年,为了推动殖民地属国化,俄国的侵略政策变本加厉,从 1 月初开始,再次强烈要求租借釜山绝影岛的煤炭码头,同时为施加压力实现目的,1898 年 1 月 21 日派遣俄国军舰希乌奇号进入釜山港,派遣水兵在绝影岛登陆,展示自己的决心。⑥

---

① 参见议政府编,《奏义》第 6 册,建阳二年四月三十日,《奏本第 95 号,俄国教练师及诸员聘用事》。

② 参见外部编,《议政府来去文》第 3 册,建阳二年五月六日,《指令第 33 号》及《奏义》第 6 册,建阳二年三月八日,《奏本第 98 号,机器厂俄国士官雷米诺夫雇佣续约事》。

③ 参见《驻韩日本公使记录》(机密本省往信),1898 年《機密第 5 號,露兵找來拒絕二關スル件》。

④ 参见 *The Independence*,1897 年 10 月 5 日,"Local Items"及 H. N. Allen, *Chronological Index of Foreign Relations of Korea from Beijing of Christian Era to 20th Century*(1901),金奎炳译,1966,p. 78。

⑤ 参见《俄案》,文书号 972,光武二年一月二十七日及文书号 987,光武二年二月二十二日。

⑥ 参见《驻韩日本公使馆记录》(各领事馆机密往来信),1898 年《機密京第 1 號,露國石炭庫敷地二關スル件》。

列强一方面互相牵制,同时又参与了俄国的侵略政策,利权争夺更加激烈。日本在1898年1月29日公开要求承认此前应允的京釜铁路铺设权,并威胁将派遣两艘军舰进入仁川港。① 驻韩日本公使加藤增雄2月1日觐见高宗皇帝,答应日本方面将完全保证高宗的在位安全,同时督促批准京釜铁路铺设权。② 另一方面,美国借机在1898年2月14日掠走了此前一年约定的首尔市内电车铺设权。③ 英国在1898年初开始派遣东方舰队进入仁川港,进行武力威胁,④同时向英国驻韩使馆多次下达了争取与俄国、日本、美国同等权利的命令。⑤

外部有沙俄强化全面殖民地属国化的侵略政策,有列强在进行竞争性权利争夺,内部建立了亲俄守旧派政府持续执政,与外部侵略互相配合,所以从1898年初开始,大韩帝国就陷入了丧失所有财富源泉、失去自主独立的危机之中。

独立协会的领导人徐载弼、尹致昊、李商在与会员们聚集在独立馆里,决议以独立协会为主体开展自主独立守护运动,并决定首先向高宗上书,要求击退外国的侵略企图,守护国家的独立自主。独立协会为守护韩国的自主独立正式开始了救国运动。⑥ 在李根浩的帮助

---

① 参见《驻韩美国公使馆报告》,No. 69,1898年1月30日,"Railroad Concession Demanded by Japan"。

② 参见《驻韩日本公使馆记录》(加藤公时代极密书类),1898年2月24日,《機密西外務大臣必親展》及《御身上擔保之儀ニ付韓帝ヘ内奏及勅答之件》。

③ 《驻韩美国公使馆报告》,No. 69,1898年2月15日,"Proposed Electric Trolley Street Railway in Seoul"。

④ 参见《尹致昊日记》,1898年1月15日。

⑤ 参见《驻韩英国公使馆报告》,1898年4月30日,《报告书第18号》;1898年5月17日,《机密报告书第60号》;1898年7月16日,《报告书第78号》。

⑥ 参见《尹致昊日记》,1898年2月13日。

下，李商在撰写了这一历史性的上疏，①其内容如下。

　　臣等以为，国之为国，有二焉。曰自立而不依于他国也，曰自修而行政法于一国也。此二者，上天所以畀付我陛下之一大权也。无是权，则无其国也。所以臣等建独立之门、设独立之会，上而尊皇上之位，下而固人民之志，确立亿万年无疆之基础。而窃观近日国势，殆乎岌业，凡百施措，大违民望。以言乎自立，则财政焉不宜让人，而让之于人；兵权焉宜其自操，而操之在人。甚至于臣工之黜陟，亦或有不得自由者焉。是无乃奸细辈夤缘机会，从中逞私，或藉挟外权，而威胁至尊；或诪张风说，而眩惑圣听而然欤？履霜坚冰至，理之必然也。一日二日，一事二事，駸駸然若此不已，则几日几月之内，安知不以全国之权，俱让于人，有太阿倒持之悔乎？以言乎自修，则夫邦国之称，以其有典章法度也。现今我国可曰有典章乎？有法度乎？旧式焉，谓之废止而不行，新式则虽有所定，而亦不行。不行，则是有而无也。既无典章法度，则是非国也。国既非国，则人心自然依赖于他国，他国亦不期然而干预于内政也。噫！是曷故焉？三千里一千五百万人口皆我大皇帝陛下之赤子也。保护皇室，维持国权，是赤子之职。而乃使强邻侮逼于外，圣躬孤危于上者，祗缘臣等只知一缕之微，不知全国之大，苟且因循，以至于今日也。言念及此，一是臣等之罪，二是臣等之罪也。俯仰穹壤，何所容措？凡今日之为赤子于陛下者，与其苟保残命，而忍见君父

之受困,无宁炮其胸,戟其腹,一死于青天白日之下,不睹不闻之为快也。兹敢齐声一吁于严明之下,伏愿皇上确执圣衷,以三千里一千五百万赤子之心为心,共其愤而同其忧,内而实践定章,外而无依他国,自主我皇上之权,自立我一国之权,则虽十百强敌,孰敢擅预也哉。天鉴孔昭,臣等誓不改今日之心也。伏乞圣明垂察焉。臣等无任屏营,祈恳之至,谨昧死以闻。[1]

李商在撰写的这一上疏不仅充分表现了他的自主独立思想,也很好地代表了独立协会的自主独立思想。他的上疏虽然语调十分恳切,却是痛叹政府被俄国夺去财政权和军事权,指出这无异于把刀柄交给别人,自己手持刀刃一般危险,同时要求对外寻求完全的独立自主,对内倡导立宪与法治,惩治为了私利私欲而依附外势的贪官污吏,进行大规模的内政改革。这是宣告独立协会将以性命相搏,开展自主独立守护运动的救国运动宣言。对于李商在上疏及独立协会上疏被呈纳一事,《独立新闻》做了如下报道。

> 每个国家都有公论,百事以公论施行。大韩没有立公论之人,政府不知世上公论为何物。所谓公论,需要有公共之论辩才能称为公论,只是三五个人在客厅里谈话,并不是公论。所以每个国家都有人民相聚的地方,许多人按照既定的规则,细致严密地对万事进行讨论,听完左右两边的话之后

---

① 参见议政府编,《上疏存案》第 5 册,光武二年二月二十一日,《中枢院议官安駉寿等疏》及《大韩季年史》上卷,pp. 173 - 175。

所作的议论，才是公论。有这样能够提起公论的人民，政府做事才会容易，所做之事也不会出错。……最初大韩出现独立协会，在那里会员以诚心盟誓，一起以为国爱民为目的发起议论，拓展人民的知识，制造公论。这种值得庆祝的事情在大韩历史上从未有过，在汉唐历史上也未曾有过。这些人以至诚之心提出的上疏，应该成为国民之间极好的事业发端。①

独立协会在呈上李商在撰写的上疏之后，于 1898 年 2 月 27 日在独立馆以李商在为临时会长，召开通常会，改选领导层。选举前外部大臣，现转任全罗道观察使，尚在全州任上的李完用为会长。因其无法就任，停止其职权，另选举尹致昊为副会长兼代会长，选举南宫檍为书记，李商在为会计。② 至此，独立协会建立起了以尹致昊和李商在、南宫檍为中心的运营体制。

独立协会在进行领导层改换的同时，决议接受俄国租借绝影岛的要求，已进入文件准备阶段的外务部发送反对公函，选出李商在、郑乔、赵汉禹为代表委员负责此事。李商在等人于 2 月 28 日向外务部发送了强烈反对俄国租借绝影岛的抗议公函。③

此后，独立协会持续向外务部发送了要求撤销绝影岛日本煤炭仓

---

① 《独立新闻》，1898 年 2 月 24 日，《独立协会会员们的上疏》。

② 参见《大韩季年史》上卷，p. 176 及 *The Independent*，1898 年 3 月 5 日，"Local Items"。

③ 参见《民会实录》，光武二年阴历二月八日。

库的公函，①向度支部发送了强烈要求撤销俄韩银行的公函。② 而且，独立协会还向议政府发送了要求罢免外务部大臣闵种默、反对俄国租借绝影岛、强烈要求撤销俄韩银行、撤销绝影岛日本煤炭仓库的公函。③ 3月7日，独立协会召集会员在独立馆举行声讨特别会，谴责俄国和日本的侵略政策，要求恢复完整的自主独立权。④

在运动的这些序幕取得成功之后，独立协会为了展开依靠广大市民的自主独立守护运动，1898年3月10日下午2时在首尔钟路召开了韩国历史上第一次万民共同会。⑤ 独立协会召开的这一万民共同会云集了当时17万首尔人口中1万名以上的成年男性市民，发表了强烈谴责俄国侵略政策的诸多演说，呼吁大韩帝国的完全自主独立。⑥ 在万民共同会上，撤回俄国军事教官、财政顾问，撤销俄韩银行以维护大韩帝国独立自主的决议案在群情激奋中获得一致通过。⑦

作为韩国历史上最早的市民誓师大会，万民共同会取得了巨大的成功。参加集会的民众也达到了远超期待值的1万余名，以"万民共同会"为名的新集会形式诞生。民众及演说者言行理性，表现出守护自主独立权的坚定意志，展现了大韩帝国国民的成熟度。独立协会主导的万民共同会的成功不但给予亲俄守旧派政府大臣巨大的冲击，也极大地震撼了在韩的各国外交官们。当时俄国公使、使馆职员以及许多外国人目睹了万民共同会，在韩国国民的爱国意志面前无法停止他

---

① 参见《民会实录》，光武二年阴历二月十五日及《大韩季年史》上卷，p. 179。
② 参见《民会实录》，光武二年阴历二月十五日及《大韩季年史》上卷，p. 181。
③ 参见《大韩季年史》上卷，pp. 179 - 180。
④ 参见《尹致昊日记》，1898年3月7日。
⑤ 参见《独立新闻》，1898年3月10日，《杂报》。
⑥ 参见 *The Independent*，1898年3月12日，"People's Mass Meeting"。
⑦ 参见《民会实录》，光武二年阴历二月十七日及《大韩季年史》上卷，p. 182。

们的惊讶和感慨。①

因万民共同会的成功而遭受重大打击的沙皇俄国向高宗皇帝发送了带有时限的最后通牒，要求在 24 小时之内回答是要惩办独立协会的"无赖汉"还是撤回俄国为护卫皇帝而派来的军事教官和财政顾问。这是俄国预料到高宗为保卫皇室不可能要求撤回俄国军队，从而借助高宗皇帝的权力打压独立协会的强硬对策。俄国同时还把这份限时最后通牒通报了各国公使馆，希望各国注意到俄罗斯的意志和大韩帝国自发的哀求。

但是让俄国万分意外的是，在大韩帝国的前任、现任大臣会议上，一部分被万民共同会的爱国意志所震惊的大臣开始选择要求俄国撤回军事教官和财政顾问的方向。虽然经历了亲俄守旧派的拼死阻挠，但依然在 3 月 11 日晚通过了这一决议。② 随后，政府向俄国公使发送公函，表明大韩帝国不会在度支部和军部雇佣外国人，希望俄国撤回财政顾问和军事教官。③ 俄国公使士贝邪大为震惊，急忙赶到皇宫希望面见高宗，但被一些大臣以皇帝已就寝为由，阻止了会见。

更让人震惊的是，3 月 12 日，在没有独立协会主导的情况下，住在首尔南村的平民们聚集到两天前举办万民共同会的地方，自发举行了万民共同会，而且人数多于两天前，达到了数万人。在这次万民共同会上，民众自发走上演讲台，痛烈遣责俄国和列强的侵略政策，呼吁守护大韩帝国的独立自主，在激奋中再次通过了第一次万民共同会要求

---

① 参见《驻韩美国公使馆报告》，No. 89，1898 年 3 月 19 日，"Crisis in Korea"。

② 《驻韩日本公使馆记录》（机密本省往信），1898 年 3 月 31 日，《機密第 16 號，排露熱勃興井二露國士官顧問官等撤退一件》。

③ 参见《俄案》第 12 册，文书番号 1001，光武二年 3 月 12 日，《就今后不聘用俄国士官及顾问官一事并为对该援助表示谢意向俄国首都派遣大使的通告》。

撤回俄国军事教官和财政顾问的决议。①

　　这一出乎预料的民众自发的万民共同会当然是对独立协会万民共同会的效仿,但作为一次没有得到独立协会直接指导,由平民自发成功召开的民众大集会,不仅让政府官僚,也让各国公使馆的外交官们无比震惊。

　　当时沙皇俄国的对韩政策是将韩国与芬兰一起,先变成俄国的属国,最终变为殖民地,②却在第一阶段就遭到了独立协会和万民共同会的抵抗。当时俄国为了支撑其远东政策,已经开始建设西伯利亚铁路,但是铁路尚未完工,不能立刻运送军队。在这种状态下,为了在韩国获取军事基地,向韩国政府发出限时最后通牒,却遇到独立协会和万民共同会在李商在的领导下发起的自主独立守护运动,导致事态发生逆转,沙皇俄国对韩国的殖民地属国化政策完全被逼到了墙角。

　　为此,圣彼得堡的沙皇俄国政府内部,主张从韩国后退的稳健派和主张对韩国政府采取武力威胁的强硬派产生了对立,最终稳健派获胜,于 3 月 17 日向驻韩俄国公使馆发送了"既然韩国民众的舆论如此,就撤回财政顾问和军事教官"的命令。据此,俄国公使向大韩帝国政府通报,撤回租借绝影岛煤炭仓库的要求,撤回财政顾问和军事顾

---

　　①　参见《独立新闻》,1898 年 3 月 15 日,《杂报》。

　　②　参见 *The Independent* , 1898 年 3 月 22 日,"A Prophetic Journalist"。正如报道所示,当时观察了沙皇俄国对韩政策并返回俄罗斯的俄国重要记者 M. 塞罗米安塔尼科夫(M. Syromiantanikoff)在接受伦敦《每日写真报》(*Daily Graphic*)的采访时,坦言大韩帝国正处于走向俄罗斯属国的命运之中,并向全世界强调了俄罗斯有必要将韩国变为其殖民地,认为"韩国正在成为俄罗斯帝国的一个属州(Korea is bound to become a province of the Russian Empire)"。*The Independent* 痛批了这一观点,但此时沙皇俄国正向全世界公开宣称其对韩支配的正当性。

问。① 大韩帝国政府于 1898 年 3 月 19 日解雇了俄国的军事教官,②退回了俄国财政顾问亚历斯耶夫,③撤除俄韩银行。④ 对此,日本也大为震惊,向大韩帝国返还了此前抢占的绝影岛煤炭仓库基地。⑤

　　这是独立协会最早达成的胜利。而且在这次独立自主守护运动中,李商在从救国运动宣言上疏开始,到俄国势力和日本势力撤退为止,始终如一地进行指导,和民众一起参与了斗争。

　　作为独立协会/万民共同会自主独立守护运动的结果,沙皇俄国最终回撤到了三国干涉时从中国租借的候补海军基地辽东半岛。日本也被迫撤回了设在韩国的煤炭仓库基地。从把远东作为一个地域单位的俄国的立场上,在釜山一带设置军港和在辽东半岛建设军港只是很小的差异,但对于当时的弱小国家大韩帝国来说,却是击退了外来势力的重大事件。列强势力在朝鲜半岛出现真空状态之后,沙俄和日本为了相互牵制,于 1898 年 4 月签订了《罗森-西协定》(Rosen-Nishi Agreement),约定两国尊重大韩帝国的主权和完全独立自主,不干涉其内政,大韩帝国在邀请政府各部门顾问时,如无两国事前同意,则不可接受。罗森-西协定扭转了此前《韦贝-小村备忘录》和《罗巴诺夫-山县协定》有利于俄国的倾斜状态,形成了国际势力的均衡。这种势力均衡到日俄战争爆发的 1904 年 2 月为止,持续了六年时间。争

---

　　① 参见《俄案》第 12 册,文书番号 1002,1898 年 3 月 17 日,《撤回俄国士官、顾问官并拒绝韩国大使派遣的照覆》。
　　② 参见《奏义》第 13 册,光武二年三月十九日,《奏本第 33 号,俄国士官以下回还旅费预算外支出请议书》。
　　③ 参见《俄案》第 13 册,光武二年三月十九日,《奏本第 34 号,顾问官俄国人夏楪变解任回费请议书》。
　　④ 参见 The Independent,1898 年 4 月 9 日,"Local Items"。
　　⑤ 参见《民会实记》,光武二年阴历二月二十日及《大韩季年史》上卷,p.183。

取到这种国际势力均衡的,正是独立协会的改革派。[1]

独立协会在争取到国际势力均衡后,希望在此期间建立起可以维护国家独立的坚实基础,即便将来国际势力均衡崩溃,某一势力试图进行全面侵略行为时,也可以用自己的实力将其击退。为此,独立协会在开展轰轰烈烈的自由民权运动和开设议会运动的同时,并未中断自主独立守护运动。

独立协会在1898年5、6月间反对并阻止了俄国购买木浦和镇南浦港口的要求,反对并制止了法国对矿山利权的要求,7月开展了抗议德国获取矿山利权要求的斗争,阻止了日本要求赔偿乙未义兵受害者,获取京釜铁路铺设权的要求。而且,9月在高宗皇帝与亲俄守旧派从上海雇佣30名外国退役军人组建"皇室护卫外人部队",且外国军人已经到达首尔的情况下,独立协会开展了猛烈的抗争,最终阻止了此事,将外国军人重新遣返。独立协会还在8、9月间调查了被外国人掠夺,被大韩帝国政府转让的所有利权,对与之有关的韩国人也进行了调查和谴责。[2] 独立协会在查明前会长李完用曾参与过利权转让后将其除名。[3] 在独立协会存在期间,得益于协会的一系列自主独立守护运动,列强无法生出掠夺利权的念头,实际上所有的利权侵略都被制止,大韩帝国的自主独立大幅加强。在此过程中,李商在始终在第一线指导大韩帝国的自主独立守护运动。

独立协会在1898年8月28日将李完用除名,改选了领导层,选举

---

① 参见慎镛厦,《韩国近代史和社会变动》,文学与知性社,1980,pp. 106 – 107。

② 参见《大韩季年史》上卷,pp. 228 – 230;《独立新闻》,1898年9月13日,《杂报:金矿铁路山林》。

③ 参见《大韩季年史》上卷,p. 207。

尹致昊为会长,李商在为副会长,改选后的阵容如下：[1]

会　长：尹致昊

副会长：李商在

书　记：朴治勋、韩晚容

会　计：李一相(音译)

司法委员：南宫檍、郑乔

评　议　员：李商在、南宫檍、李建镐、郑乔、方汉德、金斗
铉、廉仲模、金龟铉、刘猛、玄济昶、郑恒谟、洪正厚、赵汉禹、
卞河璡、尹泰兴、罗寿渊、林镇洙等20人。

领导层改选后,独立协会完全进入了尹致昊、李商在领导体制,而李
商在同时还是表决机构评议员的代表,成为独立协会实际上的指导者。

四
议会设立运动与李商在

在通过万民共同会运动成功取得了国际势力的均衡后,一方面,
独立协会为守护国家的自主独立,积极开展阻止利权侵夺等运动;同
时希望借机开设议会,将专制君主制改革为立宪代议君主制,建立民

---

① 据《独立新闻》,1898年8月30日,《杂报：协会人员》;《大韩季年史》上卷9月以
后的评议员记录完成。

主主义的近代国家,建设以民权为基础的稳固国家。此时负责起草独立协会开设议会方案的正是李商在。

独立协会民族运动的重要特征是在韩国历史上第一次确立了自由民权思想(或者说市民民主思想),并将其与民族主义思想相结合,希望通过伸张国民的民主主义权利,依靠国民的力量守护国家独立。独立协会的民主主义思想首先是以国民自由权思想(人身、财产、言论、集会、出版、结社的自由权)、国民平等权思想、国民主权思想、国民参政权思想的确立为基础的。其中国民主权思想和国民参政权思想发展为议会设立运动。对于李商在来说,这和自主独立守护运动一样,都是他用尽全部精力投身其中的运动。从独立协会时期开始,李商在就不仅是一位民族主义者,还是一位在当时非常进步的民主主义者。

对于国民主权,《独立新闻》指出,国民是国家的主人,拥有主人的权力,一直以来以主人自居的官员们,实际上不过是国民的仆从罢了。

独立协会认为国民是国家的主人,国家的权力来自国民,国民应该用自己的力量从官人那里重新找回自己的权利。这权利是天赋的,对于任何意图夺走这种权利或者侮辱这种权利的人都不应容忍。①

我们要注意到,在百姓只被当作被统治者,政治只有官人才能负责和统治的当时,宣称百姓是国家的主人,官人是百姓的仆人,百姓和官人们读到时会受到何等巨大的冲击和影响。

独立协会认为,百姓是国家的主人,权力源于百姓,连政府也是由百姓的合约协议建立起来的。他们提出"是政府因百姓而生,而非百

---

① 参见《独立新闻》,1898 年 11 月 17 日,《Jaisohn 的信》。

姓为政府而生"。① 他们在把君主纳入国家的社会契约构成要素之中时，依然认为"国家因百姓的权利而成为国家"，明确了国家的源泉在于百姓。

　　人民依靠土地建立国家时，国君与政府、百姓同心协力，建立起国家……故而，国家因百姓的权利而成为国家。②

有趣的地方在于，当独立协会意识到不得不把君主作为君权的象征保留下来，要把专制君主制改为立宪代议君主制时，他们是如何处理君权和民权的上下关系的。专制君主制之下，几乎不可能在公开发行的报纸上言及于此。独立协会对此间接使用了"官人是君主的'臣子'，百姓之'奴仆'"的说法，通过"臣子"和"奴仆"的比较，间接地把民权放在了君权之上。

　　在政府有官职的人，是国王的臣下、百姓的仆人。仆人需要详细了解主人的权限和情况，才能更好地侍奉主人。朝鲜却相反……③

　　对于守法的百姓来说，巡检就是他们的奴仆。不仅是巡检，应该认为，在政府里拿薪水的大小官员，全都是守法百姓的奴仆。④

---

①　《独立新闻》，1898 年 11 月 26 日，《俞镇律的信，续前号》。
②　《独立新闻》，1898 年 12 月 15 日，《民权论》。
③　《独立新闻》，1896 年 11 月 21 日，《社论》。
④　《独立新闻》，1896 年 7 月 11 日，《社论》。

独立协会把立宪代议君主制作为改革的前提,但依然把民权置于君权之上。这在讨论军队问题时也有体现,在军队是为了百姓才忠诚于君主的表述中,我们可以再次确认他们间接地把民权放在了君权之上。

思考事实的话就会发现,政府是为了百姓而建的,士兵也是为了百姓而存在的。为了百姓,就要为了治理百姓的君主,也就是说,士兵的职责是为了百姓所以才必须忠诚于君主。①

独立协会以这种明确的国民主权思想为基础,主张国民参政。

政府并不能常常做得优秀,使得国富兵强。百姓如果常常关注着政府所做的事情,哪怕有一点做错的事情,就立刻掀起不满的议论,这就让政府不能有片刻的大意,无法做出那样的事情。所以越是开化的国家,公论越多。争论越来越多,开化才能越来越好……大韩的百姓也要明白这个道理,对政府做的事情加以特别的注意,不管什么时候,只要有做错的事情,不要有所顾忌,立刻提出争议或反对,让政府去掉大意的毛病。②

独立协会指出人民有三大职责。第一,观察和监督政府是不是爱

① 《独立新闻》,1896 年 7 月 9 日,《社论》。
② 《独立新闻》,1898 年 11 月 7 日,《反对的功用》。

国（君）爱民的政府；第二，对于爱国爱民政府的正确的法令，不仅自己实行，还要劝别人去实行；第三，政府如果不是爱国爱民的政府，就换掉它，换成爱国爱民的政府。[①] 独立协会不仅把政府的更迭看作国民的权利，而且强调是国民的职责。由此我们可以看出独立协会国民参政权思想的强度有多高。

独立协会在列强的侵略威胁之中非常重视国民的爱国心。但是他们强调在给予了国民参政权，让国民参与国家政治的基础上，爱国心才能牢固地树立起来。

> 爱国是天赋之性。大致人无不爱自己的身体，爱身体就不会不爱他的家，爱他的家就不会没有爱国之心。但是，这种爱国心能够生起、建立起来，是因为百姓被带到了政治教育上，有了参与国家政略的权利。所以说，天赋之性确实存在，但根据时代的变迁，存在人民和国民的等级差别。[②]

依据这种国民参政权思想，独立协会针对当时最严重的地方行政紊乱和农民动摇的问题，提出了给予作为主人的农民以参政权，根据普通选举制度，通过地方人民的投票，选举观察使和郡守等地方官的方案。

独立协会认为，用国民投票的选举制度选拔地方官，地方官员便都将是深受百姓喜爱的人，百姓不会有怨言；能选出有能力、有良知的人；能选出熟悉地方情况的人；地方官由居民选出，会更加为选举自己

---

① 《独立新闻》，1898 年 3 月 3 日，《大韩人民的职务》。
② 《独立新闻》，1898 年 12 月 17 日，《论爱国》。

的主人工作；为了继续获得百姓的信任，会在行政上更加努力；所以，于国于民，都更加有利。①

独立协会通过投票选举制度选拔地方官的提议是划时代的，李商在也参与其中。

为了实现国民的参政权，独立协会提出在地方上通过地区居民投票选举地方官的制度，在中央政治层面则希望通过设立"议会"把专制君主制改为代议君主制。为了设立议会，为民权与独立打下牢固的基础，以李商在为首的独立协会领导者们在通过万民共同会运动使沙俄和日本势力退出朝鲜半岛实现国际势力均衡之后，正式发起了开设议会运动。

1898年4月3日，独立协会将第25次独立协会讨论会的主题定为"开设议会为政治上第一要务"，对此开展讨论，向会员及国民启蒙开设议会的紧急必要性。② 通过这一讨论，以及此前的启蒙运动，独立协会的开设议会运动获得了会员们的坚定同意。

作为开设议会的准备工作之一，独立协会会长尹致昊从3月18日开始翻译亨利·M. 罗伯特（Henry M. Robert）的《议会议事规则袖珍手册》（*Pocket Manual of Rules of Order for Deliberative Assembly*）的第一部分"Rules of Order, A Compendium of Parliamentary Law"（议事规则：议会法概要）。③ 这本书由两部分组成，第一部分分门别类地整理了议会内会议召开和表决的步骤与规则，第二部分对企业和各种社会团体中会议召开与表决的规则进行了

①　参见《独立新闻》，1896年4月14日，《评论》及1896年4月16日，《评论》。
②　参见《独立新闻》，1898年4月9日，《杂报》。
③　参见《尹致昊日记》，1898年3月18日。

简要的整理。① 此书第一部分的规则是当时英国和美国的议会中召开
会议和表决的标准,所以以此书的翻译作为开设议会的准备是十分合
适的。② 独立协会将这本书的第一部分翻译完毕后于 1898 年 4 月以
《议会通用规则》为名印刷完毕,开始以 5 分钱一册的价格发售。③ 独
立协会不仅将《议会通用规则》分发给会员们,还在《独立新闻》上刊登
广告,向普通国民公开发售,开始进行开设议会时召开会议的训练。④

　　独立协会开设议会运动的发起,让亲俄守旧派政府手足失措。他
们于 1898 年 4 月 14 日派遣法部顾问李善得到独立协会干部那里,转
达了认为独立协会所提议的“完全的代议政府”为时尚早,可以设置作
为折中方案的咨问院的意见,并试图说服他们。⑤

　　为此,独立协会在 1898 年 4 月 30 日的《独立新闻》上刊登了主张
“开设议会”的长篇社论,明确了独立协会的目标是通过开设议会,建
立完全的代议政府。其社论的主要内容如下:⑥

---

　　① 参见 Henry M. Robert, *Pocket Manual of Rules of Order for Deliberative
Assemblies*, S. C. Griggs Company, 1876。

　　② 根据《罗伯特的议事规则(新修版)》(*Robert's Rules of Order*, *Newly Revised*,
ed. Sarah Corbin Robert, 1970)来看,罗伯特的《议事规则》有 1876 年版、1893 年版、
1904 年版、1915 年版、1918 年版、1921 年版,尹致昊翻译的版本应为 1893 年版。

　　③ 参见"Literary Department", *The Korean Repository*, 1898 年 4 月刊, p. 157。

　　④ 《独立新闻》从 1898 年 6 月 2 日至 1898 年 6 月 21 日刊登广告,对《议会通用规
则》进行了公开发售。

　　⑤ 参见《尹致昊日记》, 1898 年 4 月 14 日, "Legendre said 'The present condition
of Corea is very much like that of Japan 30 years ago. The country will no longer stand
the old absolutism, but it is unfit for a thoroughly representative government. We must
find a medium between the two. I therefore suggest what I did to Japan 30 years ago;
viz. Consultation Board which shall be composed of the most enlightened elements in
Country … 'General Legendre is bitterly opposed to P. Y. H. and also to Jaisohn"。

　　⑥ 参见《独立新闻》, 1898 年 4 月 30 日,《社论》。

1. 将议会与行政府严格分立。议员没有行政权，只有议论和决定的权利，行政官只有执行议会所决定事项的行政权。这样就可以克服此前决议欠佳，行政也不好的弊端。立法和行政分立能够更加专业，会提升效率，更为精密，所以议会的开设迫在眉睫。

2. 如果开设议会，那么就可以选出本国内有学问和智慧，有好的想法的人作为议员，每天公平地讨论好的想法和好的议题，做出决定后移交给行政府执行，国家可以得到巨大的发展。

3. 如果开设议会，那么所有的事情在议会之中经过赞成或反对的讨论之后决定，皇帝为决断而辛劳之事减少，私议和谎言不能入于皇帝之耳，专制君主制下扰乱皇帝之聪明睿智的弊病将会消失。

4. 如果开设议会，那么行政府的大臣们只需要恰当的执行议会里已经智慧而公平地决定了的事项即可，大臣们可免除行政失误，而且可以获得时间专注于行政，行政自然可以做得更好，对于大臣和行政府也有益。

5. 如果开设议会，那么所有事项都将在议会中经过赞成与反对的讨论后，斟酌双方主张最终决定，国民的舆论和主张可以得到充分的反应，国民中不会有人受其害，所有的决定都有利于绝大多数国民，国民将获得利益。

6. 如果开设议会，那么政策决议事项的利害就会得到讨论，讨论过程公开，全体国民就都可以得知，所有人都可以根据自己的意见发言参政，所有的国民都可以把自己的意见和主张告诉政府，不论赞成还是反对，都增加了公平决定的路径。人人都会在心中把政府的事情看得更加切近,把政府的事情当成自己的事情,政府和国民之间产生此前从未有过的沟通,国民的爱国之心必然成倍增加。

7. 如果开设议会,那么国民与政府相合,君主与国民相合,国家事务均得公平决定。外国见此则不能蔑视我大韩,不能侵犯我大韩,不能失礼于我。

独立协会虽然希望立刻开设上下两院,但从当时的条件来看,议会开设本身正遭到皇帝和亲俄守旧派政府的强烈反对,而且下院的开设需要依靠国民举行普通选举,需要相当长时间的事前准备。所以他们选择了先改造既有的中枢院,开设"上院",然后慢慢寻求下院的开设。①

独立协会在广泛宣传他们开设议会的提议之后,于 1898 年 7 月 9日向高宗皇帝提交了国汉文混用体的上疏,正式恳切地提议开设议会。② 独立协会在上疏中提出:① 东方的思想中强调在用人时无论一用一言,一定要尊重国人的议论;② 在欧洲的很多国家里,即使实行的是专制政治,也会开设上院和下院,广开言路;③ 所以根据这一万国通用的规则,迂回而恳切地提议韩国也应该开设议会。③

高宗皇帝对独立协会提议开设议会的上疏批答:"所言虽是出自

---

① 参见《尹致昊日记》,1898 年 5 月 2 日及《独立新闻》,1898 年 7 月 27 日,《下议院无需着急》。

② 参见《尹致昊日记》,1898 年 7 月 3 日。

③ 参见《上疏存案》第 6 册,光武二年七月三日及《承政院日记》,高宗光武二年阴历五月二十一日,《中枢院一等议官尹致昊等疏》。

对朝廷之事的担忧和爱护,但不要超出本分,妄加议论。"予以了拒绝。①

而且,亲俄守旧派们攻击独立协会,认为独立协会的议会开设运动是在韩国发动"法国民变"(法国大革命)。对此,独立协会在 7 月 9 日的《独立新闻》上刊登社论,向皇帝和亲俄守旧派及广大国民说明,他们要求开设议会,并不是要在韩国发动法国大革命,而是为了提升民权,改革国家的政治,为国家的独立打下坚实的基础。②

并且,独立协会在他们开设议会的提案被皇帝拒绝之后并未屈服,而是于 7 月 12 日再次上疏,再三强调了洪范实遵、贤官更选、民意博采,更加迂回而恳切地提议为此应该开设议会。③

独立协会坚持开设议会的主张使得亲俄守旧派手足失措,作为安抚政策,任命了包括尹致昊、李建镐、尹夏荣、郑乔等在内的 40 人为中枢院新任议官。④ 但是,独立协会认为中枢院议官改任是一种权宜之策,目的只是安抚独立协会开设议会的要求,而且新任议官与旧议官并无丝毫区别,至于给他们发放此前未有过的薪水,则是一种浪费。独立协会要求以名实相副的议会开设来进行中枢院改革。⑤

政府于 9 月 7 日再次任命独立协会的李建镐等人为中枢院议官,⑥9 月 24 日改中枢院为顾问机构中枢院会议。⑦ 但是独立协会不

---

① 参见《承政院日记》,高宗光武二年阴历五月二十一日及《中枢院一等议官尹致昊等疏批旨》:"省疏具悉。所陈虽若忧爱朝廷之事,不可出位妄论也。"
② 参见《独立新闻》,1898 年 7 月 9 日,《民权是什么》。
③ 参见《承政院日记》,高宗光武二年阴历六月二日,《前中枢院议官尹致昊等疏》。
④ 参见《官报》第 1000 号,光武二年七月十三日。
⑤ 参见《独立新闻》,1898 年 7 月 16 日,《这是中枢院组织吗》。
⑥ 参见《官报》第 1051 号,光武二年九月十日。
⑦ 参见《皇城新闻》,1898 年 9 月 26 日,《杂报:枢院实施》。

满足于这些补救措施,继续要求变中枢院为名实相副的"议会"。庆幸的是,政府内部也有闵泳焕等人积极支持独立协会的议会开设运动。①因此独立协会判断,为了达成他们开设议会的目标,首先需要打倒亲俄守旧派政府,建立朴正阳、闵泳焕等支持开设议会的官员为主的改革派政府。

为此,独立协会从 10 月 1 日起,开展了大规模的彻夜示威运动,到 10 月 7 日,成功罢免了希望恢复甲午更张时废除的挐戮法、连坐法的申箕善等守旧派大臣。随后,从 10 月 8 日起,独立协会包围了宫阙,谴责守旧派七大臣,要求建立改革政府。时间过去越久,首尔市民的气势愈加高涨,示威更加激烈,高宗大为震惊,最终屈服于独立协会和首尔市民的压力,于 10 月 12 日解散了亲俄守旧派政府,②建立了以朴正阳为议政府议政署理,闵泳焕为军部大臣的改革政府。③ 各国外交官对于韩国依靠民众运动完成了政权交替,建立了改革政府表示惊叹,向本国政府汇报说,韩国实现了"一场和平的革命"(a peaceful revolution)。

> 我要报告这个城市(首尔——原注)刚刚度过了一段非常强烈的兴奋期,发生了一场和平的革命,按照群众的要求,完成了一次完整的全面改阁。这种全面改阁,在 1894 年日

---

① 参见《独立新闻》,1898 年 9 月 22 日,《杂报:开明的闵氏》。
② 参见《官报》,光武二年十月十日,《号外》及光武二年十月十二日,《号外》。
③ 参见《承政院日记》,高宗光武二年阴历八月二十七日,《诏》。

本实际掌控韩国时(指甲午更张——著者)曾经发生过。①

在 10 月 12 日以朴正阳为行政首脑的改革政府得益于独立协会的运动成功建立之后,独立协会于 10 月 13 日选出了总代委员,希望协商议会开设事宜,并要求指定时间和场所。② 行政首脑朴正阳任命李商在为议政府总务局长,政府的实际事务由独立协会副会长李商在负责,独立协会和议政府实际上形成了内外呼应的形势。政府首脑朴正阳于 10 月 14 日回应,“10 月 15 日下午 4 时,在议政府”协议“开设议会”事宜。③

独立协会在 10 月 15 日政府与独立协会的联席会议上为开设议会提出了《条规二案》。其内容如下:④

第 1 条　革除法律规定以外所有巧设名目的杂税。

第 2 条　重组中枢院,官制由独立协会会员中选出的公平正直的总代委员会同议定。

①　议官中半数由政府荐选,半数由独立协会投票荐选,上奏后奉敕叙任。

---

① 参见《驻韩美国公使馆报告》,No. 152,1898 年 10 月 13 日,原文:"Changes of Cabinet, Peaceful Revolution, Independence Club":"I have the honor to inform you that this city has just passed through a period of intensive excitement. A peaceful Revolution has taken place, and at the demand of the masses, almost a complete change of cabinet has been made. Such cabinet changes took place when, in 1894, the Japanese took practical possession of Korea."

② 参见《大韩季年史》上卷,p. 260。

③ 参见《皇城新闻》,1898 年 10 月 17 日,《杂报:政府复剳》。

④ 参见《大韩季年史》上卷,p. 262。

②议长由政府荐选人中担任,副议长由独立协会所荐选
会员担任,但需经议官投票选定。

③章程依据外国的议员规则施行,由该院起草,经政府
讨论后根据裁决施行。

独立协会提出的《条规二案》是向政府要求"议会的开设"(the formation of Assembly)。① 朴正阳、闵泳焕的改革派政府同意了独立协会的这一原则。②

正在独立协会与朴正阳、闵泳焕的改革政府顺利开展开设议会的准备工作时,亲俄守旧派开始了他们的反击。亲俄守旧派为了与独立协会对抗,向1898年7月临时组织的包袱商暴力团体皇国协会下达指令,在10月16日涌入朴正阳的家中。他们派出总代委员抗议道,独立协会与皇国协会都是民会,为何只和独立协会商量开设议会的事情,要求朴正阳辞职。③ 此外,高宗在10月17日任命亲俄守旧派大臣赵秉式为议政府赞政,开始通过再次启用守旧派牵制改革派政府;④10月20日,为限制言论和集会的自由,针对独立协会下达了禁止"离次开会"(独立协会离开独立馆在他处集会)的诏书。⑤

独立协会为此于10月20日起,重新在警务厅门前举行彻夜示威。受到震惊的高宗再次发布命令,将议政府赞政朴正阳升为参政,同时任命韩圭卨为中枢院议长,尹致昊为副议长,一面退步,一面表示

---

① 参见 *The Independent*,1898年10月18日,"A Forward Movement"。
② 参见《大韩季年史》上卷,p. 263。
③ 参见《独立新闻》,1898年10月18日,《杂报:皇国协会》。
④ 参见《承政院日记》,高宗光武二年阴历九月三日,《诏》。
⑤ 参见《承政院日记》,高宗光武二年阴历九月六日,《诏》。

中枢院官制有很多待修订之处，请议长、副议长采取措施商议后改正中枢院官制。①

此时高宗根据亲俄守旧派的进言，已经提前命令政府起草了作为政府咨询机构的中枢院官制改正案，以求得到独立协会的同意。独立协会会长尹致昊以中枢院副议长的资格进入政府后，政府向他传达了守旧派起草的作为咨询机构的中枢院官制改正案。尹致昊带着这份草案回到了独立协会，独立协会在检查政府方面的中枢院官制改正案后，认为这不是"议会"。10 月 24 日，独立协会决定独自起草作为议会的中枢院改正案提交政府，并将此任务委托给了李商在、李建镐、郑乔三人。②

随后，独立协会以李商在为负责人开始独立起草作为"议会"的中枢院改革方案，这就是独立协会的"议会设立案"。具有历史意义的这一议会开设方案是在李建镐和郑乔的帮助下，由李商在起草的。李商在等人起草的通过改革中枢院官制来开设议会的独立协会方案，其内容如下：③

第 1 条　中枢院是回应议政府的咨询，为政府提供建议，对下列事项进行审查议政的机构。

① 法律与敕令案

② 议政府上奏的一体事项

③ 中枢院临时建议的事项

① 参见《承政院日记》，高宗光武二年阴历九月九日，《诏》。
② 参见《帝国新闻》，1898 年 10 月 26 日，《杂报》。
③ 参见《皇城新闻》，1898 年 10 月 26 日，《杂报：枢院改案》。

④ 采用人民献议的事项

第 2 条　中枢院由下列人员构成

议　长　1 人

副议长　1 人

议　官　50 人，奏任。半数由独立协会会员投票选举产生。

参书官　2 人以下，奏任。

主　事　4 人以下，判任。

第 3 条　议长与副议长为敕任，议官为奏任，但无等级。敕任由议政奉敕叙任，奏任由议政上奏叙任。

第 4 条　议长、副议长及议官的任期为 12 个月。

第 5 条　议长总管中枢院内一切事务，对于中枢院发出的所有公文署名，副议长辅佐议长的职务，在议长有事故时，代行议长职务。

第 6 条　参书官在议长的指挥下，负责中枢院的庶务。

第 7 条　主事接受上司的指挥，从事庶务。

第 8 条　议政府与中枢院意见不合时，府与院联席协议，妥当决议后施行。

第 9 条　由国务大臣任命委员，以议政府委员的名义至中枢院，针对其主要负责事项辨明议案的理趣。

第 10 条　国务大臣及各部协办可到中枢院作为议官参会，列席会议，但在对其负责的事项进行表决时，不得计入表决人数。

第 11 条　本令自颁布之日起实行。

光武二年十月二十四日

独立协会代表委员 尹致昊 李商在 郑乔 李建镐

　　李商在等起草的作为议会开设案的中枢院改革方案① 在中枢院的权限中赋予了法律和敕令的制定、改废的权力,确立了立法权;② 议员 50 人中的半数——25 人——由独立协会代表国民投票选举产生;③ 中枢院(立法部)与议政府(行政部)意见不合时,一定要通过联席讨论决定后再施行,使得议政府不能单独施行;④ 规定议员的任期为 12个月。这是一份优秀的上院开设方案。需要注意的是,这一上院开设方案是在李商在的主导下起草的。这里集中体现了李商在的民主主义思想和议会主义思想。

　　独立协会会长尹致昊将李商在等起草的这一议会开设方案于 10月 24 日提交给了政府。① 政府大臣们在传阅了独立协会的这一议会开设方案(中枢院改革方案)后大致表示了同意。② 但是对于议官问题,高宗认为皇国协会也是民会,不能偏重独立协会一方,指示在民选议官 25 席中,只允许独立协会占据 17 席。③

　　独立协会正在准备通过自己主导下的议会开设,对国政进行全面的大改革,只有在中枢院议官 50 席中占据 25 席,他们才能掌握中枢院。所以独立协会在官选议官为 25 席的情况下,无法把部分席位分给皇国协会。④ 如果按照高宗的指示,独立协会只占据 17 个席位的话,独立协会就只掌握了议席中的三分之一,是无法主导议会的。所以独立协会通过决议,如果不能按照独立协会提出的中枢院改革方案

---

①　参见《大韩季年史》上卷,pp. 272 - 273。

②　参见 *The Independent*,1898 年 10 月 27 日,"The Privy Council"。

③　参见《大韩季年史》上卷,pp. 273 - 274。

④　参见《帝国新闻》,1898 年 10 月 26 日,《杂报》。

实行的话,独立协会不再参加中枢院。① 高宗皇帝将尹致昊叫去施加了压力,但尹致昊在与担任议政府总务局长的副会长李商在协商后,决定继续遵照独立协会的决议行动。②

独立协会会长尹致昊按照李商在的提议向政府通报,或者将 25 席的民选议官全部给独立协会,或者将 25 个席位全部给皇国协会,二者请选其一。惊慌失措的政府召见了皇国协会的会长李基东,向他咨询皇国协会能否单独参加中枢院,运营议会,李基东回答说要和会众商量,三天后再给答复,并在 10 月 27 日答复说"不能"。③ 皇国协会是由包袱商们临时组成的暴力团体,连议会是什么,议事运行如何进行也不知道,完全不具备负责议会的能力。李商在对此非常了解,是为了让独立协会占领议席的半数,在独立协会主导下开设议会,才继续推动他此前起草的议会开设方案的。

皇国协会自己承认了即使获得单独的机会也没有能力负责,现在高宗也没有办法了。如今在独立协会的主导下实现他们的夙愿——开设议会变为可能了。这是独立协会争取到的巨大胜利。各国公使馆也争相向本国报告大韩帝国开设了议会。比如美国公使向本国汇报说韩国人获得了言论的自由,现在实际上成功获得了开设"某种国民会议"(a sort of Popular Assembly)的保障,从而可能实现通过普选(popular election)来获得立法院的建立(the establishment of legislative body)。

---

① 参见 *The Independent*,1898 年 10 月 27 日,"The Privy Council"。
② 参见《大韩季年史》上卷,p. 276。
③ 参见《大韩季年史》上卷,p. 276。

现在我报告他们已经获得了允许言论自由的敕令,实际上成功获得了某种国民会议的保障。这种国民会议在他们成功完成了要求解除内阁内部的反对派职务的运动之后,可能实现通过普选来获得立法府的建立。独立协会要求改革中枢院以实现由独立协会任命议员的半数,将来这一协会在制定确立中枢院活动规范的官制方面将会发挥主导作用。①

此外,英国公使也汇报说独立协会通过改革中枢院,建立了半数国民议会(Semi-Popular Assembly),并成功地获得了半数。② 英国公使将此向本国报告为"半数国民议会",是因为既不像英国的上院一样全部由官选议员构成,也不像英国的下院(平民院)一样全部由民选议员构成,而是在全部议席中有一半是由民选议员组成的独特的议会。

独立协会在议会开设运动按照他们的构想取得急速进展之后,于10月28日至11月2日连续六天在钟路召开官民共同会,并让政府大臣们出席,通过了国政改革六条献议,巩固了议会开设体系。随后,改革派政府接受了独立协会的提议,以政府参政朴正阳的名义于11月2

---

① 参见《驻韩美国公使馆报告》,No. 154,1898 年 10 月 27 日,原文:"Recent Actions Taken by the Independence Club of Korea":"I now have the honor to inform you that they have succeeded in obtaining a decree granting freedoms of speech, and they have practically succeeded in securing a sort of Popular Assembly which, it is thought may lead to the establishment of legislative body by popular election after the successful movement to compel the dismissal of the objectionable members of the cabinet, this Club made a demand for a reorganization of the Privy Council to be composed of the members, half of whom should be appointed by the Independence Club which Club would further take the lead in drawing up regulations to govern the actions of the Privy Council."

② 参见《驻韩美国公使馆报告》,1898 年 11 月 12 日,《报告书第 108 号》。

日提交了中枢院新官制,获得了皇帝的认可,[①]11月4日予以公布。[②]

第1条　中枢院是对下列事项进行审查议定的机构。

① 与法律和敕令的制定、废止或者改正相关的事项

② 议政府径议上奏的一体事项

③ 因敕令由议政府咨询的事项

④ 议政府对临时建议的咨询事项

⑤ 中枢院中临时建议的事项

⑥ 人民的献议事项

第2条　中枢院由下列人员构成

议　长　1人

副议长　1人

议　官　50人

参书官　2人

主　事　4人

第3条　议长由大皇帝陛下圣简敕授,副议长由中枢院公荐,敕授,议官中的半数由议会奏荐政府中久有功劳者担任,半数由人民协会投票选举27岁以上,通达政治、法律、学识者担任。

第4条　议长为敕任一等,副议长为敕任二等,议官为奏任,无叙等,任期皆为12个月。

另,议官期满前一个月,预选后任议官。

---

① 参见《尹致昊日记》,1898年11月3日。

② 《奏议》第24册,光武二年十一月二日,《奏本第234号,中枢院官制改定敕令》。

第 5 条　参书官为奏任，主事为判任，叙等与一般官吏相同。

第 6 条　副议长待中枢院通牒，由政府上奏，用诏勒任命，议官由政府上奏叙任，参书官待中枢院荐牒，由政府奏任，主事由议长经义专行。

第 7 条　议长总辖中枢院内大小事务，对所有公文署名。

第 8 条　副议长辅佐议长的职务，在议长有事故时，代行议长职务。

第 9 条　参书官在议长和副议长的指挥下，掌管中枢院的庶务。

第 10 条　主事接受上司的指挥，从事庶务。

第 11 条　中枢院只有对各项案件议决的权利，不得直行上奏或发令。

第 12 条　议政府与中枢院意见不合时，府与院联席协议，妥当解决后施行，议政府不得直接施行。

第 13 条　国务大臣可以任命委员，以议政府委员的名义来中枢院，针对其主要负责事项辨明议案的理趣。

第 14 条　国务大臣及各部协办可来中枢院作为议官参会，列席会议，但在对其负责的事项进行表决时，不得计入表决人数。

第 15 条　开国 504 年敕令第 40 号中枢院官制，自本官制颁布之日起废除。

第 16 条　本官制第 3 条中的人民选举，现今由独立协会施行。

第 17 条　本令自颁布之日起实行。

光武二年十一月二日　奉敕

议政府参政　朴定阳

　　这就是韩国历史上最早的议会开设法案。这一中枢院官制与 10 月 24 日李商在起草,由独立协会提交给政府的中枢院改革案并没有很大的区别。在政府的中枢院新官制中,李商在与独立协会提出的作为议会的中枢院改革方案得到了充分的反映。稍有不同的是,李商在与独立协会的中枢院改革方案中,将选举民选议官 25 席的国民代表团体固定为独立协会,而政府的中枢院新官制修改为人民协会,开放了其他社会团体的参与之路,在第 16 条中限定了暂时由独立协会作为国民代表,并对被选举权资格做出了规定。

　　韩国历史上最早的这一议会设立法案表明,新中枢院在功能和角色上已经具备了近代民主主义国家议会的所有职能。也就是说,新中枢院具备了① 立法权;② 条约批准权;③ 对行政府政策的同意权;④ 通过同意权实际获得的监查权;⑤ 对行政府建议的咨询权;⑥ 建议权等。这就规定了国家政治的所有重要事项都必须上报中枢院讨论后决定,在得到中枢院的同意后才能执行。

　　另外,从议会的代表功能方面来看,新中枢院不是下院,是上院。在当时开设议会的所有国家中,上院不同于下院,其议员都是通过特殊方法组成的。在 19 世纪末的立宪君主国英国和德国,上院的所有议员都是由政府和皇帝从贵族中推荐任命的。在共和国法兰西,上院中的多数议员由间接选举产生,少数由政府推荐有能力且博学多识的人士担任。共和国中只有美国的上院和下院都由国民的直接选举产生。立宪君主制早期的日本,上院由大多数的贵族和少数的国家功臣构成,全部由政府和皇帝任命。在19世纪末议会制度的这一发展阶段中,大韩帝国的上院(新中枢院)议员仅半数由政府和皇帝推荐任命,另一半由民选议员构成,由民会投票选举产生,即使作为立宪君主国的上院,也是有相当进步性的上院了。因此,独立协会认为新中枢院也具有了下院的一半要素,称之为半数国民议会。① 独立协会建立了如此进步的上院,或许也是因为他们把立宪君主制解释为"君民同治制",认为把上院制度化为君与民拥有相同比重的议席,是符合君民同治的理念的。

议政府参政朴正阳在公布了作为议会的中枢院新官制之后,于11月4日向独立协会发送公函,说明中枢院新官制业已颁布,邀请独立协会根据第3条和第16条,在11月5日之内选举出25名议官,并提交名单。② 至此,独立协会长久以来梦想的在他们的主导下开设上院成为可能。独立协会在11月4日发布公告,将于11月5日上午在独立馆通过投票选举中枢院议官。③ 李商在起草的议会开设案现在作为议会开设法令公布,来到了开设上院的门槛。

---

① 参见 *The Independent*,1898年10月27日,"The Privy Council"。
② 参见《大韩季年史》上卷,p. 289。
③ 参见《独立新闻》,1898年11月5日,《杂报:投票特别会》及《尹致昊日记》,1898年11月3日及11月4日。

五

李商在等 17 位独立协会领导者的入狱

　　独立协会与李商在的议会开设在即将实施的门槛上遭遇了挫折。这是因为亲俄守旧派担心议会开设后,改革派政府在议会和国民的支持下会取得大幅改革的成功,自己会被永远排斥在政权之外,于是采取了谋略战术,使事情发生了逆转。

　　守旧派们担心议会开设后自己将被永远从政权中赶出来,于是在将中枢院改革为议会的中枢院新官制颁布的 11 月 4 日晚上,由赵秉式和俞箕焕、李基东等秘密谋划,以独立协会的名义在首尔市内主要场所张贴匿名书(一种匿名传单),谎称明天的选举不是选举议会的议员,而是选举大总统。[①]

　　这一匿名书按照守旧派们期待的那样,被警务厅收集后转交到了政府和高宗皇帝那里。高宗对于明天的选举不是选举议官而是选举大总统的内容大为震惊,立刻召集停留在宫内的大臣们询问。早已提前谋划好剧本,在宫内等待的守旧派们报告说独立协会将于 11 月 5 日在独立馆内召开大会,选举朴正阳为大总统,尹致昊为副总统,李商在为内务大臣,郑乔为外务大臣,独立协会的其他干部们分别选为各部大臣和协办,将政治体制改为共和国。[②] 高宗皇帝在听到自己将被迫退位,国家变为共和国的报告后大为震惊和愤怒,随即解散朴正阳、

---

　　① 参见尹致昊,《独立协会的始终》,《新民》第 14 号,1926 年 6 月刊,p. 59;《佐翁尹致昊先生略传》,pp. 121 - 122 所载匿名书照片。

　　② 参见《大韩季年史》上卷,p. 289 及 *The Independent*,1898 年 11 月 10 日,"Molayo's Accounts of Recent Events in Seoul"。

闵泳焕内阁,重新组成以赵秉式为实际行政首脑的亲俄守旧派政府,①并命令立刻逮捕独立协会的领导者们。随即,赵秉式的亲俄守旧派政府命令警务厅总动员,从11月4日晚间开始到11月5日凌晨,突击式逮捕独立协会的最高领导者20人。②

赵秉式等守旧派本来准备将独立协会领导者20人一举逮捕后,不给救援运动留出时间,立刻执行死刑。③ 但是因为没有逮捕到独立协会会长尹致昊,计划发生变故之后,赵秉式等人向警务厅发布特别命令,集中全力逮捕尹致昊。④ 尹致昊在11月5日清晨5点便早早起床准备独立协会的中枢院议官选举事宜,在巡检开始包围自己家时观察到动静,从事先秘密准备的后门逃脱,躲到了自认安全的培材学堂外国人校长阿本塞尔的家中。⑤ 亲俄守旧派逮捕的独立协会领导者17人如下:⑥

被逮捕者:李商在、方汉德、刘猛、郑恒谟、玄济昶、洪正厚、李建镐、卞河璘、赵汉禹、廉仲模、韩致愈、南宫檍、郑乔、金斗铉、金龟铉、俞鹤柱

未被捕者:尹致昊、崔廷德、安宁洙

不仅如此,亲俄守旧派政府和高宗还在11月5日以11月4日诏

---

① 参见《承政院日记》,高宗光武二年阴历九月二十二日,《诏》。
② 参见法部编,《起案》第 68 册,光武二年十一月七日,《训令高等裁判所第 136 号》。
③ 参见《尹致昊日记》,1898 年 11 月 12 日。
④ 参见《起案》第 68 册,光武二年十一月七日,《训令警务厅第 40 号》。
⑤ 参见《尹致昊日记》,1898 年 11 月 5 日。
⑥ 参见《起案》第 66 册,光武二年十一月十日,《训令高等裁判所第 139 号》。

勅的名义,解散了独立协会。① 从此,独立协会被非法化。

首尔市民们在 1898 年 11 月 5 日为了参观有史以来第一次国会议员选举,吃过早饭后正满怀着热情准备前往独立馆。而 4 000 余名独立协会的会员也都在清晨早早起床,为了到独立馆投票选举中枢院民选议官而做准备。就在这时他们听到了仿佛晴天霹雳一样的消息:李商在等 17 位独立协会的领导者被警务厅逮捕,独立协会被强制解散,朴正阳、闵泳焕的改革派政府下台,赵秉式的亲俄守旧派政府再次上台。

愤懑的首尔市民与独立协会会员们并没有谁指使地自觉聚集到逮捕了独立协会 17 位领导人的警务厅门前,从这天早上开始,瞬间聚集了数千名市民,自发开始了万民共同会。② 市民们强烈要求释放李商在等独立协会 17 位领导人,否则请直接把他们也一起逮捕进去。③下午市民们持续增多,达到了数万人,到了晚上也不肯离开,在进行彻夜示威的同时,高声呼喊着"释放李商在!"、"释放独立协会领导人!"、"自愿就囚!"等口号。④ 在首尔的外国人也都从白天开始观察这一场景,对大韩帝国国民的爱国意气大为叹服。⑤ 市井的商人们也都举行了罢市,抗议亲俄守旧派和高宗的处理方式。⑥

虽然天上开始下雨,但首尔市民们淋着冷雨,依然有数万人在六

---

① 参见《承政院日记》,高宗光武二年阴历九月二日,《诏》。

② 参见《独立新闻》,1898 年 11 月 7 日,《杂报:万民忠爱》;*The Independent*,1898 年 10 月 10 日,"Molayo's Accounts of Recent Events in Seoul"及《大韩季年史》上卷, p. 294。

③ 参见《皇城新闻》,1898 年 11 月 8 日,《别报:万民共同会续毒录》。

④ 参见《大韩季年史》上卷,p. 296。

⑤ 参见《独立新闻》,1898 年 11 月 7 日,《杂报:万民忠爱》。

⑥ 参见《尹致昊日记》,1898 年 11 月 6 日;《大韩季年史》上卷,p. 298。

天期间寸步不退,高喊着"释放李商在!""释放独立协会领导人!",彻夜示威。示威的队列不但没有随着时间的流逝而减少,反而不断增加,首尔市民的捐款不断到来,激励着示威队伍,首尔市内的气氛更加热烈,逐渐开始形成了革命的气氛。高宗也发现事态向着严重的方向发展,终于屈服于首尔市民的要求,在 10 月 10 日下午 7 时将李商在等17 位独立协会领导人全部释放。[①]

首尔市民们在侍卫队军人和警卫厅巡检的武力威胁和寒冷的冬雨之中忍受着各种折磨,通过连续六天不屈不挠的斗争,终于赢回了李商在等 17 位爱国者,他们的领导人。人们难掩激动,一边痛哭一边高呼万岁,震动了整个首尔城。[②]

李商在等独立协会被释放的 17 位领导人委托赵汉禹为代表向首尔市民们的斗争表示了感谢。

独立协会 17 位领导人的释放是首尔市民组织万民共同会,连续六天在冰冷的冬雨中开展彻夜示威的艰苦斗争,最终赢得的重大胜利。通过这一运动,在国家的自主独立守护运动和议会开设运动中走在前列,发挥引领作用的李商在,不仅仅是独立协会的领导人,还成为全体韩民族改革派的领导人,成为得到全体国民敬仰的人物。

---

① 参见《议政府》编,《法部来去文》第 5 册,光武二年十一月十二日,《判决宣告书》;法部编,《司法禀报(乙)》第 12 册,光武二年十一月十二日《判决宣告书》。
② 参见《大韩季年史》上卷,pp. 315 - 316;《独立新闻》,1898 年 11 月 12 日,《宣告旁听》。

六

万民共同会与李商在

首尔市民在成功迎来李商在等 17 位独立协会领导人的释放之后，并不满足于这些胜利，决定把万民共同会继续下去，在逮捕并审判制造匿名书把独立协会的爱国者们引入陷阱的赵秉式等奸细们，待到独立协会得到复会许可之后再行解散。①

亲俄守旧派政府和高宗皇帝本以为释放了李商在等 17 位独立协会领导人之后，市民们会自行解散，却发现市民们依然举行万民共同会，要求处罚行政首脑赵秉式等伪造匿名书事件的相关人士，复设独立协会之后，大为惊慌，开始为解散万民共同会而百般奔走。②

亲俄守旧派和高宗在首尔市民的万民共同会持续进行到第 12 天的 11 月 16 日，向万民共同会的要求妥协，决定对赵秉式等与伪造匿名书事件相关的五大臣进行调查，并允许独立协会在酌定范围内复会。③

但是，万民共同会继续举行彻夜示威，要求对赵秉式等五大臣进行处罚，对独立协会不设限制条件和此前一样状态地复会。④

亲俄守旧派不分昼夜持续向高宗皇帝报告说万民共同会得到独

---

① 参见《独立新闻》，1898 年 11 月 12 日，《宣告旁听》。

② 参见《大韩季年史》上卷，p. 371 及 *The Independent*，1898 年 11 月 17 日，"Molayo's Reports"。

③ 参见《奏议》第 24 册，光武二年十一月十五日，《奏本第 236 号》及 *The Independent*，1898 年 11 月 17 日，"Molayo's Reports"。

④ 参见《承政院日记》，高宗光武二年阴历十月四日，《从二品高永根等疏》。

立协会的幕后操纵,围攻皇宫,准备发动法国大革命一样的叛乱。[1] 此外,亲俄守旧派们还在万民共同会持续到第 17 天的 11 月 21 日凌晨,召集皇国协会会员包袱商 2 000 余名,手持棍棒袭击了仁化门前进行彻夜示威的万民共同会。[2] 由首尔市民与独立协会会员构成的万民在 17 天的彻夜示威之后本来已经十分疲惫,而且赤手空拳,没有任何武装,在凌晨受到袭击之后很多人负伤,最终败退散去。[3] 亲俄守旧派和高宗以为,这样就完全达到了解散万民共同会的目的。当时独立协会的领导人因为人身安全受到威胁,处于隐匿状态。会员连续进行了 17 天的彻夜示威之后已经极度疲惫,在受到包袱商的奇袭乱打之后,很多人负伤,被迫解散。守旧派以为,只要让侍卫队和警务厅防止市民再次集会,一切就会按照他们的战略进行。

但是亲俄守旧派与皇国协会的胜利只是暂时的。愤怒的市民们站起来了。包袱商凌晨突袭仁化门前万民共同会的消息传到市内之后,激愤的市民们从早上开始前往仁化门前聚集,商人们也都关掉了店铺,呼喊着聚集过来,仁化门前人山人海。愤怒的市民们捡来石头垒起了围墙,准备通过投石战和包袱商展开决斗。首尔的气氛就像革命前夜一样沸腾了。包袱商们为首尔市民们的行动所震惊,感觉到事态正在发生逆转,于是从下午两点开始,在兵丁的护卫下开始从新门旁边逃跑,市民们一边扔着石块一边追击,把包袱商们一直赶到了麻

---

[1] 参见《尹致昊日记》,1898 年 11 月 16 日;《大韩季年史》上卷,p. 330。

[2] 参见 *The Independent*,1898 年 11 月 22 日,"Molayo's Reports"。

[3] 参见《驻韩日本公使馆记录》(机密本省往信),1898 年 11 月 22 日《機密第 52 号,當國近來ノ國状具報並ニ右ニ關スル卑見具申ノ件》;《皇城新闻》,1898 年 11 月 22 日,《別报》。

浦江边。①

　　首尔市民们回到钟路以后,重新召开了万民共同会。这次召开的万民共同会比仁化门前的万民共同会有更多的市民参加,没有参加的市民也热情地提供了各种支援。② 首尔市民们无法忍受愤怒,争先恐后地前去拆毁了赵秉式、闵种默、洪钟宇、吉永洙、俞箕焕、尹荣善、闵泳绮等守旧派大臣的家,破坏了包袱商的本部信义商务所。③

　　皇帝高宗认识到事态的严重,在万民共同会开始后第 22 天的 11月 26 日,宣布亲谕,召集了万民共同会的代表高永根、尹致昊、李商在,④然后召集皇国协会代表洪钟宇、吉永洙、朴有镇询问双方的要求。⑤ 此后,高宗对事态进行了通报:处罚伪造匿名书的守旧派五大臣,允许独立协会复会,但限制活动范围,中枢院不是作为议会而是朝向作为咨询机构的方向改革。⑥

　　万民共同会要求的是亲俄守旧派政府的倒台和改革政府的建立,以及议会开设、独立协会复会等回到 11 月 4 日以前的状态。所以首尔市民再次召开万名共同会,宣称在贯彻他们的要求之前,将会继续举行彻夜示威。⑦

---

① 参见《皇城新闻》,1898 年 11 月 22 日,《别报》。

② 参见《大韩季年史》上卷,p. 341;《皇城新闻》,1898 年 11 月 22 日,《杂报:当事见议》。

③ 参见《驻韩日本公使馆记录》(机密本省往信),1898 年 11 月 22 日,《機密第 52号,當國近來ノ國状具報並ニ右ニ關スル卑見具申ノ件》;《皇城新闻》,1898 年 11 月 22日,《别报》;《大韩季年史》上卷,p. 339。

④ 参见 The Independent,1898 年 11 月 29 日,"Molayo's Reports";《大韩季年史》上卷,p. 352。

⑤ 参见《大韩季年史》上卷,p. 354;《皇城新闻》,1898 年 11 月 28 日,《别报》。

⑥ 参见《大韩季年史》上卷,pp. 352 - 353。

⑦ 参见《承政院日记》,高宗光武二年阴历十月二十三日,《从二品高永根等疏》。

为此,亲俄守旧派们制定了对业已成长为国民领导人的万民共同会实际领导者李商在、尹致昊、高永根三人实施暗杀的计划,并于12月14日向万民共同会派遣了暗杀队,却被市民们发现后逮捕了。① 万民共同会群情激奋,12月17日提交了要求对派遣暗杀队对李商在、尹致昊、高永根等实施暗杀的守旧派犯人们实行逮捕和处罚的措辞强硬的上疏,并持续进行彻夜示威。②

　　看到首尔市民的万民共同会彻夜示威即将达到50天,高宗皇帝也已经极度疲惫,准备将政权交给改革派,允许开设议会,接受立宪君主制。③ 但是这次,一直在密切观察事态进展的日本介入了。日本认为如果独立协会派系的改革派掌权,开设议会,作为立宪君主制的大韩帝国的独立基础日益坚固的话,他们就无法达成侵略韩国的目的了。于是日本公使加藤增雄拜见高宗,在12月15日和18日两次向高宗说明日本维新初期也曾出动军队镇压民会并取得了成功,④指责独立协会在创立初期虽然是爱国性的,但现在不过是一群乱民,⑤劝高宗实行戒严,动员军队强制解散万民共同会和独立协会。⑥ 皇帝高宗非常不明智地因此改变了想法,决定颁布戒严令并出动军队强制解散万民共同会和独立协会,最终在1898年12月23日对首尔戒严,出动全

---

　　① 参见 *The Independent*,1898年12月20日,"Molayo's Reports"及《大韩季年史》上卷,p. 382-385。

　　② 参见《承政院日记》,高宗光武二年阴历十一月十二日,《从二品高永根等疏》。

　　③ 参见《大韩季年史》上卷,p. 392。

　　④ 参见《大韩季年史》上卷,p. 390。

　　⑤ 参见《驻韩日本公使馆记录》(机密本省往信),1899年2月27日,《機密第5號,本官歸任後ニ於ケル政況具報ノ民會解散ノ件》。

　　⑥ 参见《驻韩日本公使馆记录》(机密本省往信),1898年12月10日,《事變ニ關スル一次内謁ノ件》及《機密十一月二十二日謁見始末》并1898年12月13日,《本官内謁見ノ始末及敦化門親任ノ件》。

部侍卫队一举逮捕了万民共同会、独立协会的干部 340 余人。[①] 12 月 25 日,高宗命令永久解散独立协会和万民共同会等所有的民会,并动用武力予以施行。[②]

至此,从 1898 年 11 月 5 日开始,在冰冷的雨雪中持续了 52 天之久的韩国历史上持续时间最长的万民共同会宣告结束。独立协会和万民共同会为开设议会,与改革派政府一起建设立宪代议制国家,牢固奠定独立基础而开展的运动,也在武力的镇压之下陷入沉默,最终归于失败。

李商在等 340 余名独立协会、万民共同会的领导人和干部们被逮捕入狱,在第二年获释。

七

结　语

从以上考察中可以得知,李商在是在独立协会的民族运动中起到实际引领作用的最高领导人。

李商在在独立协会的创立过程中是最早的发起委员之一,不仅是决议机构——委员会的委员,还在将独立协会的两大创始势力——积极导入西方市民思想的《独立新闻》派和国内以革新儒学传统为背景

---

① 参见《独立协会沿历略》,《独立协会》。
② 参见《承政院日记》,高宗光武二年阴历十一月十一日,《诏》;《大韩季年史》上卷,pp. 401 - 402。

成长起来的《皇城新闻》派——联合起来成为一体的过程中起到了重要的作用。李商在在独立协会的创立过程中起到了类似助产士的作用，后来在独立协会解散后在狱中读《圣经》，成为基督教徒。

李商在不仅是独立协会建立独立门、独立馆、独立公园运动和"讨论会"的启蒙运动中的领导者，还在1898年初正式开始的自主独立、自主国权守护运动中一直指导和引领着运动。李商在代表独立协会起草了历史性的2月23日自主独立守护的救国运动宣言上疏，站在最前线开展反对列强侵夺利权和租借国土的要求，反对掠夺财政权和军事权的运动并取得了成功。

此外，李商在确立了自由民权思想和民主主义思想，在1898年春天起正式开展的议会开设运动中也作为先锋对运动进行了指导，10月24日起草并提交了历史性的独立协会"议会开设案"。李商在拥有坚定的议会主义思想，为了和独立协会会员们一起开设议会，建立改革政府，将大韩帝国的政治体制从专制君主制变革为立宪代议君主制，牢固地树立以民权为基础的独立之基，充满热情地献身于运动之中，推动运动到达了与成功只有一步之遥的阶段。韩国历史上第一份独立协会议会开设方案是李商在起草的。

在亲俄守旧派使用阴谋战术散发传单宣称独立协会不是设立议会进行立宪代议君主制改革，而是要建立共和国，因此高宗皇帝突然将独立协会17位领导人逮捕入狱时，李商在是被捕的17位独立协会领导人的代表，实际上成为独立协会的代表。首尔市民们挺身而出召开万名共同会，要求释放独立协会17位领导人，重开独立协会时，首尔市民和全体国民们把李商在看作改革派的象征，要求释放他，建立以他为核心的政府。在独立协会17位领导人被释放后，首尔市民和独立协会会员们开展的万民共同会运动中，他也是实际上的改革派最高领导人。

　　独立协会于 1898 年 12 月 25 日被强制解散后，在 1902 年发生了改革党事件。所有相关人士都被释放的情况下，只有李商在被施加了残酷的拷问，并被长期监禁。这也是因为他在 1898 年独立协会运动之后作为批评专制君主制的韩国民权派最高领导人，集国民的支持和期待于一身。

　　在独立协会时代，李商在已经通过独立协会的自主独立守护运动和自由民权、开设议会运动，成为民族领导人。

第七章　黄玹的批判精神与现代意义

黄玹

一

梅泉黄玹与处变三事

黄玹(字梅泉,1855—1910)是朝鲜末期出色的卫正斥邪派思想家、批评家、诗人、忧国之士。

当时,朝鲜王朝的国民与儒生需要面对的,是因日本帝国主义的侵略而主权丧失、即将亡国的悲惨命运。卫正斥邪派的儒林该如何应对这一危重的状况呢? 卫正斥邪派的儒林领袖柳麟锡(字毅庵)把儒林对待亡国的方式概括为三种,即"处变三事"。

— 举义扫清:发起义兵而将敌寇(日本)扫荡廓清之
— 去而守之:亡命海外,坚守义理与气节
— 自靖(含"自靖致命"):自我约束,绝不能使义理与气节受到玷污,其极致是以身殉节

黄玹在遭遇亡国后,选择了以上三种方式中的"自靖"。他的这一选择,具有何种历史意义呢?

二

黄玹的卫正斥邪思想与批判精神

1855 年(哲宗六年)12 月 11 日,梅泉黄玹出生于全罗道光阳县西石村的一个乡村儒生家庭。他自幼诗文出色,乡里皆知其文名。20 岁时,他心怀大志进京,拜访了当时以文章誉满全国的李建昌(号明美堂)。梅泉以诗作与李建昌互通心意后,经李建昌介绍,得与姜玮(号古懽堂)、金泽荣(字沧江)、郑万朝(字茂亭)等当时第一流的青年文士交游。其中更与李建昌、金泽荣等深交,引为平生知己。

这一时期,韩国在日本帝国主义的武力威胁下于 1876 年缔结《朝日修好条约》,根据这一条约开放了部分港口。此后又与欧美各国签订了不平等的"修好通商条约",打开了门户。欧美资本主义以日本帝国主义为先锋正式侵入韩国。青年梅泉恰逢这一危机与剧变的时代,起初也曾准备进入官场,施展抱负。1883 年,29 岁的他参加了国王高宗为选拔人才而举行的"保举科"科举,并通过了初试。

但因为 1884 年发生了甲申政变,国政出现重大动荡,朝廷并未按时举行保举科的会试与殿试,梅泉也丧失了进入官场的兴趣,重新回到家乡。此后,1888 年(高宗二十五年)他 34 岁的时候,因无法违背父亲的意愿,再次进京参加了生员会试,并顺利及第。目前尚不清楚他此后是否参加过文科科举。但明白无误的是,当时已步入中年的梅泉已牢固树立起自我信念,对甲申政变后的闵妃政权持极度批判的态度。梅泉在自己的著作中以激烈的口吻对闵妃政权的贪污腐败、横征暴敛进行了毫不留情的批判,将当时的政权和官僚称为"鬼国狂人",可见其决然的态度。

梅泉于此时诀别了腐败的官场,再次回到家乡。他在自己的家乡全罗南道求礼郡建起一间不大的书斋,藏书三千余卷,从此杜门不出,专心读书。这一时期,除诗文之外,梅泉还埋首于历史研究,并博览群书,对经世之学也有所涉猎。

但这一时期国家的政治形势风云激变。1894 年(高宗三十一年)接连发生了东学农民革命运动、清日战争和甲午改革。政局的巨变似乎给了梅泉急切的危机感。他的《梅泉野录》和《梧下纪闻》应该是在 1894 年的冲击之下,为给后世之人留下记录而在这一时期开始写作的。因为他的著作自 1864 年(高宗元年)至 1893 年(高宗三十年)并不用编年体,只用《随闻录》体随记备忘,但从 1894 年起,就开始使用编年体留下他的批评记录了。

据说,梅泉在 1905 年(光武九年),日本帝国主义依据所谓《乙巳条约》剥夺了韩国的主权之后,曾经试图与流亡中国的好友金泽荣会面。可以推测,这一时期梅泉曾试图选择"去而守之",与金泽荣一起在中国参与恢复主权运动。但流亡中国的计划失败后,他用诗画描绘了中国历史上身处乱世而行为高洁的十位处士,制成了十幅屏风。此后他便再次与此前一样杜门不出,蛰居家中写作他的批评录。

在《乙巳条约》之后全国各党派有志之士为恢复主权,纷纷举起火枪(义兵运动)、拿起粉笔(教育救国运动)的激烈气氛中,像梅泉这样具有鲜明而彻底的批评精神的文人为何蛰居乡里,专注于写作批评录,是一个值得研究的课题。

黄玹的代表作《梅泉野录》最能体现他的批判精神。《梅泉野录》是黄玹将迄于 1865 年止于 1910 年 8 月,共 47 年间韩国历史上发生的重要事件,以他的所见所闻,用批评的眼光记录的 7 卷本"野录"。国史编纂委员会在将原本与副本对校后,于 1955 年刊行了此书的印刷本。据传，梅泉在殉节时曾叮嘱其子孙，不能将此书的原本见示外人。所以他的后人就将之视为家族隐秘，深藏起来。后来因为担心仅有一套容易湮灭，便制成副本数套，将其中一套寄给在上海（南通）的金泽荣，请其校正。后来，金泽荣在他的《韩史綮》中引用《梅泉野录》，《梅泉野录》才为世人所知。日本的朝鲜史编修会曾得到《梅泉野录》的一套副本，但该本一直未能得见天日。韩国解放后的1955年，国史编纂委员会从梅泉后人的手中借到原本，与这套副本对照后，终于将此书刊行于世。

《梅泉野录》不同于仅将历史事实搜集记录的普通野录，是一种历史评论性质的野录。梅泉的学识和敏锐的批评精神与其深厚的爱国之心结合，在这本书中得到了很好的展示。《梅泉野录》这部作品有力地展现出梅泉不仅是一位诗人，还是朝鲜末期卓越的历史评论家。

在我看来，梅泉批评精神的特征在于以敏锐的洞察力品评某一事件或人物，绝无半点迂回，总是正面切入彻底剖析，又能选择恰当的象征性词汇表达出来。他批判的对象中，首当其冲的是日本、沙皇俄国、满清等试图对朝鲜进行侵略的列强势力，以及与其同流合污的贪官污吏和民族背叛者。不仅对于王妃，有时候他对国王也有尖锐的批评。

但他的批评并不仅止于此。对于爱国运动，他也毫不留情地给予了锋利的批判。比如，他把东学农民革命运动视为民众改革运动，却也始终如一地称之为"匪徒"。在1906年之后，他虽然认可了新学问的必要性和爱国启蒙运动的贡献，但依然批评启蒙团体只是"游谈"。虽然高度评价义兵运动，但对义兵的弱点也做了单刀直入的严厉批评，指出洪州义兵对待士大夫和吏胥的差异，最终导致了吏胥的背叛，从而使得义兵惨败，闵宗植逃脱。作为一部批评著作，《梅泉野录》中随处可以看到其他著作中少见的敏锐洞察力、高超的批评眼光和文学性的象征表达。

<h1 style="text-align:center">三</h1>

黄玹的主要著作

梅泉的主要著作中,《梅泉野录》具有很高的史料价值。作为史料的《梅泉野录》① 将正史中涉及的该时代大小事件全部概括收录;② 除正史以外,还收录了很多在别处无法看到的秘史乃至野史;③ 同时采录了当时民众对于各事件的舆论。这是具有极高史料价值的珍贵记录。可以说,这是一本关心韩国近代史的学人的必读书。

唯一要请读者注意的是,作为史料的《梅泉野录》是经过梅泉批评哲学过滤后的记录,而他的批评哲学大体上是卫正斥邪的思想。这一事实,可以从梅泉在野录的前半部分将西方科学技术称为“淫巧”,在书的结尾部分为国家灭亡从此不能听到皇帝的诏勅而悲伤等处明显看出。作为《梅泉野录》的哲学思想,卫正斥邪思想贯穿了全书始终。所以,在对东学及开化运动进行评价时,梅泉是站在卫正斥邪的立场上给予批判的。我们在把《梅泉野录》作为史料使用时要注意此点。

黄玹的文集有在中国刊行的《梅泉集》。《梅泉集》是梅泉的前辈兼好友金泽荣在梅泉去世后的 1911 年,在中国上海刊行的 7 卷 3 册的黄玹文集。第一卷至第五卷依年度顺序收录了 838 首诗,第六卷收录了书、序、记、跋、论、说,第七卷收录了铭、赞、疏、祭文、行状、墓表、传、书事、杂文等。《梅泉续集》是在《梅泉集》刊行后,金泽荣整理此后梅泉后人寄来的遗稿,于1913年在上海刊行的。第一卷中收录了书(20篇)、序(2篇)、记(4篇)、跋(1篇),第二卷中收录了祭文(1篇)、行状(3篇)、墓表(3篇)、传(2篇)、杂文(7篇)。卷首有李建昌的两个弟弟李建芳、李建昇为梅泉所作的祭文。书的编辑方面,汉学大家金泽荣亲自编辑修改,自然不容置喙。至于梅泉的诗文,在《梅泉集》开首的《本传》中,金泽荣已经做了"清切慓劲"的诗评,似也无再论的必要。

此外,梅泉的诗集也于日本统治时期在国内出版了《梅泉诗集》和《梅泉诗续集》各一册。《梅泉诗集》和《梅泉诗续集》两书是在中国出版《梅泉集》和《梅泉续集》后,将其中的诗作单独辑录出来,于日本统治时期在国内重新刊行的。辑录中删除的诗作大部分是爱国诗,以及与政治相关的诗歌。例如,《李忠武公龟船歌》《闵辅国泳焕》《赵政丞秉世》《崔判书益铉》《李参判建昌》《纪平壤队兵金奉鹤自裁事》等诗便没有收录,想来也是日本统治时期在国内出版所致。《梅泉诗集》第一卷中收录的《梅泉集古诗》《梅泉文集续编》及《梅泉诗集》第二卷中的《梅泉诗续集》是在金泽荣于中国上海出版了《梅泉集》和《梅泉续集》后,将国内新发现的梅泉诗文汇集添加而成的。

此外,梅泉还有一部著作《梧下纪闻》。这是一部隐居乡里后辑录所见所闻及报纸摘要并加以评点的原稿本。笔者将原文复印后与《梅泉野录》对照,发现《梧下纪闻》中对新闻报道的辑录略多一些,而《梅泉野录》中评论的部分略多一些。《梧下纪闻》中多有用毛笔涂抹的部分,而《梅泉野录》中记录的都是抹掉后的内容。由此可见,梅泉似乎是将《梧下纪闻》作为《梅泉野录》的底本来使用的。但是,《梧下纪闻》中还有很多《梅泉野录》中没有收录的资料,所以它本身也是一部可作为重要史料使用的著作。

梅泉的著作中还有一部《东匪纪略》。但据说此书后来无法找到,下落不明。也就是说,现在《东匪纪略》已成逸书。这是非常可惜的。这一资料本该是东学农民革命研究中的珍贵资料。后来曾出版过《东匪纪略》的译本,但其中大部分是《梧下纪闻》中收录的内容,无法确认是原文的翻译还是辑录《梧下纪闻》后翻译而成的。

黄玹的著作,亚细亚文化社曾出过影印本《黄铉全集》,此后将其中遗漏的部分补充后出版过《梅泉黄铉全集》。

四
黄玹的绝命诗

1910 年 8 月,梅泉在日本帝国主义吞并韩国之后,留下四首绝命诗,服用大量鸦片自尽。

乱离滚到白头年,几合捐生却未然。
今日真成无可奈,辉辉风烛照苍天。

妖气晻翳帝星移,九阙沉沉昼漏迟。
诏勅从今无复有,琳琅一纸泪千丝。

鸟兽哀鸣海岳嚬,槿花世界已沉沦。
秋灯掩卷怀千古,难作人间识字人。

曾无支厦半椽功,只是成仁不是忠。

止竟仅能追尹谷，当时愧不蹑陈东。

　　如他的诗歌所言，黄铉并未能蹑陈东之后。他遭遇了国家的灭亡，未能提笔加入爱国启蒙的行列，也未能举枪加入义兵的队伍，为祖国献出生命。正如他自己所言，他的自尽是成仁，而不能算是积极的对祖国尽忠。虽然梅泉自知如此并写入诗中，但在被掠夺的土地上，他依然是那个无法生存的时代里卓越的诗人、高洁的批评家、品节高贵的士人。

五

梅泉批判精神的现代意义

　　在今天看来，梅泉的卫正斥邪思想是一种陈旧的思想，能否在其中重现发现现代意义，也充满了疑问。但是，在梅泉的卫正斥邪儒学中包含的"义"和"节"的价值观超越时代，在今天依然应该作为一种珍贵的价值观给予积极评价。

　　韩国的文化传统和学术传统中有一种"士大夫精神"。笔者认为，韩国（尤其是朝鲜王朝文化）的"士大夫精神"至少由三种要素构成。这就是学、节、义。只有学（学问）而没有义和节，不能称之为"真士"。这种人仅仅是没有士大夫精神的卖弄知识之人。真正的士大夫，除了学问，还要同时具备义和气节。

　　笔者认为，梅泉黄铉是韩国历史尤其是近现代史上具有代表性的"真士"。

首先,他在学识方面非常卓越。在中国刊行的《梅泉集》和《梅泉续集》是很好的证明。

其次,他在义的方面非常突出。他明确地区分"义"与"不义",坚定地守卫义理和义气,对不义进行彻底地批判,从不妥协一步。梅泉卓绝的批判精神很好地体现出他是一位多么忠实于"义"的士大夫。他的《梅泉野录》便是明证。

第三,他在"节"的方面非常卓越。即使一直赞扬义而批判不义,在决定性的瞬间付出自己的生命也绝非易事。梅泉在国家灭亡之际为了永远坚守"义",选择了自靖而结束生命,殉节而死。自靖是节的极致。他的绝命诗很好地证明了这一点。

大韩帝国末期,在日本帝国主义的侵略之下,在亡国日益迫近的过程中,五百年来尽享国家特殊照顾的数百万儒生,大多数并不能符合以上三条中的任意一条。自称为学者,刊印诸多文集的儒林人士也大致如此。笔者认为,在这种情况下,黄铉是具备了以上三点并都达到顶点的大韩帝国末期"士大夫的典范"。如果理解了儒林的处变三事,就应该认为黄铉的殉节徇死是值得高度尊敬的士大夫精神在实践中的极致体现。

在利益社会和资本主义文化的压倒性支配下,"士大夫精神"这一韩国文化和学风的伟大传统在今天几乎已经湮灭殆尽。在今天的文化气氛中,梅泉黄铉的思想和批判精神对于重新唤醒作为伟大传统的士大夫精神具有高度的现代意义。

第八章　朴殷植的思想与独立运动

朴殷植

一

青年时代的修学及思想

1859年阴历9月30日,正值西方资本主义势力向东亚入侵的大潮涌入朝鲜半岛,民族危机开始形成的时期,朴殷植(1859—1925)在黄海道黄州郡南面一位乡村私塾先生的家中出生。[①] 他祖籍密阳,字圣七,号谦谷、白岩。在国家灭亡后亡命中国从事独立运动时,他有时使用别名朴箕贞[②],有时也使用太白狂奴(意为疯癫的韩国亡国奴隶)[③]、无耻生(意为国家灭亡之后依然厚颜无耻地活着的人)[④]等别号。

朴殷植的族中先人在朝鲜时代并没有取得过显赫的官职。由于

---

① 《朴殷植全书》(以下称《全书》,檀国大学附设东洋学研究所刊,1975)所载《白岩朴殷植先生略历》(下卷,pp. 286 - 291)虽然非常简略但较为准确地记录了朴殷植的生平,此处以之为基础资料并补充了其他资料。

② 在《大东古代史论》《梦拜金太祖》《泉盖苏文传》等著作中,朴殷植使用了朴箕贞这一名字。据推测,朴殷植在1911年流亡中国东北寄居于尹世复家中时用此别名。

③ 在《韩国痛史》中使用的笔名。

④ 在《梦拜金太祖》的内容叙述中使用过的别号。

家道中途衰落,到了朴殷植的祖父朴宗禄这一代,已经开始通过"力农"来"治产",可见他家此前是贫穷的农民家庭。① 朴殷植的家族主观上虽然可能自认为是"乡班",但客观准确的描述应该是"良人"的上层。

朴殷植的祖父朴宗禄因为精于耕作,积攒了一些财产,对族人和邻人多有照料,且品性仁厚勤俭,很受乡人的称颂。因为经济上有了富余,他便供儿子朴用浩(朴殷植的父亲)参加了科举学习。但是科举榜目中并没有发现朴用浩的名字,看来在科举上未获成功。朴用浩最终以乡间塾师的身份度过了余生。② 朴殷植就这样作为乡村塾师朴用浩和卢氏的儿子,出生在了黄州的海边农村。③

朴殷植自幼就表现出闻一知十的聪明才智。朴殷植的父母一共生下了五个孩子。此前四个都在幼时夭折,朴殷植成了家里唯一的儿子。因为有这些悲痛的经历,当时又流行着"有才能的孩子如果过早蒙学就会短命"的风俗,所以他的父亲虽然是村里的私塾先生,却故意不让聪明的朴殷植开蒙。到了十岁的时候,朴殷植才进入父亲的书塾,开始了学习。朴殷植进入书塾后没多久,就开始在诗文方面崭露头角。

从 1868 年(10 岁)到 1875 年(17 岁),朴殷植在父亲的书塾里跟从父亲接受传统朱子学教育,学习四书三经并旁涉东方古典哲学家的各

①　参见《白岩朴殷植先生略历》,《全书》下卷,p. 286:"中世沈微,祖父宗禄氏,于黄海道黄州郡南面力农治产。"

②　《白岩朴殷植先生略历》,《全书》下卷,p. 286。

③　仅知朴殷植的出生地为黄海道黄州郡南面,具体到哪个村子则不得而知。《韩国痛史·结论》(《全书》上卷,p. 376)中有"我于檀君开国 4190 年生于黄海之滨"等语,说明他出生在黄海道的海边。

种著作。这一时期的朴殷植虔诚地信奉朱子学,房间里悬挂着朱子的画像,每日晨间跪拜,对朱子是十分尊敬和崇拜的。[1]

朴殷植的父亲为了让自己聪敏的儿子走上仕途,教他学习了诗赋等科举内容。但是,就像很多有才华的青年那样,朴殷植逐渐开始怀疑以科举为目的的学习。在他 17 岁那年,朴殷植慨然发奋,留下了"科举以外怎能没有经世之学"的话后,离开了家乡。朴殷植 17 岁时的离家是得到了父亲的允许还是自行离家出走并不清楚,可以确定的是,从此之后他就放弃了科举学习。离家之后,朴殷植与当时黄海道一代颇有声望的安泰勋(安重根的父亲)交游,以文章相砥砺,被称为黄海道两神童,后来又到各地游历,与同辈青年交游。这一时期,朴殷植好像也学会了饮酒,从此之后,朴殷植一生都十分爱酒。

1877 年,朴殷植 19 岁的时候,他的父亲,也是他的启蒙老师去世了。当时朴殷植和延安李氏家族的女儿已有婚约,等到守孝结束,1879 年(21 岁)的时候举行了婚礼,搬迁到了平安道三登岘(今平安南道江东郡三登面)生活。结婚之后,朴殷植依然渴求知识,游历了全国各地。当时朝鲜已经开放了口岸,国家政治局势发生了急剧的变化,作为青年儒生的朴殷植应该也感受到了危机,想来也会有经世的热血沸腾。

这一时期值得关注的一件事情是 1880 年(22 岁)朴殷植前往京畿道广州,拜访茶山先生丁若镛的弟子申耆永和丁观燮,寻求古文之学并旁涉丁若镛著述的政法(政治、经济、社会、法律)之学。[2] 申耆永是茶山先生喜爱的弟子,丁观燮是茶山先生的宗人,都极为珍惜茶山的

---

① 参见《学之真理是求疑》,《全书》下卷,p. 197。

② 参见《白岩朴殷植先生略历》,《全书》下卷,p. 287。

著述和学统,朴殷植与他们交游,得以阅览茶山的主要著述。朴殷植此时对丁若镛著述的涉猎,成为日后形成实事求是学风的重要内在契机。

朴殷植 1882 年(24 岁)上京,在首尔期间,目睹了 7 月份发生的壬午兵乱。于是慨然上疏,向当局提出了时务策,但没有被接收,上疏失败。朴殷植当时撰写的时务策并没有流传下来,其内容不得而知,但当时他刚刚涉猎了茶山的著述,正当 24 岁血气方刚的年纪,应该是满怀着经世济民的理想,上疏失败也让他十分失望。朴殷植随即回到了家乡,在平安北道宁边的山中过着简朴的生活,专心钻研学问。

朴殷植的人生和学术上的另一重大事件是 1884 年(26 岁)前往平安北道泰川拜访朴云庵(文一)先生,从他听讲朱子学。朴殷植还跟随朴文一的弟弟朴诚庵(文五)先生学习朱子学。朴文一兄弟讲授的朱子学具有深刻的学理,朴殷植对于他们的教诲极为叹服。

云庵先生朴文一是朝鲜王朝末期卫正斥邪派大家李华西(恒老)先生的门人,是一位继承了 17 世纪初关西地区大儒鲜于遯庵(浹)先生之学风的学者。[1] 朴文一于朱子学自成一家,在关西地区培养了很多弟子,在韩国被日本帝国主义亡国之前,国家最后一次对朝鲜王朝建立奎章阁后出现的大学者追赠"奎章阁提学"时,朴文一与朴趾源、丁若镛等 11 人同时获赠奎章阁提学。[2]

朴殷植与朴文一兄弟的师生关系笃厚,维系一生。在朴殷植转为

---

[1]　参见《云庵集》第 1 册,《云庵先生年谱》。

[2]　参见《奎章阁日记》第 33 册,隆熙四年八月二十日。当时被追赠奎章阁提学的学者有朴趾源、丁若镛、郑磏、成悌元、成运、安敏学、苏辉冕、朴文一、金平默、徐起、俞莘焕等。

爱国启蒙思想家之后，依然以"朴云庵、诚庵两先生门下"自居，①称朴文一的门下弟子为"同门"。而且，朴殷植还为《诚庵集》写作了跋文。②1910 年以后，朴殷植在西北地区旅行后所写的纪行文中记录了自己访问朴文一的弟子们，与他们以同窗相称，以朴文一弟子自居的情况。③朴文一生前也非常喜欢弟子朴殷植。《云庵集》中收录了朴文一写给朴殷植的两封论学书简。④ 朴文一为朴殷植母亲的生日写了晬宴序，⑤为朴殷植母亲的回甲（60 周岁生日）写作了甲宴次韵诗。⑥ 朴文一评价朴殷植称，"世之论文章者，必以殷植为之指曲"。⑦

朴殷植接受了朴文一的教育后回到家乡，聚集了一批学生，讲授朱子学，致力于在实践中恢复乡里礼教。由此可见，朴殷植青年时期的修学谱系是由三股溪流汇合而成的一条河流。

第一条溪流是源头，即从身为训长的父亲朴用浩那里学到的朱子学和为科举的诗赋。此时的朴殷植崇尚朱子，也因为这是朴殷植的蒙学时期，所以影响尤为深远。他接受了正统的朱子学教育和训练，开始确立起作为朱子学者的自我。

第二条溪流是对于茶山丁若镛实学的学习。这在作为朱子学者的朴殷植的思想体系内部埋下了对朱子学进行内在批判的种子。

第三条溪流是在文庵朴文一先生门下对朱子学进行的更为精深

①　《贺吾同门诸友》,《全书》下卷,p. 33。
②　参见《诚庵集跋》,《全书》下卷,p. 221。
③　参见《西道旅行记（七）》,《全书》下卷,p. 264;《西道旅行记（二）》,《全书》下卷,p. 259。
④　参见《云庵集》卷 5,《答朴参奉殷植》。
⑤　参见《云庵集》卷 11,《朴参奉殷植慈堂晬宴萱序堂甲宴韵》。
⑥　参见《云庵集》卷 2,《次朴参奉殷植萱堂甲宴韵》。
⑦　《云庵集》卷 11,《朴参奉殷植慈堂晬宴序》。

的学习。通过在当时的大学者朴文一门下对朱子学更为系统深刻的学习,朴殷植作为朱子学者的思想体系变得更为坚实。

综合三股溪流来看,朴殷植青年时期的学习由传统的朱子学构成,丁若镛的实学要素作为其中一个微小的萌芽存在于思想的深处。但是要注意到,从动态来看,社会条件发生变动时,作为微小萌芽的实学要素就具有了在朴殷植的思想世界里急速成长,占据重要位置的理由。

青年时期的朴殷植当然认为自己是正统的朱子学者,认为唯有朱子学才是宇宙中唯一的正学。对此,他有如下回忆:

> 言及吾国儒林之思想,则诸老先生皆崇尚笃信朱学,以其为唯一无上之法门。敢有一言一字与朱学相异,辄斥之为斯文乱贼。至于王学,则以为异端邪说而排斥之,不得容迹于学界。余亦生长于此种思想界中,以朱门一学为宇宙正学。又因朱学以其规模之绵密,义理之敦笃,于世教扶持有大功,六百年东洋世界皆为朱学之范围,故深觉吾先辈之推尊亦甚为恰当。①

作为朱子学者的朴殷植在 1885 年(27 岁)遵从母亲意愿参加了乡试。时任黄海道观察使的南廷哲久闻朴殷植的才名,特意将其拔擢。但朴殷植此后是否参加过文科试,尚不能清楚得知。1888 年,30 岁的朴殷植得到闵泳骏的举荐,被任命为崇仁殿参奉。1892 年(34 岁)再次因闵丙奭的推荐,转任东明王陵参奉。当时的东明王陵位于中和郡

---

① 参见《学之真理是求疑》,《全书》下卷,p. 197。

五峰山下的珍珠洞,这是时任黄海道观察使的闵丙奭为了照顾朴殷植的读书治学为其提供的便利。从 1888 年到 1894 年甲午更张为止,前后六年的王陵参奉就是朴殷植官职生涯的全部了。朴殷植在这一时期和闵泳骏、闵丙奭、闵衡植、南廷哲等闵妃守旧派的主要人物交往密切,这归功于他的老师朴文一的引荐。《云庵集》中收录了闵氏家族的主要人物极为尊敬朴文一,与其交往密切的记录。①

朴殷植在这一时期对朱子学进行了深入研究。他的朱子学已达到很高的境界,作为儒学者的声名不但在西北地区,在中央也开始流传。朝鲜"西道地方"的人对朴殷植的儒学倾慕称颂,尊朴殷植为"遯庵(鲜于浃)以来第一人"。② 朴殷植在 30 岁时已经在朱子学方面自成一家,开始确立其儒学大家的地位。如果朴殷植没有转变为开化自强派,而作为卫正斥邪派的儒家安度一生,所谓"其声名下云集之长袍阔袖者流,必亦能兀然倾覆一方"③绝非夸张。

朴殷植回忆起这个时期的自己,认为自己也曾"屈膝于诸老师门下,周旋于士大夫之间,讨论性命,讲行饮射。以守旧为义理,诋开化为邪说,以自靖为法门,认通达为妄想。希冀携冠童六七,徜徉山水之间,以一床经传,偃息衡茅之底"。觉得这种优哉游哉的生活"吾生于分足矣,于义得矣"。④

作为当时典范的卫正斥邪派儒学者,36 岁的朴殷植在 1894 年这一年接连遭遇了东学农民革命运动和甲午改革。当然,这一时期的朴殷植以东学农民革命运动为"东匪",认甲午改革为"邪说",对两大事

---

① 参见《云庵集》第 1 册,《云庵先生年谱》。
② 《哭白庵朴夫子》,《全书》下卷,p. 297。
③ 《哭白庵朴夫子》,《全书》下卷,p. 297。
④ 《贺吾同门诸友》,《全书》下卷,p. 32。

件持极度批判、否定的态度。他当时长期居住在首尔,因为对这两大事件极为伤心,遂搬到江原道原州郡的酒泉,闭门过上了渔樵生活。如果朴殷植此后在思想与行动上没有重大转变的话,他可能不会浮现于历史的正面,或许会成为一位远离时代的卫正斥邪派大儒,隐身于山村之中,教导几位门下弟子,作为陈旧人物终了一生,就此湮灭。

<h1 style="text-align:center">二</h1>

向开化自强思想转变

按照朴殷植自己的回忆,他开始对朱子学和卫正斥邪思想持有怀疑,关注新学问与新知识,认识到开化的必要性,是从 40 岁那年开始的。朴殷植回忆起自己进入 40 岁的 1898 年,遇到了"世界学说传入,言论自由开始的时期",所以自己的思想也发生了不小的变化。他回忆道:

> 四十岁以后,遇到世界学说传入,言论自由开始的时期,
> 我曾经胶泥于一家学说的思想,也开始发生不小的变化。对
> 于我们的前辈们严格禁止的老、庄、杨、墨、申、韩的学说,佛
> 教与基督教的教理全都变得宽容起来。①

朴殷植 40 岁那年的 1898 年,独立协会的自主民权自强运动从春

---

① 参见《学之真理是求疑》,《全书》下卷,p. 197。

天开始正式发动起来。独立协会树立了新的近代民族主义思想和民主主义思想,在 1898 年 2 月 21 日提交了宣布救国运动开始的上疏,3 月 10 日召开了韩国历史上最早的万民共同会,谴责列强的权利侵夺,要求沙皇俄国和日本势力撤出韩国。这一时期,新的西方市民思想迅速输入,独立协会一方面大力倡导言论自由,一方面积极开展政治运动,甚至推动成立改革派政府和开设议会。朴殷植所谓在 40 岁这年遇到了"世界学说输入,言论自由开始的时期",因此发生了思想上的转换,毫无疑问指的就是遇到了独立协会运动时期,思想上发生了转变。也就是说,朴殷植受独立协会的影响而从卫正斥邪派的儒学者,开始转变为开化自强派的思想家。

朴殷植因东学农民革命运动和甲午改革而避居江原道原州后,具体在何时重新回到京城尚不明确,但可以确定是在"俄馆播迁"导致甲午改革政府垮台的 1896 年 2 月之后。他来京后遇到独立协会运动,深受震撼,在接触各国新书籍后开始看清世界大势和时局情形,领悟到必须要变通更新才能保全国家与百姓。

> 及其来留京师之始也,犹是宿志不变,厌闻新学。及偶然触目东西各国新书籍,乃得观测天下大势及时局情形,觉知今日时宜,不得不变通更新,而吾国可保,吾民可活。[①]

朴殷植在 1898 年加入独立协会成为协会会员。这一年,独立协会在即将实现开设议会的壮举时被强迫解散。首尔市民自发组织了万民共同会,举行彻夜示威。在 1898 年 11 月 17 日,有缙绅参加的万

---

① 《贺吾同门诸友》,《全书》下卷,pp. 32 - 33。

民共同会上，朴殷植已经作为文教部长级的干部积极参加活动了。①
朴殷植参加万民共同会并作为干部活跃其中，无疑给他的人生带来了
划时代的转换。

在1898年9月5日南宫檍、柳瑾、罗寿渊等创办《皇城新闻》后不
久，朴殷植就与张志渊一起成为报纸的主笔。当时的主笔相当于今天
的报社评论员。《皇城新闻》是以独立协会中有革新儒学传统的背景、
致力于推动开化的一派会员为中心创办的报纸。它与《独立新闻》一
样，具有独立协会机关报的性质。朴殷植写道，在徐载弼返回美国
（1898年5月）之后，独立协会以《皇城新闻》为机关报。② 如果分析独
立协会会员谱系的话，可以简单分为受到西方市民思想的影响，主张
对此积极吸收，推动开化思想的《独立新闻》系统，和以国内的革新儒
学传统为背景，对西方市民思想的影响做一番取舍之后推动开化自强
的《皇城新闻》系统。朴殷植无疑属于《皇城新闻》系统。

独立协会被强制解散后，朴殷植在42岁那年的1900年一度进入
成均馆的后身——经学院讲授经学，也曾在汉城师范学校担任教师。
在这一时期，朴殷植完成了两部著作，一是《谦谷文稿》，另一部是《学
规新论》。

《谦谷文稿》是一部未曾出版过的朴殷植文集的稿本。成书时间
不早于1901年。因为文稿中有一篇题为《辛丑意见书》的文章，辛丑
即为1901年。现在《朴殷植全书》中收录的《谦谷文稿》就是朴殷植的

---

① 参见《独立协会沿历略》，《独立协会》（收录于《创作与批评》1970年春季刊）。
② 《韩国独立运动之血史》，《全书》下卷，p. 457：“徐载弼既去国，而李商在、尹致
昊、南宫檍、李承晚、安昌浩及培材学堂诸生继之发言，吁众誓死扶独立，而皇城报为其
机关。”

手稿本。① 看起来朴殷植在这一时期曾准备刊行一卷本的文集。收录的文章中除了传记类之外,剔除了他作为卫正斥邪派儒学者时期写作的全部文章。所以我们很难从中了解朴殷植的卫正斥邪思想。但是其中收录了他在 1898 年转变为开化自强思想之后的文章,可以了解到 1898 年之后他的思想转化。

《学规新论》是对《谦谷文稿》中的"新学说"做大幅扩充后的独立著作,1904 年由博文社刊行,②是一部很好地展现这一时期朴殷植教育思想的重要作品。《学规新论》的序文由李沂和金泽荣撰写,跋文由李裕桢撰写。

从朴殷植这一时期(1898—1904)的著作中可以看出,他虽然已经转向了开化自强思想,但是东道西器论的要素依然浓厚。比如《谦谷文稿》中,朴殷植在写给闵毅斋的信中认为,对于新学问中此前未能发挥的部分要发挥,以适应时代的要求,但是孔子、孟子的书依然不能扔掉。

　　　　有人说生于当今之世,当然应该学习新学问,旧学问哪有可用之处呢? 我近日也曾学习过新文字,对此略知一二。发前所未发,适合时宜的部分,如何能够不学习呢? 但是天下事千变万化,还都以身心为根本,身心不修如何能适应变化,又能成就何事呢? 如果要修炼身心,那么扔掉了我们的

---

① 据《谦谷文稿》之字体与朴殷植 1914 年寄李刚斋(承熙)的书信字体相同而推知。

② 《年谱》,《全书》下卷,p. 297 记《学规新论》成书于 1900 年。而据《谦谷文稿》完成于 1901 年之后,可推知年谱记载有误。

孔孟之书,又能用什么来修炼呢?①

在《谦谷文稿》的《宗教说》中,朴殷植倡导一种在全国普及孔子思想的儒教教育。② 1904 年刊行的《学规新论》中,他也在压卷的《论维持宗教》章中认为韩国的宗教就是儒教,并力倡孔子儒教的普及。

> 韩国的宗教乃是孔夫子之道。极天下之大中,穷天下之正理,莫过于孔夫子之教。我韩久以孔夫子为师,以三纲五伦为国纪,学习六经与四书,远承道统,修明礼仪,扶植教化。呜呼,时下士风日下,其流华而不实,于是教化失力,陷百姓于异说,其蔓延之势无穷无尽。宗教仅勉强维持命脉,国家之元气也因此日渐衰弱,令人痛叹不已。呜呼,国无宗教,如何为国! 各科目之学校自应扩张,但宗教之维持尤不可迟缓。③

朴殷植在这里希望维持的宗教当然是孔子的儒教。虽然没有明确表示,但到此时为止依然以朱子学为大宗,似乎尚未注意到阳明学。这一时期朴殷植虽然已经有了对教育革新的思想,但是朴殷植贯通于《谦谷文稿》和《学规新论》中的思想依然有浓厚的东道西器论的色彩。

---

① 《谦谷文稿》中的《上毅斋闵尚书》,《全书》中卷,pp. 369 - 370。原文:"若曰生斯世也,为新学问可也,安用旧学为哉? 某于近日新文字,亦有耳食而影掠之者。其发前未发,适乎时宜者,宁可不学也? 但天下之事千变万化,而身心为本。苟身心之不理,则何变之可应,何为之可济哉? 欲治身心,舍吾孔孟之书则何以哉?"——译注

② 参见《谦谷文稿》中的《宗教说》,《全书》中卷,pp. 414 - 420。

③ 《学规新论》中的《论维持宗教》,《全书》中卷,pp. 29 - 30。

这一时期朴殷植思想强烈的东道西器论特性，在他的交游关系上也清晰地表现出来。这一时期朴殷植的好友张志渊、金泽荣、李沂、李裕桢、闵衡植等都是典型的东道西器论者。

朴殷植脱离东道西器论的范畴完全进入开化思想家的领域，是在1905年之后，他正式献身于爱国启蒙运动时开始的。

三

爱国启蒙思想与国权恢复运动

朴殷植在以张志渊为社长的《皇城新闻》社担任主笔期间，迎来了1904年2月日俄战争的爆发。日本在发动日俄战争的同时强迫大韩帝国签订了《韩日议定书》，实际上将韩国置于日本军队的戒严之下，侵害了韩国的主权。他们在韩国非法动员物资，甚至杀害不予配合的韩国人。朴殷植通过《皇城新闻》一方面批判日本帝国主义的侵略政策，一面向韩国国民宣传自主独立精神和爱国思想。但是当时日本驻军对舆论进行审查，使《皇城新闻》等韩国报纸的言论自由被严重束缚，朴殷植难以自由活动。因为对日帝侵略的尖锐批判，朴殷植甚至一度被日本宪兵队囚禁。

日本帝国主义在日俄战争胜利后率兵入阙，于1905年11月强迫韩国秘密签署《乙巳条约》，剥夺了大韩帝国的外交权等国家权利。《皇城新闻》刊登了张志渊的社论《是日也放声大哭》，披露、谴责了日本帝国主义的国权侵夺。日本帝国主义于是无限期关闭《皇城新闻》，并逮捕了张志渊。

朴殷植经梁起铎推荐,转为《大韩每日申报》的主笔,在《大韩每日申报》上揭露、谴责了日本帝国主义用武力胁迫签订《乙巳条约》的真相,并尖锐批评了关闭《皇城新闻》和逮捕张志渊的不当性,在激发反对《乙巳条约》的国民斗争中起到了重要作用。

《大韩每日申报》社长由英国人裴说(Thomas Bethell)担任,以梁起铎为总务,采取韩英合营的方式创办,因为名义登记在外国人名下,所以在早期尚能避免日本人的审查。

《皇城新闻》虽然在 1906 年 2 月复刊,但张志渊无法重新担任社长,退出了报社,为了守住这份报纸,朴殷植重新回到《皇城新闻》担任主笔。从此时起到 1910 年 8 月《皇城新闻》停刊为止,朴殷植作为《皇城新闻》的主笔,实际上指导了报社的工作。他在《大韩每日申报》主要是作为客座记者投稿。但是《皇城新闻》因为受日本《新闻纸法》和《保安法》的制约,必须接受审查后才能发行,所以朴殷植很难像在《大韩每日申报》一样自由地开展国权恢复运动。1906 年以后朴殷植的爱国启蒙运动主要是在担任《皇城新闻》主笔的同时在其他各个领域开展起来的。

朴殷植在 1905 年 11 月经历了国权丧失之后,迅速丢掉了东道西器论的成分,转变为变法型开化自强的思想家。朴殷植此时对韩民族丧失国权的原因进行了深刻的省察,对于未能早日养成击退日本帝国主义的近代实力而悔恨。但是他并未陷入绝望,认为即使从现在开始,如果全民族奋发有为迅速培养近代的实力,依然能够在长时段内争取最后的胜利。他主张为了养成民族的国权恢复力量,要在各领域实行大规模的改革,号召整个民族要有"悔改的思想与奋起的气象",[1]

---

① 《悲喜》,《西友》第 4 号,《全书》下卷,p. 18。

为了国权之恢复"以苦心血诚,培养实力"。① 基于这种观点,朴殷植从1906开始对自己曾深入扎根的旧学问和卫正斥邪思想,以及守旧的儒林人士进行了辛辣的批评,公开宣称只有新学问才能拯救国家。对于当时部分学校中同时进行新学问与旧学问教育,没有指定只教授新学问的方式,他也批评为尚未觉醒,要求集中进行新学问的讲授。

对于西方思想,朴殷植积极接受了社会进化论与启蒙思想,以及一切的科学思想;朝鲜王朝的学问,他对丁若镛和朴趾源等实学家评价最高,要求对他们进行学习;对于中国则认为梁启超的主张是救亡中国之方策,对其评价最高,进行了积极的介绍。以这种变法型开化自强思想为基础,朴殷植为了拯救自己的国家和民族,确立了自己的教育救国思想和实业救国思想,甚至以长远的眼光倡导社会惯习的改革。

对于自己平生深刻喜爱的儒教,朴殷植也主张不要凭借一直以来站在帝王一边,忽视民众,支离汗漫的朱子学,而是用直截简易的阳明学来进行改革,以使之适应新时代的新学问,在国权恢复中动员儒教文化的要素。朴殷植希望依靠阳明学来对儒教进行求新改革,关注和强调阳明学是在 1906 年以后。②

1906 年 3 月,朴殷植在其同志张志渊、尹孝定、沈宜性、林珍洙、金相范、尹致昊等创立大韩自强会后,立即加入学会开展活动,给予积极支持,并在《大韩自强会月报》上发表了大量的爱国启蒙论著。

1906 年 10 月,朴殷植带头和同仁们一起组建了西友学会。他将

---

① 《大韩精神之血书(续)》,《大韩每日申报》,1907 年 9 月 26 日,《全书》下卷,p. 73。

② 参见《告我学生诸君》,《西北学会月刊》第 1 卷第 10 号,《全书》下卷,p. 49。

年轻的后辈们推举为会长团,自己以评议员的身份参加。但是,西友学会是在朴殷植的直接指导之下的。他担任了西友学会会刊《西友》的主笔,致力于启蒙国民。《西友》从 1906 年 12 月出版创刊号以后,到 1908 年 1 月份为止,共出版了 14 期,都是由朴殷植直接编辑和指导的。

朴殷植在新教育救国运动中意识到创办学校和培养师资的紧迫性,1907 年 1 月在西友学会产下创立了师范速成科夜间学校。他召集 25—40 岁的爱国青年,进行急速师资培养,向各地的私立学校输送了大量爱国教师。[1]

1907 年 2 月,池锡永等人创办国文学会后,朴殷植与周时经、梁起铎、柳一宣、李钟一等作为研究员参加了学会。[2] 此时的朴殷植提倡实行全体国民教育和义务教育,主张为此进行国文专用教育,可能因此深切意识到国文(韩文)研究的重要性。朴殷植是一位汉文水平远好于韩文的汉学家,他提倡使用国文,乃至倡导专用国文的新教育,甚至作为国文研究会的研究员活动,可以看出他为了养成民力,变成了怎样一位变法型的开化思想家。

在梁起铎、安昌浩、全德基、李东宁、李甲、柳东说等创建秘密社团"新民会"后,朴殷植立即加入组织,主要活动于教育和出版领域。[3]

1907 年后,新民会在背后指挥了全国的爱国启蒙运动,而且作为一个全国规模的战斗型秘密社团,还曾推进过在国内外设立独立军基地的计划。作为新民会的主要元老,朴殷植被新民会会员们尊为"国

---

① 参见《西友》第 2 号,1907 年 11 月 11 日,《学徒募集广告》。

② 参见《皇城新闻》1907 年 2 月 6 日,《杂报:国文研究会组织》。

③ 参见慎镛厦,《新民会的创建及其国权恢复运动(上、下)》,《韩国学报》第 8、9 辑,1977。

老"。1908年1月,根据新民会的方针,朴殷植指导的西友学会和李儁、李东辉等组织的汉北兴学会合并,成立西北学会,由朴殷植进行指导。这次合并后,朴殷植依然推荐年轻人进入会长团,他只担任评议员,但西北学会实际也是在朴殷植的直接领导之下的。

西北学会名义上的会长和干部们虽然持续更替,但实际上是一个以朴殷植为领导人,李东辉、安昌浩、郑云复、姜玧熙、李钟浩、李甲、柳东说、卢伯麟、金达河、金源极、金明濬、金柱炳等提供辅佐,负责黄海道、平安北道、咸镜南北道地区爱国启蒙运动,具有重要影响力的爱国团体。

朴殷植此次依然担任西北学会会刊《西北学会月报》的主笔,直接参与杂志编辑,并在杂志上刊登了大量自己创作的爱国启蒙论说,致力于国民启蒙。《西北学会月报》从1908年2月开始到1910年1月,共出版22期,全部都是由朴殷植直接编辑和指导的。[1]

1908年1月,朴殷植创建了西北学会产下的教育机构西北协成学校。这同时也是一所根据新民会教育救国运动的指导方针创办的学校。朴殷植最初推荐李钟浩担任校长,李钟浩为创立独立军基地亡命海外后,朴殷植亲自担任校长,负责学校的领导工作。朴殷植倡导在西北学会的负责区域内开设西北协成学校的分校,从1908年5月到1909年末,共获得63所分校的许可。西北协成学校分校在韩国各道

---

① 西北学会由西友学会和汉北兴学会合并后于1908年1月创立,《西北学会月报》作为其机关刊物,从1908年2月号开始发行。起初它被视为《西友》的继承者,将创刊号定名为"第15号"(《西友》是以第14号终刊的),直到1908年6月号才开始用新的编号"第1卷第1号"。虽然《西北学会月报》发行到第1卷第23号(1910年5月号),但从第1卷第20号起,有4卷被日帝查收,现保留下来的只到第1卷第19号。《西北学会月报》从创刊到第1卷第23号,都是朴殷植负责编辑的。

的分布如表 8-1 所示。①

表 8-1　西北协成学校分校的设立

道	郡	分校名称	认可日期
京畿道	首尔	西北协成学校（本部）附属师范讲习所,附设测量科	1908 年 1 月
黄海道	载宁郡	昌东学校	1908 年 5 月 20 日
		龙艺学校	1908 年 5 月 20 日
		广理学校	1908 年 5 月 20 日
		养元学校	1908 年 12 月 22 日
		振兴学校	1909 年 1 月 26 日
		光东学校	1909 年 3 月 20 日
		文昌学校	1909 年 6 月 19 日
	安岳郡	奉三学校	1908 年 6 月 10 日
		培英学校	1908 年 11 月 11 日
		东昌学校	1909 年 4 月 24 日
	遂安郡	西华学校	1909 年 1 月 26 日
		光兴学校	1909 年 4 月 17 日
	金川郡	大明学校	1909 年 2 月 8 日
		广新学校	1909 年 4 月 17 日
		金兴学校	1909 年 4 月 17 日
	平山郡	向阳义塾	1909 年 4 月 17 日
		大兴学校	1909 年 4 月 17 日
	凤山郡	朝阳学校	1909 年 6 月 19 日
	延安郡	延兴学校	1909 年 8 月 19 日
平安南道	安州郡	道明学校	1909 年 1 月 26 日
	顺川郡	池兴学校	1909 年 4 月 17 日
		仁昌学校	1909 年 5 月 21 日
		普光学校	1909 年 8 月 19 日

——————————

① 据《西北学会月报》第 15 号(1908 年 2 月 1 日)至第 1 卷第 19 号(1910 年 1 月 1 日)内容制成此表。

道	郡	分校名称	认可日期
	江东郡	就明学校	1909 年 4 月 17 日
	江西郡	日新学校	1909 年 8 月 19 日
	成川郡	凤鸣学校	1909 年 4 月 17 日
	祥原郡	祥峰学校 振兴学校	1909 年 1 月 26 日 1909 年 6 月 19 日
平安北道	碧潼郡	时兴学校	1908 年 5 月 20 日
	郭山郡	兴裹学校 南山学校	1909 年 5 月 21 日 1909 年 6 月 19 日
	云山郡	心诚学校 毓英学校	1908 年 5 月 20 日 1909 年 2 月 23 日
	宁边郡	维新学校	1908 年 7 月 4 日
	博川郡	振明学校 博明学校	1908 年 8 月 21 日 1908 年 10 月 16 日
	宣用郡	普新学校 日新学校	1908 年 12 月 15 日 1909 年 3 月 20 日
	龟城郡	大东学校 信明学校 大同学校	1909 年 2 月 8 日 1909 年 3 月 20 日 1909 年 5 月 21 日
	嘉山郡	鹤山学校 嘉山学校 元明学校 东昌学校	1909 年 1 月 26 日 1909 年 2 月 23 日 1909 年 4 月 17 日 1909 年 4 月 17 日
	泰川郡	韩兴学校 见心学校	1909 年 2 月 23 日 1909 年 3 月 20 日
	楚山郡	宣西学校	1909 年 4 月 17 日
咸镜南道	永兴郡	协成学校 永明学校 洪成学校 中央学校	1908 年 6 月 10 日 1908 年 9 月 26 日 1909 年 1 月 26 日 1909 年 4 月 17 日

道	郡	分校名称	认可日期
咸镜北道	北青郡	协成学校 彰德学校 新兴学校 会新学校 新德学校	1908 年 11 月 11 日 1909 年 1 月 26 日 1909 年 4 月 17 日 1909 年 5 月 21 日 1909 年 11 月 1 日
	定平郡	协成学校	1909 年 2 月 23 日
	富宁郡	兼致学校	1908 年 5 月 20 日
	钟城郡	院洞学校 长丰学校	1908 年 7 月 4 日 1908 年 7 月 4 日
	稳城郡	普兴学校	1908 年 10 月 3 日
	会宁郡	春洞学校	1908 年 7 月 4 日

西北协成学校的分校虽然名义上限定在西北学会负责的韩国西北地区，但是以其为模范甚至直接使用协成学校名字的学校在全国成立了许多所。例如，在庆尚北道大邱市由地方志士与百姓创办的大邱市立协成学校，其赞务会就曾向首尔的西北协成学校发送公函，表明了共同参加教育救国之意。① 朴殷植在 1909 年 7 月到 1910 年 5 月期间，分两次参观了西北地区各地的协成学校分校，并在《皇城新闻》上刊载了自己的旅行记。②

此外，朴殷植在全国各地的学校创设与教育救国运动方面都发挥了巨大的影响。

针对日本帝国主义扶植申箕善等人的大东学会，对韩国儒林开展

① 参见《西北协会月报》第 1 卷第 7 号，1908 年 12 月 1 日，《全书》，p. 33。
② 参见《西道旅行记事》，《皇城新闻》，1909 年 8 月 11 日，《全书》下卷，pp. 257 - 258；《西道旅行记》(1 - 8)，《皇城新闻》，1910 年 6 月 21 日—7 月 1 日，《全书》下卷，pp. 258 - 267。

亲日化政治工作的情况，朴殷植在 1909 年 9 月与李范圭、张志渊、元泳仪、赵琬九等一起创立了大同教，与之对抗。[①] 大同教是一个立足于大同思想和阳明学，以改革儒教，动员儒林界和儒教文化要素参与国权恢复运动为目标而建立的新宗教。

作为儒教改革工作的一环，朴殷植在 1910 年开始了《王阳明实记》的撰述。崔南善在其创办的《少年》杂志上对该文进行了刊载，但被日帝判定为"不稳书籍"，禁止出版，并乘机强迫《少年》杂志停刊。

1910 年，朴殷植还与柳瑾、崔南善等发起了旨在刊行传播民族经典的光文会，并领导了该机构。光文会由崔南善担任总务负责实际工作，初期由朴殷植与柳瑾指导。

朴殷植在这一时期为了启发国民的新思想、爱国心与独立意识，培养国权恢复的力量，写作了大量的评论和著作，也翻译了多部作品。爱国启蒙期朴殷植以实名创作的作品除了个别篇章以外，都收录在《朴殷植全书》之中。

但是，朴殷植这一时期的作品除收入《朴殷植全书》的文章之外，还有大量作品尚待发掘。因为这一时期朴殷植在《大韩每日申报》和《皇城新闻》上写作了大量不记名的论说，因为未标记姓名，所以《全书》未予收录。这些论说的数量是很庞大的。

朴殷植在这一时期的作品中形成了一定的思想体系和一致的主张，我们可以称之为朴殷植的爱国启蒙思想。这一时期朴殷植爱国启蒙思想的特征之一是主张将爱国启蒙运动与义兵运动结合起来共同

----

① 参见《皇城新闻》，1909 年 9 月 10 日，《杂报：大同教协议》；《皇城新闻》，1909 年 9 月 14 日，《杂报：大同教任员》；《大韩每日申报》，1909 年 9 月 14 日，《杂报：大同教开会》。

推进。在当时日本施加审查的情况下,朴殷植将其表达为"联武齐进"。① 这句话的意思是"与武装运动联合,共同前进"。朴殷植在开展爱国启蒙运动的同时,认为义兵运动是当时最重大的爱国运动,给予了高度的评价和支持。从朴殷植把壬辰倭乱、丙子胡乱、丁卯胡乱时发起义兵的义兵长和百姓们作为韩国的"人物"进行的介绍,不难看出他对义兵运动的间接支持和宣传。② 而且在后来撰写的《韩国痛史》、《韩国独立运动之血史》中,朴殷植对义兵运动的高度评价再次得到确认。③

朴殷植在这一时期(1905—1910)走到了历史的前方,为恢复国权,培养韩民族的力量,在多方面做出巨大贡献,成为在全国范围内对国民影响最大的爱国启蒙思想家和爱国启蒙运动家之一。在沦为日本殖民地后,曾有人对这一时期朴殷植的活动评价道:"乙未后至庚戌合邦之五六年间,鼓吹国民思想,唤醒国民精神之功绩,全赖先生之苦心与笔锋。"④这绝非夸大之辞。

---

① 参见《旧习改良论》,《西友》第 2 号,《全书》下卷,p. 11;《社说》,《西北学会月刊》第 1 卷第 15 号,《全书》下卷,p. 58。

② 参见《人物考》,《全书》中卷,pp. 507 - 558。这些人物考都在《西北学会月报》上连载过。此外,《西友》和《西北学会月报》上还连载了很多未被收录在《全书》中的《人物考》,那些特意未写明撰写者姓名的,实际上都是编辑人朴殷植的作品。

③ 参见《韩国痛史》,《全书》上卷,pp. 323 - 328;《韩国独立运动之血史》,《全书》上卷,pp. 465 - 473。朴殷植在这里称"义兵"为"国家危急之际,不等待征发令,以大义而奋起的民军",赞扬"义兵为我民族之国粹"。

④ 参见《白岩朴殷植先生略历》,《全书》下卷,p. 287。

四

独立运动时期的思想与活动

　　日本帝国主义在 1910 年 8 月 29 日把韩国完全变成殖民地后，封锁废除了所有的言论机构，将爱国启蒙运动期刊行的史书和各种爱国书籍定为禁书，予以没收。朴殷植作为主笔活动的《皇城新闻》被停刊，西北学会被强制解散，《西北学会月报》也遭到停刊。朴殷植在爱国启蒙运动期著述的书籍也都成为禁书。

　　日本帝国主义从 1910 年 12 月起，以安岳事件为契机，大举逮捕新民会黄海道分会会员。朴殷植的年轻同志们陆续被逮捕。日本开始大规模强化在爱国启蒙运动时期未能进行的肆意弹压。朴殷植最为担忧和悲痛的是承载着韩民族"国魂"的国史书被没收、销毁，使得国民和下一代人丢失了本民族的历史，失去了韩国人的国魂和自信。他叹息道："国体虽亡，如国魂不灭，则有复活之可能。如今作为国魂之历史惨遭焚灭，岂不痛叹。"[①]朴殷植认为，撰写有韩民族"国魂"的史书，把本民族的历史教给沦为亡国奴的本民族子孙，保住"国魂"，为独立打下基础，是一位"文士"的历史使命。但是在国内连写作一字一句的自由也不复存在，他开始计划亡命国外，开展自己的工作。

　　1911 年 3 月，朴殷植的夫人因病去世，一俟办完丧事，他便于 4 月飘然去国，渡过鸭绿江，前往中国东北地区桓因县洪都川的尹世复家中。尹世复是爱国志士，虔诚的大倧教信徒，后来曾经担任过大倧教

---

　　① 《白岩朴殷植先生略历》，《全书》下卷，p. 288。

第三任教主。①　在尹世复家中逗留期间,朴殷植受其影响,成为大倧教信徒。②

朴殷植在尹世复家中逗留的一年时间里,写作了《东明王实记》《渤海太祖建国志》《梦拜金太祖》《明临答夫传》《泉盖苏文传》《大东古代史论》《檀祖事考》等。其中留存下来的,只有《大东古代史论》《梦拜金太祖》《明林答夫传》《檀祖事考》四篇。因为现在留传下来的作品都是中等篇幅的印刷品,所以推测这一时期所有的作品可能都是中篇著作。朴殷植在国内期间便积累了渊博的历史知识,而在流亡地的大倧教集团中,因其教相对重视历史,藏有不少历史文献,让他也得以在短时间内完成了大量的著作。值得注意的是,这七篇著作都与韩国古代史相关,地理上与中国"满洲"地区相关。实际上,这一时期,他曾亲身考察了中国东北地区的众多古代遗迹。③

1911 年 10 月,中国发生了辛亥革命。朴殷植一面著述史书,一面往来于中国的南北方,期待与天下志士交游,协助韩国独立运动。1912 年 3 月,朴殷植经奉天到达北京,住在好友曹成焕的家里。这一时期,因为日本官方的搜捕,他一度被关押到警察局。但因为已经改名换姓,日本官方未能发现他就是朴殷植,将其释放。当时在朝鲜国内,日本宪兵警察伪造了"寺内总督暗杀阴谋事件",正在全国范围内大举起诉、逮捕新民会会员,残酷镇压独立运动。朴殷植很快途经天津,到达上海,受到申圭植(申柽)和三十多位学生的欢迎,开始了在上海的生活。他与申圭植、洪命熙等一起结成了侨民互助团体"同济

---

①　参见大倧教总本司编,《大倧教重光六十年史》,pp. 393 - 456。

②　参见《哭白庵朴夫子》,《全书》下卷,p. 280。

③　参见《韩国痛史·结论》,《全书》上卷,p. 375。

社"，并创办了教育侨民子弟的博达学院。

此后朴殷植曾前往南京，但因南北战争爆发，重新回到上海。1914年（时年56岁），朴殷植接受中国朋友的邀请，前往香港担任《香江》杂志的主编。《香江》杂志因为在第四期上批评了袁世凯的专制而停刊。

朴殷植在这段时期以及之后的日子里结识了大量中国志士：康有为、梁启超、唐绍仪、景梅九，以及大批中国同盟会的革命同志。

朴殷植重新回到上海，撰写了《安重根传》，并完成了流亡后一直进行的《韩国痛史》的写作。《韩国痛史》于1915年（时年57岁）在上海一家叫作大同编译局的出版社出版。朴殷植的《韩国痛史》是一部有3编、114章的长篇大作，把1864年到1911年的韩国近代史——按照现代历史分类法可以称为普通近代史、日本侵略史、独立运动史三个方面——以日本帝国主义的侵略史为中心进行了有体系的记述。朴殷植以日本帝国主义侵略史为中心进行近代史记叙，希望对外揭露和谴责日本帝国主义侵略的残忍性和狡猾性，对内进行"痛"的教育，激发民族悲愤之气，进而结成独立运动之精神，增强"国魂"，敦促后代人的反省。同时，朴殷植的《韩国痛史》是对韩国近代史进行系统整理的第一次尝试，也是创建韩国近代历史学的经典著作之一。

朴殷植的《韩国痛史》发行后，在中国和俄罗斯的韩人侨胞中广为传阅，鼓舞了那里的独立运动。在美洲，还被翻译成了纯韩文，作为侨民的教科书使用。而且，《韩国痛史》还被秘密运往韩国国内，大量流通，为日本帝国主义统治之下呻吟的韩国人带来对民族传统的热爱和本民族的自信心，激发了对日本侵略的愤怒和为独立斗争献身的决心。

朴殷植《韩国痛史》产生的巨大影响让日本帝国主义十分慌张。

为了对抗朴殷植的《韩国痛史》等韩人著作,日本帝国主义发动御用学者们在 1916 年组织了朝鲜半岛史编纂委员会(1922 年改为朝鲜史编纂委员会,1925 年改为朝鲜史编修会),开始准备编纂《朝鲜半岛史》,后改为《朝鲜史》。[①] 日本方面的资料对此有如下记载:

> 朝鲜人不同于其他殖民地的野蛮半开化民族,自古以来就史书众多,也有不少新近的著作。其中前者是独立时代的著述,与现代并无关联,其弊在于空自追想独立国的旧梦。后者则记述日清、日俄在近代朝鲜的势力竞争,解说朝鲜的向背,亦有《韩国痛史》之类在外朝鲜人的撰述,不探求事情的真相,随意妄说。这种史籍侵蚀蛊惑人心的害处非言语所能穷尽。但对此施行的绝灭之策,都劳而无功,甚或刺激了它的传播。而用公正准确的史书来代替对旧史的禁绝,反而是一种捷径,效果亦更为显著。这就是《朝鲜半岛史》编纂成为必要的主要原因了。[②]

日本朝鲜总督府在这里指责的《韩国痛史》,毫无疑问就是朴殷植的《韩国痛史》。日本帝国主义因为朴殷植的《韩国痛史》等使人联想起独立国的史书"害处非言语所能穷尽",所以组织编纂了 37 册的《朝鲜史》以为对策,妄图根据殖民主义史观歪曲韩国历史。从这里也可以看出朴殷植的《韩国痛史》曾经起到了多么大、多么重要的影响了。

朴殷植在上海出版《韩国痛史》之后,随即写作了《李舜臣传》。他

---

① 参见朝鲜总督府朝鲜史编修会,《朝鲜史编修会事业概要》,1938,pp. 142 - 146。
② 《朝鲜史编修会事业概要》,p. 6。

在颠沛流离的生活中虽然常常食不饱腹，但依然凭借不屈的意志，把全部的热情投入到了史书的撰写之中。这一时期，朴殷植受康有为委托，担任过《国是日报》的主编。但是不久之后，因报纸停刊，朴殷植不得不寄居在原清朝提督吴长庆的孙女吴亚兰（吴亚男）家中写作《大东民族史》，惜未能完稿。

这一时期，朴殷植在上海与李相卨、申圭植、柳东说等人组建了独立战争预备团体"新韩革命团"，写作了其发起书并被选为监督。此后，朴殷植还在上海与申圭植一起组织"大同辅国团"，被推举为首任团长。①

1918 年，在俄罗斯西伯利亚地区韩国侨民的恳切邀请下，朴殷植前往宋王岭担任《韩族公报》的主编。但是，报纸未能持续多久便停办了（可能是因为财政上的困难）。朴殷植继续留在俄罗斯境内用韩文译述了《渤海史》和《金史》，写作了《李儁传》。同时，他还前往韩人村的多所学校中进行韩国历史演讲，激励了侨民的民族独立思想。②

朴殷植是在俄罗斯的符拉迪沃斯托克迎来三一运动（1919 年）的。他以 61 岁的高龄组织了"大韩国民老人同盟团"，作为领导人开展独立运动。老人同盟团组建后不到几个月，参加人数就达到了数千名。朴殷植向首尔派遣了老人同盟团的五位代表，发动了姜宇奎对日本总督斋藤实投掷炸弹事件、李拨的自决事件等。

1919 年 8 月，朴殷植回到上海，支持上海的大韩民国临时政府。他虽未在临时政府正面出现，但在背后作为元老对独立运动进行了指导和支持，并开始写作《韩国独立运动之血史》。上海临时政府在 1919

---

① 参见《年谱》，《全书》下卷，p. 301。
② 参见《白岩朴殷植先生略历》，《全书》下卷，p. 289。

年 7 月任命安昌浩、李光洙、金枓奉、金炳祚、李元益等 33 人组成"临时史料编纂会",从 1919 年 7 月 11 日到 9 月 23 日为止,昼夜辛劳,编纂了 4 卷本的《韩日关系史料集》并印刷了 100 册。[①] 朴殷植以这一史料集和各地独立运动团体的报告为基础,完成了《韩国独立运动之血史》,1920 年 12 月由上海的韩国人出版社维新社出版发行。朴殷植的《韩国独立运动之血史》以三一运动为中心,记叙了从 1884 年的甲申政变到 1920 年的独立军战斗,几十年间韩国人反抗日本侵略的独立斗争史。这是韩国近代史领域的又一部经典之作。如果说朴殷植的《韩国痛史》意图唤醒韩国人的"知痛心",以"救国主义"精神为独立运动精神动力的话,他的《韩国独立运动之血史》则意在发动韩国人把"知痛心"转变为"血斗"的实战和行动。

在《韩国独立运动之血史》中,朴殷植用全部的力量向韩民族及全世界揭露和谴责了日本的帝国主义本质。《韩国独立运动之血史》以激烈的笔触对日本帝国主义的罪状进行了详细的揭露,成为批判日本帝国主义的巅峰之作,在号召韩民族奋起进行独立斗争方面,也处于巅峰位置。作为其笔锋之一例,可以举描述三一运动的最后一段,他写道:

> 日本人对于我民族的文明行动采取了极度野蛮和残忍的杀戮。
>
> 如果我们作为同族,不能继承血统,实现我们的独立目标,将来如何报答我们兄弟姐妹的忠魂?

---

① 参见《韩国独立运动史:资料》第 4 辑,国史编纂委员会,1974,pp. 70 - 280,收录了《韩日关系史》第 2—4 册。

我们两千万人的心血是强大的武装,全世界的新文化是巨大的声援,而军国主义已经进入了黄昏。

痛饮敌酋之血,为我们的兄弟姐妹报仇的日子一定会到来,我们怎能不奋发啊![①]

在《韩国独立运动之血史》的结论部分,朴殷植乐观展望,认为历史大势和国内外的政治局势都在加速日本帝国主义的早日灭亡,宣称:"百折而不回,十颠而复起,不惑于现象,不停危步,终将迎来最后的胜利捷报。"[②]

朴殷植的《韩国独立运动之血史》与《韩国痛史》一样,不仅在韩侨和独立运动家中广为传阅,还突破了日本帝国主义的种种封锁,大量秘密输入国内,大受国民欢迎。读过或听说过朴殷植《韩国独立运动之血史》的韩国人重新燃起了对日本帝国主义侵略的怒火和献身于独立斗争的决心,无论在日本残酷的殖民地武装统治之下生活如何艰难困苦,也依然乐观地相信历史的大势和国内外政局正在发生变化,相信韩国人的大规模牺牲绝不是白费,一定要争取独立,最后的胜利必将到来。这是对韩民族独立运动极大的鼓舞。与此相反,日本极为慌张,为了应对《韩国独立运动之血史》的刊行,派遣间谍对此进行搜集,调查背后的流通途径并用电报进行了报告。[③]

1919 年阴历 9 月 30 日,朴殷植在上海迎来"回甲"寿辰,近百名独

---

① 《韩国独立运动之血史》,《全书》上卷,p. 566。

② 《韩国独立运动之血史·结论》,《全书》上卷,p. 778。

③ 参见大韩民国国会图书馆编,《韩国民族运动史料(中国篇)》,1976,p. 342,《1921 年 7 月 5 日在香港领事代理就〈韩国独立运动血史〉向外务大臣电报之要旨,〈韩国独立运动血史〉件》。

立运动家在上海渔阳里的自由馆为这位国家元老举行寿宴，金嘉镇等致贺词，众人诗曲歌唱，蔚为一时盛会。[①] 在这次宴会上，独立运动家们为孤身一人在贫寒生活中紧握一支史笔争取独立的国家元老送上了一套绸缎做的衣服，并奉上一桌老人喜爱的酒席。朴殷植十分高兴，因酒意而泛红的脸庞上满是笑意，说道："我写了《韩国痛史》，又写了《韩国独立运动之血史》，虽然我已经老了，但我一定要写完《建国史》再死。"[②]由此可见，朴殷植在《韩国独立运动之血史》完成后，构想过《建国史》的写作。

朴殷植在这些著作之外，还写作了大量鼓舞独立运动的论述，刊登在《独立新闻》上。在 1920 年代，朴殷植依然积极支持临时政府，甘居幕后担任新韩青年党的机关报《新韩青年》的主编和《四民报》《救国日报》的主笔，并指导以吕运亨等人为核心的上海侨民团体。

但是上海临时政府因为李承晚请求实行委任统治和李东辉挪用列宁独立运动资金等问题，在思想、运动路线、出身地域等方面的内部矛盾开始激化。最终使得临时政府国务总理李东辉在 1921 年 1 月 24 日辞职离开上海，回到俄罗斯境内。

朴殷植十分重视独立运动中的民族统一战线，对于临时政府的分裂极为忧心。为了加强独立运动路线的统一和临时政府的改造，朴殷植在 1921 年 2 月与元世勋等 13 人发表了《告同胞书》，号召召开国民

---

① 参见《独立新闻》，1919 年 12 月 12 日报道，《白庵翁回甲日》："阴历九月晦日为白庵朴殷植先生之回甲寿辰。赖在沪有志之士扶持，回甲宴于是日正午在渔阳里自由馆开宴，近百人参会。有李东辉、金嘉镇等先生祝辞，众人诗曲歌唱，蔚为一时盛会。"

② 参见《东亚日报》，1925 年 11 月 5 日，李光洙撰《哭朴先生》。

代表会议。① 这一提议获得了北京的朴荣万、申肃、申采浩等北京军事统一会成员的呼应,随后又获得了中国东北各地和俄罗斯境内独立运动家的广泛呼应。经历了种种曲折后,国民代表会议终于在 1923 年 1 月 3 日于上海召开。② 但是,国民代表会议却分裂为改造派、创造派、中立派、临时政府固守派等派别,未能取得实际的效果。朴殷植极度强调的独立运动的统一路线最终未能达成,归于失败。国民代表会议改造派和创造派发表的声明都借用了朴殷植的名字,可见朴殷植并没有加入其中一派,而是始终希望促成独立运动的统一路线。

为了收拾临时政府分裂的残局,上海的年轻独立运动家们迫切需要元老的帮助。首先,为了《独立新闻》的存续,朴殷植从 1924 年开始担任了独立新闻社社长。随后,在议政院于 1924 年 6 月通过《李承晚大统领有故案》,引发一系列混乱之后,朴殷植作为元老被推举为临时政府国务总理兼代总统。③

此时的朴殷植已是 66 岁高龄,且健康状况不佳,并非适于一线出现的人选。但因为年轻的独立运动家们限于思想与地域分歧,不具备改变四分五裂局面的能力,所以朴殷植作为各方共同尊敬的元老,被选为挽回局面的负责人。1925 年 3 月 14 日,朴殷植以临时政府代总统兼国务总理的身份访问了中国国民党上海第三支部,代表韩民族表达了对中华民国总统孙文先生逝世的哀悼之情;第二天,3 月 15 日出

---

① 参见《韩国民族运动史料(中国篇)》,pp. 276 - 277,《1921 年 2 月 18 日朝鲜总督府警务局长向外务次官通报的关于反临时政府方的国民代表会议召开的要旨,关于反临时政府方国民代表会议召开件》。

② 参见《独立新闻》,1923 年 1 月 10 日,《国民代表会开会》。

③ 参见《韩国民族运动史料(中国篇)》,pp. 539 - 541,《1925 年 2 月 13 日朝鲜总督府警务局长向外务次官通报的关于在上海韩人独立运动者近况的要旨》。

席中国抗日团体"国民对日外交大会"成立两周年纪念会,并在翻译的陪同下发表了如下发言:

> 我因为日本的迫害,来到贵国已经有十个年头了。根据我的观察,贵国在所有方面都比日本优秀,但因为贵国人没有明确的反抗之心,所以未能宣扬国威。但是在五四运动之后,我开始得知各方的同胞在对日问题上都具有悲壮的忍耐心,所以对贵会的主旨,表示满腔的赞成。
>
> 我的意见,已经借一切机会发表在杂志上,弊国与贵国国情虽然不同,但在受日本的压迫这一点上,是一样的。贵国如果现在不能进行反抗的话,将来必会受到进一步的压迫。……所以,日本不正是我们共同的敌人吗?贵国的五四运动和我国的三一运动,其目标全然一致,希望今后两国能够更加团结一致,对抗日本,通过知识战、经济战、武力战,最终超过日本,收回旅大。①

在朴殷植负责和引领临时政府时期,议政院于 1925 年 3 月 21 日做出决断,对几年来引发独立运动家抗议的"委任统治请愿"和其他问题进行问责,通过了《临时总统李承晚弹劾案》,问题终于告一段落。②

朴殷植在 1925 年 3 月 23 日被选举为临时总统,第二天,3 月 24

---

① 《韩国民族运动史料(中国篇)》,p. 594,《1925 年 3 月 30 日朝鲜总督府警务局长向外务次官通报的关于临时政府代总统朴殷植对孙逸仙死亡所发表的吊唁词及演说的要旨,临时政府代总统朴殷植对孙逸仙死亡所发表的吊唁词及演说》。

② 参见《韩国独立运动史:资料 2》,临政篇 II,国史编纂委员会,1971,pp. 441 - 442,《大总统弹劾案通过》。

日宣誓就任第二任总统。作为应对事态的基本策略之一，朴殷植在
1925 年 3 月 30 日向议政院提交了宪法修正案。改宪的重点在于废除
总统制，新设国务领制，转变为以国务领为中心的内阁负责制。①

在改正后的新宪法下，朴殷植于 1925 年 7 月推荐西路军政署总
裁李相龙为国务领，在选举结束后根据新宪法辞去了总统职务（李相
龙在 1925 年 7 月至 1926 年 2 月任国务领）。②

五

朴殷植的殉国

朴殷植在辞去总统时，咽喉症已经发作了。后来咽喉症转为支气
管炎，朴殷植终于在 1925 年 11 月 1 日下午 7 时 30 分，结束了他壮烈
的一生，享年 67 岁。

在临终前最后的时间里，朴殷植依然忧心民族，让守护在他身边
的安恭根记下了他写给民族同胞们的遗嘱。其主要内容是：

我感觉病情不寻常。如能活下来最好，但如果不能的

---

① 参见《韩国民族运动史料（中国篇）》，pp. 555－557，《1925 年 4 月 16 日驻上海总
领事向外务次官报告的关于临时宪法改正案通过及公布的要旨，临时宪法改正案通过
及公布件》。

② 参见《韩国民族运动史料（中国篇）》，pp. 571－572，《1925 年 8 月 3 日朝鲜总督
府警务局长向外务次官通报的关于上海临时政府国务领更迭的要旨，大韩民国临时政
府公报件》。

话,请把这几句话转达给我们的同胞。

　　第一,进行独立运动,要有全族的统一;第二,要把独立运动作为最高目标,为了独立运动可以使用任何手段和策略;第三,独立运动是为了我们民族的公共事业,参加运动的同志们之间,不要有爱憎亲疏之别。①

朴殷植从传统的朱子学者出发,根据自己民族所处条件的变化不断发展自己的思想和行动,成为开化自强派、伟大的爱国启蒙思想家、大学者、报人、不屈的献身独立斗士,把自己全部的生命献给了民族的独立和解放。

朴殷植的遗骸未能归葬他万分期望回去的祖国,1925 年 11 月 4 日下午 5 时,被他的同志们安葬在了中国上海市静安寺路公共墓地 600 号。

---

　　① 《白庵先生的遗嘱》,《独立新闻》,1925 年 11 月 11 日,《全书》下卷,pp. 202 - 203。朴殷植在《遗嘱》的这段记述中,用自己的话添加了一些说明。其叮嘱的要点是:其一,虽然实现全族统一极其困难,但是意欲献身于光复事业的健全分子应该不结朋党、土党(地域结党),勿对将来的国家大业产生负面影响;其二,凡事只要不具有损害我们民族的体面及将来幸福之危险性,即便对光复事业有一毫之帮助,皆应施行;其三,独立运动的成败是关系我们全民族生死的大问题,为使此事成功,不应局碍于私人亲疏或个人恩怨,应坚定团结,统一行动。

第九章　申采浩的思想及其独立运动

申采浩

一

申采浩的少年时期

1880 年 12 月 8 日（阴历 11 月 7 日），申采浩（1880—1936）出生于韩国忠清南道大德郡山内面於南里的桃林村,此时正当列强对韩半岛大举侵略,民族危机开始形成的时期。他是乡村士人申光植的第二个儿子。

申采浩祖籍庆尚北道高灵郡,是申叔舟先生的十八代孙,属于两班阶层。申采浩的五世祖和高祖都是没有官职的寒微两班,到了曾祖申命休这一代,曾任金知中枢府事一职。这是兵曹正三品的官职,虽然是"堂上官",但属于没有职务的闲职。申采浩的祖父申星雨在 1867 年的丁卯科举中文科及第,得到了司谏院正言这一正六品的实职。申采浩的父亲申光植虽然天性聪敏,但身体羸弱,是一位在科举中落第的乡村士人。

申采浩的祖父申星雨从首尔致仕后,并没有回到自己原来的故乡忠清北道青源郡南城面归来里,而是到了自己的岳父家忠清南道大德郡山内面於南里桃林村定居。在这里,申采浩的父亲申光植与密阳朴氏结婚,生下了长子在浩与次子采浩(原名菜浩,后改为采浩)。申采浩的号,则取自郑梦周的《丹心歌》,起初自号一片丹生、丹生,后改为丹斋。

申采浩家的社会身份虽然是两班,但经济上十分贫寒。特别是到了申采浩的父亲申光植这一代,家道中落,在赤贫中生下了申采浩。申采浩儿时在饥寒中长大,几乎三餐都只能吃到豆粥。据元世勋回忆,申采浩在贫寒中长大,从小吃腻了豆粥,以至于成人后亡命中国从事独立运动时,仍然十分讨厌豆粥。

申采浩的父亲申光植于贫寒中挣扎辗转,终于在申采浩 8 岁那年,1887 年,在尚为年轻的 38 岁时离世。祖父申星雨无法脱离贫困,又失去了儿子,只好在这一年带着儿媳和两个孙儿回到了原来的家乡忠清北道青源郡南城面归来里高笃丽(音)村。在这里建了一个乡塾,作为乡塾先生维持一家人的生计。

因此,少年时期的申采浩是在青源郡南城面长大的。他在祖父的膝下成长,在祖父的私塾里以祖父为师,接触学问,攻读儒家经典。申采浩的祖父两班意识极强,性格刚直,应该也很严格。他在申采浩 6 岁那年开始教他文章,如果教过一次之后申采浩不能立刻听懂并背诵,就会严厉地用枝条鞭打以示惩戒。

申采浩在祖父的这种封建教育下接受了地道的儒学早期教育。他在 9 岁时读完《资治通鉴》,13 岁时读完了四书三经。申采浩在少年时便头脑敏捷才华出众。他从小就被人称为神童,据说无论什么书籍,读过一遍之后就能记住。少年时的申采浩擅长作诗,尤其长于作十八句以上的“行诗”。

但是,在学习以外的其他方面,申采浩似乎从小就不太聪敏。首先他外貌并不英俊,看上去颇为愚钝,身体病弱,甚至不懂得穿戴整齐,行动上痴傻糊涂。所以申采浩从小就被村里人认为虽然头脑是神童为人却十分糊涂。但是,就像大多数天才一样,申采浩从小就有极强的自尊心,并不介意别人对自己的评价,依然按照自己的想法行事。

在申采浩 12 岁那年,兄长申在浩的去世让他经受了生离死别的痛苦。申在浩因体弱多病去世,当时年仅 20 岁,与顺兴安氏结婚后育有一女。申采浩 8 岁失去了父亲,一直在兄长的关爱下长大,兄弟感情很深。兄长的离世给他留下了深刻的精神创伤。近 30 年后,申采浩在亡命中国期间依然写下题为《家兄忌日》的汉诗,思念自己的兄长。

16 岁那年(1895)申采浩在祖父的安排下与乡里的丰壤赵氏成婚。当时京城已经推行了甲午更张,所有的制度都在经历重大的变革。但在封建家风统治的申采浩的家中,开化之风依然未能吹入。申采浩此前在祖父的督导下潜心学习传统的朱子学,16 岁时已经相当成熟,有了朱子学意义上的成人之感。

申采浩自幼便是个书虫。他的祖父是一位学者,家中藏书相当丰富,但书痴申采浩读完了祖父所有的藏书,开始无书可读了。为了孙子的学业和前途,祖父在申采浩 18 岁那年将他推荐到了自己的好友——当时的大学者守旧派重臣申箕善的门下。申箕善在自己的老家忠清南道天原郡木川有许多藏书。申采浩通过借阅申箕善的木川藏书,对儒学有了更加深入的学习。如此一来,在青少年时期,申采浩完全埋头于传统朱子学的学习与研读。申箕善惊叹于申采浩卓越的才能和对读书的热爱,对申采浩十分关爱。

二

就读成均馆并向开化自强派转变

1896 年，申采浩 19 岁那年，经申箕善推荐，进入成均馆就学。甲午更张以后，成均馆经历了一些变化，但依然是中央政府教育机构中留存下来的旧学最高学府。申箕善似乎想让申采浩在成均馆接受教育，成长为继承自己学术的大儒。申采浩来到京城成为成均馆寄宿生后，凭借他的才能和对儒学经典的博闻广识，赢得了同学的叹服和师长的认可。当时的成均馆馆长——大儒李种元惊叹于申采浩的学识，甚至宣称："知我者，唯君一人。"①

但是，申采浩来到京城后，并不仅仅学习了儒学。书痴申采浩只要有时间就到钟路的各家书店寻找没读过的书籍，站着读完。② 他的读书速度极快，据说翻书声如同风刮过一般。③ 当时钟路的书店里已经开始出现国内开化派刊行的新书，以及从中国、日本传入的新书。充满求知欲的书痴申采浩埋头阅读这些新书，受到巨大的冲击，开始睁眼看到新的世界与新的思想。

此外，申采浩在成均馆与金演性、卞荣晚等人结交，到朋友家后，不管其家中有多少藏书，不读完不会挪动地方。④ 申采浩在读书时能

---

① 参见《年谱》，《丹斋申采浩全集（改订版）》（以下略写为《全集》）下卷，丹斋申采浩先生纪念事业会，1977，p. 496。

② 参见申荣雨，《朝鲜历史大家丹斋狱中会见记》，《朝鲜日报》，1931 年 12 月 19—28 日，《全集》下卷，p. 447。

③ 参见卞荣晚，《丹斋传》，《全集》下卷，p. 452。

④ 参见申荣雨，《朝鲜历史大家丹斋狱中会见记》，《全集》下卷，p. 447。

够一目十行,快速默读,也能够一边与朋友谈话一边读书,且准确地把握书中的意思,[①]如果陷入读书之中,可能几天都不洗漱。[②] 随着申采浩的阅读渐渐转向新书,他的思想也开始从传统的朱子学转向开化自强思想。

申采浩到京城就学于成均馆的 1898 年,是独立协会的自主民权自强运动在首尔正式发动的时期。独立协会与首尔市民于 1898 年 3 月 10 日、12 日在钟路召开万民共同会,谴责沙俄等列强的干涉与侵略,决意守护自主独立。他们要求撤回俄罗斯的军事教官与财政顾问,撤销俄韩银行,要求日本撤销在仁川月尾岛的煤炭仓库基地,并取得了暂时的成功。借助胜利之势,独立协会与首尔市民从 1898 年 4 月开始,主张开设议会,改革专制君主制为立宪代议君主制,正式开始了自主民权运动。同时,1898 年的首尔,已经有《独立新闻》《皇城新闻》《帝国新闻》《每日新闻》等近代的报刊发行,在支持独立协会的自强自主民权运动的同时,介绍世界政局的变化,阐述国内改革的必要性,积极进行启蒙。观察力敏锐的申采浩很快就被首尔开化自强运动的氛围所感染,迅速吸收开化自强思想。

申采浩进而加入了独立协会运动。1898 年 11 月 5 日,亲俄守旧派政府突然逮捕了独立协会的 17 位领导人,强制解散了独立协会。首尔市民连日自发召开万民公会,强力发起了要求释放领导人、重建独立协会的运动。11 月 17 日,万民公会向缙绅阶层发送了 800 张请

---

① 参见徐世忠,《丹斋的天才和毫无凝滞的性格》,《新东亚》,1936 年 4 月号,《全集》下卷,p. 463。

② 参见沈熏,《丹斋和于堂》,《东亚日报》,1936 年 3 月 12—13 日,《全集》别集,p. 411。

帖，请他们作为领导者参加万民共同会。^① 令人惊讶的是，申采浩接受了万民公会的邀请，参加了万民共同会，作为内务部和文书部的领导层参与了活动。^② 这是青年申采浩惊人的变化。当时的万民共同会运动即使在开化自强派的自由民权运动中也属于最为激进的运动，申采浩作为万民共同会的领导层参加活动，意味着他抛弃了传统的朱子学，完全转化为开化自强派。

申采浩在万民共同会中相当积极地活动。1898 年 12 月 25 日，高宗皇帝与亲俄守旧派政府武力弹压独立协会与万民共同会，将其永久解散，逮捕 430 位主要人员时，申采浩也遭到逮捕，在警务厅关押了一段时间后才被释放。^③

申采浩因此在首尔难以立足，于是回到家乡南城面，在位于仁次里的文东学院担任讲师。但是，申采浩在学院强调时代的变化，宣扬汉文无用论，为故乡的保守儒生所排斥，1901 年（22 岁）不得不再次回到首尔。^④ 他在成均馆从事研究，于 1905 年（26 岁）2 月成为成均馆博士。

三
爱国启蒙运动及创立近代民族主义史学

在担任成均馆博士不久之后的 1905 年上半年，申采浩应张志渊

---

① 参见郑乔，《大韩季年史》上卷，p. 331。
② 参见《独立协会沿历略》，《创作与批评》，1970 年春期。
③ 参见《独立协会沿历略》，《创作与批评》，1970 年春期。
④ 参见申荣雨，《朝鲜历史大家丹斋狱中会见记》，《全集》下卷，p. 447。

之邀,成为《皇城新闻》的评论记者。此时他断发从新,开始作为开化自强派正式参与爱国启蒙运动中的救国舆论运动。但是,申采浩在《皇城新闻》的活动并未能延续太久。因为在这一年的 11 月,《皇城新闻》社长张志渊写下了评论《是日也放声大哭》与报道《五件条约请缔颠末》,揭露了 1905 年 11 月 17 日日本强迫韩国签署"乙巳条约",剥夺了韩国国家主权(外交权等)的事实。因报纸未经日本宪兵司令部的检阅直接全国发行,《皇城新闻》被日本强迫无限期停刊。

此后,申采浩应《大韩每日申报》总务梁起铎之邀,自 1906 年初起,转为《大韩每日申报》评论记者。《大韩每日申报》创刊于 1904 年 7 月,请英国人裴说担任社长,因为发行人是外国人,早期没有受到日本人检阅制度的制约,发行上颇为自由。申采浩因此得以自由挥毫。

申采浩在《大韩每日申报》上写下了大量的评论,猛烈批判日本帝国主义对韩国的侵略和亲日派的卖国行为,热情地宣扬国家主权之恢复。申采浩的评论洋溢着爱国热情,文字雄浑而充满魄力,立刻吸引了读者的注意,感动着读者的内心。很快,申采浩就成为对国民最有影响力的爱国启蒙运动家之一。

在 1907 年 4 月初,梁起铎、安昌浩、全德基、李东宁、李会荣、李东辉、崔光玉、卢伯麟、李甲、柳东说、金九、李昇薰、安泰国、曹成焕、李忠浩等创立旨在主权恢复的秘密社团新民会之后,申采浩(28 岁)就立即加入并参加活动。新民会创立后,《大韩每日申报》成为新民会的机关报,以新民会党首梁起铎为总务的大韩每日申报社实际上成为新民会本部。[1] 作为新民会尽职尽责的会员干部,申采浩在评论中充分反映了新民会的理念,启蒙国民,担负了新民会非正式理论家与发言人的

---

① 参见张道斌,《暗云密布的旧韩末》,《思想界》,1962 年 4 月号。

角色。申采浩在《大韩每日申报》上连载的《二十世纪新国民》可谓其中代表作。①

这一时期申采浩希望启蒙国民的思想，一言以蔽之，就是民族主义。这一时期，他将民族主义理解为民族自主独立思想（不受他民族干涉）和国族自决主义（我民族之国家由我民族主张决定）。② 他指出，民族主义的作用主要在于保全民族、保全国家、发展国族、恢复主权、打退帝国主义侵略。③

申采浩认为，打败日本帝国主义、恢复主权最好的精神方法就是用民族主义武装全体韩国国民。他所有的评论都在教育、启蒙"民族主义"。

这一时期申采浩的民族主义希望在恢复主权后建设哪种政治体制的民族国家呢？从 1910 年 2 月起，申采浩明确表示恢复主权后需要建立的国家政治体制是"立宪共和国"。他阐述了自己关于立宪共和国的思想，认为只有"立宪国家"才是"国民的国家"，不立宪而由一两个人专制的专制国家属于抗拒世界大势的国家，一定会灭亡。④

在当时被君主专制制度笼罩，无法公开表达对共和制期盼的条件下，申采浩依然通过迂回的方法进行了阐明。他举出西方的例证，赞扬立宪共和制："去专制封建之旧陋，广立宪共和之福音，国家成人民之乐园，人民为国家之主人；于是孔孟之辅世长民主义得以施行，卢梭

---

① 参见《二十世纪新国民》，《大韩每日申报》，1910 年 2 月 22 日—3 月 3 日，《全集》别集，pp. 210 - 229。

② 参见《帝国主义和民族主义》，《全集》下卷，pp. 108 - 109。

③ 参见《身·家·国概念的变迁》，《全集》别集，pp. 153 - 156；《二十世纪新国民》，《全集》别集，pp. 210 - 229；《帝国主义和民族主义》，《全集》下卷，pp. 108 - 109。

④ 参见《二十世纪新国民》，《全集》别集，p. 229。

之平等自由精神乃得成功。"①

　　申采浩关于立宪共和国建设的思想极为牢固,甚至与他的历史观密切关联。申采浩认为国家生活的发展历经酋长时代、贵族时代、专制时代、立宪时代等阶段而不断进化,而他自己所处的时代应该是"立宪共和国"。

　　申采浩这种建设立宪共和国的思想,在当时属于相当先进的思想。这也是他所属的新民会的运动目标——新民会在韩国历史上第一次将恢复主权后需要建设的新的国家政治体制设定为共和制。

　　除了在《大韩每日申报》和杂志上发表了大量的评论之外,申采浩还在1907年10月翻译出版了中国人梁启超的《意大利建国三杰传》。在这本书里,他试图通过介绍 G. 马志尼(G. Mazzini)、G. 加里波第(G. Garibaldi)、C. B. 加富尔(C. B. di Cavour)完成意大利统一建国大业的爱国活动,培养国民的爱国精神,鼓动国民积极参与主权恢复运动。

　　申采浩进而选取乙支文德、李舜臣、崔莹为韩国历史上的三杰,撰写了他们的传记,这就是1908年刊行的《乙支文德传》与《东国巨杰崔都统传》。创作这些在韩国历史上取得对外斗争方面光辉业绩的英雄们的传记,是为了使韩国的国民们尤其是青少年阅读这些英雄的事迹,向他们学习,像英雄一样投入到赶走日本侵略者、恢复国家主权的斗争中去。同时,也是希望通过这些民族英雄的武装斗争事迹,宣传并鼓舞当时与爱国启蒙运动同时开展的抗日义兵武装斗争。

　　申采浩非常重视"爱国心",认为它是国权恢复运动的精神动力。

———————————

　　① 《二十世纪新国民》,《全集》别集,p. 213。

又认为培养爱国心最好的方法是学习历史,"历史是爱国心的源泉",①并强调"历史是唤醒坠入地狱之民族的方法"。② 故而,申采浩认为要培养国民的爱国心,就要让全体国民读历史。

但是,在搜集了当时通行的国史书籍并全部读完之后,申采浩因为已有的国史书籍中并没有能够让全体民众阅读的佳作而大为感慨。他猛烈地批评此前大部分的国史书籍都落入了"尊华史观""小中华思想""事大思想"的窠臼,以中国为主人,本民族反而沦为客人。他还批评日本的历史书歪曲韩国历史,伪造日本"神功皇后"征伐新罗在伽倻建立所谓"任那日本府",统治了新罗和百济,朝鲜自古便受到中国的统治等虚假的学说并广为传播;批评韩国人著述的新历史教科书也受到这些捏造学说的影响,导致坏教科书泛滥。申采浩认为,必须扔掉这些历史书,写作那些理直气壮地阐明韩民族的起源与演进过程,使国民萌发并充满恢复主权之爱国心的"新历史"。为恢复主权和民族百年而计,这才是最为紧急而重要的课题。

申采浩将这一课题视为自己的使命。《读史新论》便是为了完成这一紧急课题而仓促写作的急就章。《读史新论》于1908年8月27日至12月13日连载于《大韩每日申报》,在爱国启蒙运动时期,不仅给历史学界,给整个文化界都带来了无以言表的巨大冲击。这一著作的观点、内容和此前的史书及当时的历史教科书相比可以说是"革命性"的。《读史新论》与此前的旧历史完全不同,是立足于申采浩的民族主义史观写就的近代韩国最早的"新历史"。

申采浩在《读史新论》中立足于他的民族主义思想,重新阐释了从

---

① 《许多古人之罪恶审判》,《全集》别集,p. 120。
② 《历史和爱国心之关系》,《全集》下卷,p. 73。

上古到渤海时代的韩国历史并建立起新的体系。他还在《读史新论》中提出了很多新的学说,比如:① 扶余、高句丽主族说;② 檀君-酋长时代论;③ 反"箕子朝鲜说";④ 箕子一邑守尉说;⑤ 满洲领土说;⑥ 早期对日关系新论;⑦ 反"任那日本府说";⑧ 三国文化传入日本说;⑨ 早期对北方民族关系新论;⑩ 早期对中国关系新论;⑪ 三国兴亡原因新论;⑫ 三国统一及金春秋批判论;⑬ 渤海、新罗两国时代论;⑭ 金富轼批判论等。此外,在小主题方面也有大量的新阐释。

通过这些工作,申采浩意图对中世纪史学,尤其是以王朝史和尊华史观为中心的"旧史"进行彻底的批判,建立起近代民族主义史学。不仅如此,他还彻底而严厉地批评了以林泰辅的《朝鲜史》(5 卷本,1892 年刊行)为代表的日本御用学者们有组织地立足于日本帝国主义早期殖民主义史观对韩国历史进行的歪曲。这样,申采浩在旧韩末期通过他的《读史新论》(1908)、《大东四千年史》(未完)、《乙支文德传》(1908)、《水军第一伟人李舜臣传》、《东国巨杰崔都统传》(1909—1910)等著作,留下了创建韩国民族主义史学的伟大业绩。

四

流亡国外及 1910 年代的活动

1909 年春,申采浩作为干部参加新民会在总监督(党首)梁起铎的家中召开的全国干部会议,决定选择独立战争战略,在国外建立独立军基地和武官学校,开展独立运动。这一年的 10 月 26 日,发生了安重根义士的"处决伊藤博文事件",日本以与安重根有关联嫌疑为由,逮捕了部分新民会干部,至1910年2月才陆续释放。因此,决议的实行被迫延期。新民会于1910年3月重新在梁起铎的家中召开全国干部会议,决定以被日本逮捕的干部为主,将安昌浩、李甲、李东宁、李东辉、柳东说、申采浩、金羲善、李钟浩等作为第一批干部派往国外,负责建立独立军基地。

根据新民会的这一决议,申采浩于1910年(31岁)4月与安昌浩、李甲等同志同批分散踏上了流亡之路。申采浩选择了陆路,与安昌浩一起先经过新义州前往满洲安东(今丹东),再经海路到达预定地点中国青岛。申采浩在流亡途中路过定州的五山学校(新民会平安北道总监李昇薰创建),正在这所学校担任教师的李光洙写下文章,记述了亡命途中申采浩特立独行的个性。李光洙初次见到的申采浩是一位"风采极为憔悴的先生",唯一非凡的是他"光彩异常的眼睛"。学校师生共聚一堂组织了"丹斋欢迎会",轮到申采浩致辞时,他从椅子上站起来用他非凡的眼睛环视一周,一言未发,又重新坐了回去。流亡途中的申采浩在李光洙看来极为奇特之处还在于,他洗脸时几乎从不低头,总是站得笔直用双手取水扑在脸上。[①] 申采浩从不愿低头,平生都是这样站着洗脸。

申采浩等新民会流亡干部们召开了青岛会议后,于1910年9月分散前往俄罗斯符拉迪沃斯托克。在那里,他们听到了日本终于将韩国完全变为殖民地的震惊消息。

在符拉迪沃斯托克,申采浩和李相卨、崔在亨、郑在宽、李种浩等一起,于1911年组织了侨民团体劝业会,作为其机关报《劝业新闻》的

---

① 参见李光洙,《亡命途中的丹斋印象》,《朝光》,1936年4月号,《全集》下卷,p.470。

主笔进行活动。申采浩通过《劝业新闻》极力向俄罗斯与间岛地区的同胞们宣传独立思想,维护侨民们的权益和实业发展。

1912 年,申采浩(33 岁)和尹世复、李东辉、李甲等同志一起,在符拉迪沃斯托克组织了国外光复会。光复会本部设在符拉迪沃斯托克,后来在中国东北的桓仁县和安东县设立了分会。会长为尹世复,副会长为申采浩,总务由李东辉担任。光复会于 1913 年在韩国国内也建立了组织,以朴尚镇、禹利见、蔡基中、金佐镇、金汉钟等为中心开展活动。光复会创立后以祖国光复为目的,开展了创设进行独立思想和新知识教育的学校,为将来创建独立军而筹备设立武官学校,募集独立运动资金(即"军资金")等工作。

1913 年《劝业新闻》停刊之后,申采浩(34 岁)受申圭植之邀,前往上海逗留了一年。他在上海讨论独立运动方略、研究历史、逛书店、学英语,度过了相对幸福的一年。

申采浩在这一时期的独立运动方略,如他自己所言,是"武装段斗",①即武装斗争论。李克鲁回忆说,这一时期申采浩宣扬铁血主义,是一位主战论者。② 同时,他徜徉于上海的书店,购置书籍,无钱购书时就在书店里站着读完,回来后进行历史研究。

申采浩在上海时学习英语,留下一段所谓申采浩式学习法的逸话。申采浩向毕业于美国弗吉尼亚州罗诺克大学的金圭植学习英语,自认为发音无用,只需要学习意思即可,所以不愿意学习发音。比如明知意为邻居的"neighbour"一词的发音,并不读为['neɪbə],而是读作

---

① 《致李守常请求阅览图书的信件》,《全集》别集,p. 368。
② 参见李克鲁,《西间岛时代的先生》,《朝光》,1936 年 4 月号,《全集》下卷,p. 477。

［nei·gehu·bauer］。他认为，［ˈneɪbə］是英国人的发音，我没有必要一定照此遵从。他还认为，无论英文还是汉文，文章则一也，在读英文时也像读汉文一样，在每句之后加上韩文助词，缓缓吟诵。① 他就用这种丹斋式的英语，阅读了托马斯·卡莱尔（Thomas Carlyle）的《英雄崇拜论》（ *Heroes, Hero-Worship and the Heroic in History* ）和爱德华·吉本（Edward Gibbon）的《罗马帝国衰亡史》（ *The Decline and Fall of Roman Empire* ）。②

申采浩在 1914 年应大倧教系统的独立运动家尹世复的邀请，从上海前往西间岛的桓仁县兴道川，在那里住了一年。在这里，他主要探访了独立运动根据地、高句丽与渤海遗址，在尹世复创立的东昌学校教授国史，写作《朝鲜史》等。这一时期对位于鸭绿江畔集安县的第二丸都城遗址和广开土王陵等宏大的高句丽古墓群的探访，对申采浩关注雄壮的高句丽历史产生了影响。

申采浩在 1915 年接受同志李会荣的劝告，从西间岛前往北京，到三一运动（1919）为止，居住了四年左右。在北京，他主要专注于历史研究，探访北京附近的朝鲜上古史遗址，写作与独立运动有关的评论，并为《中华报》《北京日报》撰写评论文章。申采浩为《中华报》撰写评论是为了维持生计。但因《中华报》未经允许擅自修改了其评论中的一个助词"矣"字，申采浩断然拒绝继续撰稿。据说，《中华报》当时因申采浩的评论而发行量大增，所以社长多次上门致歉。但申采浩痛斥社长，从此拒绝为该报撰稿。③

---

① 参见李允宰，《北京时代的丹斋》，《朝光》，1936 年 4 月号，《全集》下卷，p. 482。

② 参见卞荣鲁，《国粹主义的恒星丹斋申采浩先生》，《开辟》，1925 年 8 月号，《全集》别集，p. 397。

③ 参见申锡雨，《丹斋与"矣"字》，《新东亚》，1936 年 4 月号，《全集》下卷，p. 465。

在北京期间,独立运动家们于 1919 年 2 月在中国东北发表了《大韩独立宣言书》,申采浩与其他 39 位独立运动家一起署名。申采浩在北京得知了三一运动的消息,对这一运动感慨良多。虽然自己未能在运动中起任何作用,但申采浩看到由国内民众直接参与、自发发动而出色地完成了无论哪个流亡的独立运动团体都无法实现的宏大的独立运动,真切地感受到了民众伟大的力量。受三一运动的莫大影响,他在思想和行动上开始发生重大变化。

五

三一运动之后的独立运动

三一运动后,申采浩满怀感慨离开北京前往上海,参加了独立运动家们着手筹备临时政府的第一次会议——"29 人会议"。在这个有 29 人参加的临时政府筹备会议上,众人采纳了赵素昂关于将会议名称定为"临时议政院"的提议,临时政府在组织上开始运转。经过临时议政院的昼夜讨论,最终在 4 月 11 日凌晨通过了定国号为大韩民国的议案。申采浩积极参与了这一决议。临时议政院随后进入选举任命以国务总理为行政首脑的责任内阁阁僚的环节。会议上有提案建议选任在首尔建立的汉城临时政府执政官总裁李承晚为国务总理。申采浩对此强烈反对。[1]

---

① 参见《大韩民国临时议政院记事录第一回集》,《韩国独立运动史资料》(国史编纂委员会版)第二卷,p. 386。

申采浩认为,李承晚在 1909 年 2 月向美国总统威尔逊请求将韩国交由国际联盟委任统治,放弃了韩国的完全独立,所以强烈反对选举这种人担任国务总理。但是,根据投票结果,李承晚当选为国务总理。申采浩离开了会场。申采浩离场后,临时议政院选举了各部总长与次长,通过了《大韩民国临时宪章》,临时政府的组织至此全部完成。1919 年 4 月 11 日上午 10 时,大韩民国临时政府正式启航。虽然在第一次临时议政院会议组建上海临时政府时选择了离场,但申采浩并没有完全脱离临时政府。在临时议政院第二次会议(1919 年 4 月 22 日)时,他作为议政院议员参加了上海临时政府,[①]在第五次议政院会议(1919 年 7 月 7 日—7 月 19 日)时被选为忠清道议员,并任议政院全员委员会委员长。[②] 可以说,从 1919 年 4 月到 7 月,申采浩相当积极地参与了上海临时政府的活动。

第六次议政院会议(1919 年 8 月 18—9 日 17 日)期间,安昌浩等人主导上海临时政府与俄罗斯境内的国民议会(露领临时政府)、汉城临时政府合并,重组为"统合临时政府",申采浩此时起宣布彻底脱离临时政府,并开始了反临时政府的活动。安昌浩等人筹划邀请汉城临时政府的执政官总裁李承晚担任统合临时政府总统一职。因为这次的职务不是国务总理而是总统,申采浩的反对于是更加激烈。但在第六次议政院会议上,议员们选举李承晚为总统,李东辉为国务总理,并于 1919 年 9 月 11 日组建了统合临时政府。[③] 申采浩此次不但与临时政府完全诀别,而且开始了激烈的反临时政府活动。

---

① 参见《大韩民国临时议政院记事录第二回集》,《韩国独立运动史资料》,p. 390。

② 参见《大韩民国临时议政院记事录第五回集》,《韩国独立运动史资料》,p. 399。

③ 参见《大韩民国临时议政院记事录第六回集》,《韩国独立运动史资料》,p. 413 和 pp. 421 – 422。

申采浩得到同样反对选举李承晚为临时政府总统的申圭植、南亨祐等人的支持,于 1920 年与同志一起创办周刊《新大韩》,批评临时政府的独立运动战略是"外交论"。1920 年 4 月,《新大韩》受到临时政府的压力停刊后,申采浩离开上海重新回到北京。

　　在北京,申采浩与朴荣万等 50 余位同志一起组织了"第二普合团"并被选为"内任长"。第二普合团是 1919 年在中国东北成立的独立团体"普合团"的继承团体,选择武装军事斗争为唯一的独立运动策略,自称"大韩民国军政府",猛烈批评临时政府的独立运动路线。

　　1920 年 4 月,申采浩(41 岁)与朴慈惠(28 岁)结婚。朴女士是首尔的护士,参加过三一运动,当时流亡中国在北京大学留学。而在长期的流亡生活中,申采浩与 16 岁时成婚的第一任妻子已经处于实际上的离婚状态了。结婚后,申采浩在长期的北京流亡中第一次有了幸福的家庭生活。

　　1920 年 9 月,申采浩与朴荣万、申肃等共同发起"军事统一促成会",推动中国东北地区朝鲜独立军团体的统一。随后,他在 1921 年得到金昌淑的资助,创办独立运动杂志《天鼓》,对日本帝国主义进行了冷酷的批判。1921 年 2 月,他和朴殷植、元世勋、金昌淑、王三德等 14 人共同发表《告我国同胞书》,呼吁召开"国民代表会议"。1921 年 4 月与同志们共同发起"军事统一筹备会"和"统一策进会",撰写《统一策进会发起之缘起》分发各地。

六

《朝鲜革命宣言》的起草

1922 年 12 月,独立运动界召开"国民代表会议",决定推进独立运动的路线统一与强化。申采浩收到激进运动团体义烈团团长金元凤的邀请,委托他起草《朝鲜革命宣言》,作为"义烈团宣言"阐明义烈团独立运动的理念与方法。

义烈团是 1919 年 11 月 10 日在中国东北吉林创立的暴力路线独立运动团体,其理念中含有以"祖国光复"为目的的民族主义内容,但在运动方法上,采用了无政府主义者热衷的暗杀、破坏、暴动等方法。义烈团的独立运动从 1920 年起取得了重大的成果,但尚未能将义烈团的理念精密化、理论化。独立运动家们对于义烈团的暗杀、破坏、暴动等运动方法尤多批判与非议,义烈团迫切需要将他们的独立运动理念与方法理论化、合理化。金元凤将这一重任委托给了申采浩。

此处值得注意的是,金元凤委托申采浩起草《朝鲜革命宣言》时,义烈团方面派了柳子明作为代表,与申采浩同住。柳子明正是一位无政府主义独立运动家。在起草《朝鲜革命宣言》时,申采浩从柳子明那里得知了义烈团的革命理念,以及关于无政府主义理论的系统说明。所以,申采浩起草的《朝鲜革命宣言》,在目的中加入了他战斗性的民族主义思想,在运动方法上却大幅度接受了无政府主义。经过一个多月的苦思冥想,申采浩于 1923 年(44 岁)1 月,完成了这份全文五章6 400 余字,内容与文笔同样雄壮的《朝鲜革命宣言》。

申采浩的《朝鲜革命宣言》在第一章中指出,日本强盗全面剥夺了朝鲜的国号、政权与生存的必要条件,施加种种野蛮行径,故宣布,日本帝国主义是朝鲜民族生存之敌。同时宣称,对于生存之敌强盗日本,以革命之道行杀伐之事,是朝鲜民族的正当手段。

第二章批评了三一运动后在国内兴起的放弃完全独立与绝对独立的"自治论""内政独立论""参政权论"等论调,认为这些都是对日本帝国主义的妥协,揭露了其欺骗性和卖国性,宣布其为民族之敌。同时认定在与日本的妥协下开展起来的国内文化运动也是民族的敌人,对其进行了谴责。

第三章尖锐地批评上海临时政府所重视的独立运动策略——外交论与独立战争准备论是迂腐而不可能实现的策略。

第四章宣称,要赶走日本帝国主义,维护朝鲜民族的生存,只有"革命"这一条路。而革命必须是民众直接革命。

第五章提出了朝鲜革命需要破坏的五个基本目标和需要建设的五个基本目标,阐明其方法为暗杀、破坏、暴动等。所谓必须破坏的五个基本目标是:① 对异族统治之破坏;② 对特权阶级之破坏;③ 对经济剥削制度之破坏;④ 对社会不平等之破坏;⑤ 对奴性文化思想之破坏。需要建设的五个基本目标是:① 固有的朝鲜之建设;② 自由的朝鲜之建设;③ 民众的经济之建设;④ 民众的社会之建设 ⑤民众的文化之建设。①

申采浩的《朝鲜革命宣言》在内容和文字上都激励了金元凤和义烈团的团员们。文章公布后,不仅给义烈团员,也给读过文章的所有独立运动家和韩民族的成员们都带来了巨大的影响。申采浩的《朝鲜革命宣言》是日据时期韩国独立运动留下的最为珍贵的文献之一。

---

① 参见《朝鲜革命宣言》,《全集》下卷,pp. 35 – 46。

七

国民代表会议的失败与失意的时代

在申采浩起草《朝鲜革命宣言》之际,独立运动界正在筹备"国民代表会议",以统一并强化处于分裂状态的独立运动。国民代表会议自1923年1月3日起在中国上海召开,先后有70多个独立团体的124位代表参加。会议起初进展顺利,选举金东三为议长,安昌浩、尹海为副议长,讨论了财政、军事、外交委员会的决议,通过了对现临时政府总统的不信任案。但是,面对将来是要继续在原则上承认上海临时政府,对其进行"改造",还是完全否认上海临时政府,在俄罗斯、间岛地区"创造"新的临时政府这一问题,代表之间此前便存在的对立意见开始浮出水面,会议无法继续进行下去。改造派以安昌浩等早期上海临时政府创立者、吕运亨等新韩青年党上海侨民会人士、高丽共产党的伊尔库茨克派以及金东三等西间岛独立军团体的代表们为主。创造派则包括尹海等高丽共产党上海派、北京的军事统一会、元世勋等北京的独立运动家、金圭植等上海临时政府的部分人士。

申采浩作为创造派的先锋,全面否认上海临时政府,强烈主张在俄罗斯或中国东北建立以武装斗争为独立运动策略的全新的流亡政府。申采浩对国民代表会议所抱的巨大希望也在于此。他决心在新阶段的独立运动中"为了国家,不惜与敌人以命相搏"。[1] 为此,他告诉年幼的儿子"要回自己的祖国学习语言和风俗",[2] 把妻子和儿子送回

---

[1] 《致李守常请求阅览图书的信件》,《全集》别集,p. 367。

[2] 申秀凡,《父亲丹斋》,《爱国》第3册,1971,p. 97。

了国内。由此可见，申采浩追求抗日独立运动激烈化的觉悟是何等坚定。

但是，国民代表会议在临时政府改革问题上出现了极度的对立。最终，改造派愤怒于创造派的活动，退出了国民代表会议。创造派于1923年6月7日单独举行会议，制定新宪法，改国号为"朝鲜共和国"，建立了新的临时政府。他们召开作为立法机构的国民委员会，选举尹海等33人为委员（议会议员），召开5人国务委员会，选举金圭植为代表委员（行政首脑），推举申采浩、朴殷植、李东辉、文昌范等30人为顾问。

改造派为之激愤，发布了否认创造派新临时政府的声明。上海临时政府发布国务院第三号布告和内务部令一号，否认创造派的新临时政府，对创造派进行了激烈的谴责。

创造派的新临时政府于1923年8月迁往俄罗斯符拉迪沃斯托克，准备在那里立足后开展大规模武装斗争。但是，当时的苏联政府希望通过强化上海临时政府，实现韩国民族解放运动战线的统一，且因为重视与日本的外交关系，并不承认在本国领土内的韩国临时政府活动。创造派成员被符拉迪沃斯托克警察局监禁一个多月后，大多被驱逐出境，于是创造派的新临时政府被迫解散了。

申采浩在精神上受到巨大的打击，从符拉迪沃斯托克回到了北京。从1923年9月到1924年2月，他有半年时间陷入了巨大的失落与挫败，彷徨不定。这段时间，他三餐无着，勉强寄身于一个叫石灯庵的地方。同时，送回故国的妻儿频频来信呼号饥寒，让他更加陷入了绝望之中。① 为了从失落与挫败中走出来，1924年3月申采浩（45岁）

---

① 参见《致洪碧初氏》，《全集》别集，pp. 357-358。

在一个叫作观音寺的寺庙中剃度，成了僧人。①

　　但是，对民族的热爱和对国史研究的热情让申采浩无法完全作为僧侣退隐。僧侣生活期间，申采浩在 1924 年夏天写作《前后三韩考》一文，重新感悟到了自己对于国史研究的使命，于是结束了自己六个月的出家生活，下山回到了俗世。

　　申采浩下山后撰写了他的代表作《朝鲜上古史》（原名《朝鲜史》）。他在《朝鲜上古史》总论中明确地将"历史是我与非我斗争的记录"这一著名的民族主义史观理论化。他深知在"我"和"非我"的位置上可以代入"阶级"而非"民族"，但依然有意识地代入了"民族"，阐述了他坚定的民族主义史观。这段时期，他为了维持妻儿的生计，写下了大量的论文，通过亲友的关系发表在《东亚日报》《朝鲜日报》《时代日报》等报刊上。1924 年下半年到 1925 年末，申采浩在国史研究方面留下了大量不朽的名作。

八
作为无政府主义者的活动

　　申采浩在埋头于国史研究的 1924—1925 年，为了北京大学图书馆的阅览便利，与北京大学教授李石曾接触频繁。在他的建议下，申采浩阅读了彼得·克鲁泡特金（Peter Kropotkin）的著作，对无政府主义产生了浓厚的兴趣。在起草《朝鲜革命宣言》时，他已经从柳子明那

---

　　① 参见《六十一日戒坛怀古》，《全集》别集，pp. 343 - 344。

里听到过对无政府主义的阐释。1925年,在为《东亚日报》写作的《浪客的新年漫笔》中,申采浩认为,释迦、耶稣、孔子、马克思、克鲁泡特金是人类历史上的五大思想家,并建议读者"啊啊！来接受克鲁泡特金《告青年书》的洗礼吧"。① 可以推测,申采浩向无政府主义倾斜,是在1925年左右。

1926年,申采浩加入了在华朝鲜无政府主义者联盟。1927年9月,中国、朝鲜、日本、安南、印度与中国台湾地区等六方代表在天津组织无政府主义东方联盟时,他和李弼铉作为朝鲜代表参加了该组织。

这段时期,申采浩因严重的眼疾,视力急剧恶化,因无法阅读而深感痛苦。1928年(49岁)1月,他觉得"可能要失明,希望在失明之前见到唯一的血肉申秀凡",将儿子叫到了北京,时隔六年终于与妻儿团聚。一个月后,申采浩将妻儿再次送回祖国。② 此时,他应该已经立下了"最后的决心",③悲壮地决定把自己的生命献给祖国的独立运动。

1928年4月,申采浩作为主要发起人组织召开了以朝鲜人为主的"无政府主义者东方联盟北京会议",起草并发表了会议宣言。申采浩等人在会议上决议成立无政府主义东方联盟的宣传机构(杂志或报纸),并创办炸弹制造所,对日本统治机构实施爆破。

为了实施会议的这一决议,筹备发行杂志需要的资金,申采浩与在北京邮局外汇科工作的台湾无政府主义者林炳文商定,伪造总价值6万4千元的外汇支票200张,作为"留置为替"发往日本、中国台湾地区、朝鲜、关东州等地的32个重要邮局,再派人前往领取。为了领取

---

① 《浪客的新年漫笔》,《东亚日报》1925年1月2日,《全集》下卷,p.30。
② 参见申秀凡,《父亲丹斋》,《爱国》第3册,1971,p.98。
③ 元世勋,《丹斋,申丹斋》,《三千里》,1936年4月号,《全集》别集,p.394。

这些资金,成员互换地区,由林炳文负责关东州与朝鲜,李弼铉负责日本,申采浩负责台湾地区。

申采浩化名柳炳泽前往台湾基隆,准备领取自己负责的 1 万 2 千元支票。1928 年 5 月 8 日,在到达基隆准备上岸时,被海警逮捕。申采浩作为无政府主义者的活动,在经历短短三年之后,到此结束。

九

狱中生活及殉国

申采浩被捕后,日本警察将其移送大连接受调查,1930 年 4 月 28 日,在公审宣判中被判处 10 年徒刑,1930 年 5 月 9 日的终审宣判维持了原判的 10 年徒刑。申采浩作为重思想犯被旅顺监狱收押,单独使用一间牢房,囚犯编号 411 号。

在狱中,申采浩是如何思考,又是如何生活的? 在申采浩被判决之前,新干会派李灌镕从韩国前来旅顺探监。申采浩请李灌镕带来《世界语词典》、赫伯特·乔治·威尔斯(Herbert George Wells)的《世界史纲》(*The Outline of History*,1920)和一部《尹白湖集》,①从《世界史纲》和《尹白湖集》可以看出他对历史一贯的关注。《世界语词典》是因为世界语是当时无政府主义者积极学习的世界文字,显示出他对无政府主义的持续关心。但是,在判决确定之后,申采浩对无政府主义

---

① 参见李灌镕,《大连监狱申丹斋面见记》,《朝鲜日报》,1928 年 11 月 8 日,《全集》下卷,pp. 434 - 436。

的关注消失,转而埋头于国史研究和国史论文构思。当然,趁着开始世界语学习的机会,他还请求带入过世界语原文书籍,但他的关心主要集中在国史研究上。1931 年 11 月,他委托前来探监的朝鲜日报记者带来《国朝宝鉴》《朝野辑要》《字典》等书,并向记者说道:"我有信心在出狱后写出《朝鲜四色党争史》《六伽倻史》等直击要害的著作。"①

在狱中病情恶化后,申采浩还曾给洪命熙写信说自己构想的《大伽倻迁国考》《郑仁弘公略传》两篇文章,很可惜要和自己一起埋到地下了。② 由此推知,申采浩在狱中对写作《伽倻史》和《朝鲜党争史》两部国史研究巨著已经取得很大进展,有了非常具体的构想,出狱后立即就能够撰写成书籍出版。可见他在一段时期内对无政府主义的关注主要是在独立运动的方法上,他的思想始终在民族主义的范围之内。

在狱中,申采浩竭尽可能地读书,哪怕是服役劳动时 10 分钟的休息时间也被他用来读书。他在狱中最担心的不是自己,而是儿子申秀凡和他的上学问题。③ 他一直跟妻子说:"我是一个不在意家庭的人,请你提前知道这一点,不要太伤心。"④但在狱中写给朋友们的信里,却极为担忧自己的妻儿,拜托他们代为照料。⑤

监狱中最大的痛苦是寒冷。对于从小便体弱多病的申采浩来说,北方旅顺的天气太寒冷了。旅顺监狱的水泥地面尤其冷得令人无法

---

① 参见申荣雨,《朝鲜历史大家丹斋狱中会见记》,《全集》下卷,p. 442。

② 参见洪碧初,《哭丹斋》,《丹斋申采浩先生 100 周年诞辰纪念论集》,丹斋申采浩先生纪念事业会,1980,p. 29。

③ 参见申荣雨,《朝鲜历史大家丹斋狱中会见记》,《全集》下卷,p. 444。

④ 朴慈惠,《亡人丹斋灵前》,《全集》下卷,p. 484。

⑤ 参见《致洪碧初氏》,《全集》别集,p. 358。

忍受。申采浩向前来探监的李灌镕请求带来一套朝鲜的冬装和几双朝鲜袜子，[1]甚至向三餐无着的妻子写信要求"在朝鲜衣服里多塞些棉花，厚一些，送过来"。[2] 在监狱生活初期，他还对自己的健康有信心，相信自己不会死在监狱里，能够坚持到出狱。[3] 以 1935 年为界，他的健康急剧恶化，申采浩开始预感到自己可能会死于狱中。[4]

病弱得无以复加之后，申采浩在离出狱还有 1 年 8 个月的 1936 年（57 岁）2 月 18 日，以脑出血病倒，昏迷不醒。住在首尔的妻子朴慈惠和儿子申秀凡接到了"申采浩脑出血，昏迷不醒，生命垂危"的电报，和几位亲戚、同志准备了丧礼后前往旅顺。

一家人到达旅顺监狱时，申采浩已昏迷不醒，无法知道自己那么思念的儿子秀凡和妻子正在自己面前哭泣。他像死去了一般躺在冰冷的水泥地板上，等待着自己生命的结束。但是，日本旅顺监狱方面在探监时间结束后，赶走了在父亲面前哭泣的儿子，在丈夫面前哭泣的妻子。家人哀求道，申采浩生命所剩无多，希望能在旁边守着他走完最后一程。日本人以监狱规定为由，没有听从他们的请求，把他们赶走了。

为了祖国与民族的自由和解放献出自己一切的伟大韩国人申采浩于 1936 年 2 月 21 日躺在寒冷而荒凉的旅顺监狱那冰冷的水泥地上，没有一个人守在身边，走完了他波澜起伏而庄严的一生，为国殉难。

---

[1] 参见李灌镕，《大连监狱申丹斋面见记》，《全集》下卷，p. 435。
[2] 《申采浩夫人访问记》，《全集》别集，p. 418。
[3] 参见申荣雨，《朝鲜历史大家丹斋狱中会见记》，《全集》下卷，p. 443。
[4] 参见洪碧初，《哭丹斋》，《丹斋申采浩先生 100 周年诞辰纪念论集》，丹斋申采浩先生纪念事业会，1980，p. 30。

狱中的申采浩

한국근대지성사연구 (HANGUK GUNDAE JISUNGSA YONGU)
by 신용하 (Yongha Shin)
Copyright © 2005 by Yongha Shin
All rights reserved.
This Chinese edition was published by Nanjing University Press Co, Ltd in
2022 by arrangement with Seoul National University Press c/o KCC (Korea
Copyright Center Inc.), Seoul.
江苏省版权局著作权合同登记　图字:10 - 2013 - 551 号

图书在版编目(CIP)数据

朝思录:"槿花世界"与知识人的思想探寻 / (韩)
慎镛厦著;徐黎明译. -- 南京:南京大学出版社,
2022.12
(南京大学汉译韩国学术名著丛书 / 尹海燕主编)
ISBN 978 - 7 - 305 - 25431 - 4

Ⅰ. ①朝… Ⅱ. ①慎… ②徐… Ⅲ. ①知识分子-研
究-韩国-近代 Ⅳ. ①D731.266.1

中国版本图书馆 CIP 数据核字(2022)第 197683 号

出版发行　南京大学出版社
社　　址　南京市汉口路 22 号　　　邮　编　210093
出 版 人　金鑫荣
丛 书 名　南京大学汉译韩国学术名著丛书
丛书主编　尹海燕
书　　名　朝思录:"槿花世界"与知识人的思想探寻
著　　者　(韩)慎镛厦
译　　者　徐黎明
责任编辑　徐　楠

照　　排　南京南琳图文制作有限公司
印　　刷　南京鸿图印务有限公司
开　　本　635 mm×965 mm　1/16　印张 21　字数 267 千
版　　次　2022 年 12 月第 1 版　2022 年 12 月第 1 次印刷
ISBN 978 - 7 - 305 - 25431 - 4
定　　价　75.00 元

网址:http://www.njupco.com
官方微博:http://weibo.com/njupco
官方微信号:njupress
销售咨询热线:(025) 83594756